华南师范大学法学学术文丛

张永忠　总主编

华南师范大学法学院出版基金资助

第三方资助国际投资仲裁法律问题研究

汤　霞／著

STUDY ON LEGAL ISSUES OF
THIRD-PARTY FUNDING IN
INTERNATIONAL INVESTMENT ARBITRATION

法律出版社
LAW PRESS · CHINA
北京

图书在版编目(CIP)数据

第三方资助国际投资仲裁法律问题研究 / 汤霞著
. -- 北京 : 法律出版社, 2022
(华南师范大学法学学术文丛)
ISBN 978 -7 -5197 -7054 -9

Ⅰ. ①第… Ⅱ. ①汤… Ⅲ. ①国际投资法学 – 研究
Ⅳ. ①D996.4

中国版本图书馆 CIP 数据核字(2022)第 158090 号

第三方资助国际投资仲裁法律问题研究
DISANFANG ZIZHU GUOJI TOUZI ZHONGCAI
FALÜ WENTI YANJIU

汤 霞 著

策划编辑 陈 妮
责任编辑 陈 妮 王 鸿
装帧设计 鲍龙卉

出版发行 法律出版社
编辑统筹 法治与经济出版分社
责任校对 王 丰 李景美
责任印制 吕亚莉
经 销 新华书店

开本 710 毫米 × 1000 毫米 1/16
印张 14.5 字数 243 千
版本 2022 年 12 月第 1 版
印次 2022 年 12 月第 1 次印刷
印刷 固安华明印业有限公司

地址:北京市丰台区莲花池西里 7 号(100073)
网址:www.lawpress.com.cn
投稿邮箱:info@lawpress.com.cn
举报盗版邮箱:jbwq@lawpress.com.cn

销售电话:010 – 83938349
客服电话:010 – 83938350
咨询电话:010 – 63939796

书号:ISBN 978 -7 -5197 -7054 -9
定价:89.00 元

凡购买本社图书,如有印装错误,我社负责退换。电话:010 – 83938349

丛书编委会

前　言

经济全球化的发展趋势进一步推动了投资的自由化,越来越多的投资者去外国投资或开展合作。根据联合国贸易和发展会议(United Nations Conference on Trade and Development,UNCTAD)2020 年对外商直接投资(Foreign Direct Investment,FDI)的统计数据可知,2019 年流入发展中经济体的 FDI 达到6850 亿美元,几乎是流出的 FDI 的两倍。其中,69% 的资金流入和 87% 的资金流出来自亚洲和大洋洲的发展中经济体而美洲和非洲的发展中经济体吸引的 FDI 较少。[1] 总体而言,发展中经济体吸引外资的数量远超对外投资的规模,一方面,表明发展中经济体法治环境的改善;另一方面,也反映出发展中经济体的资金缺口较大,国内投资者"走出去"的能力还有待加强。

全球对外直接投资的来源国多集中于发达国家,发展中国家总体上仍是资本输入国。全球 69% 左右的 FDI 来自发达经济体。其中,36% 来自欧洲,北美对外投资总量达到全球 FDI 的 15%,亚洲和大洋洲的发达经济体 FDI 份额达 18%。在接受国方面,亚洲和大洋洲仍然是发展中经济体中 FDI 流入的主要东道国,吸引了国际上 31% 的 FDI。美洲和非洲的发展中经济

〔1〕 2020 e-Handbook of Statistics, *Foreign Direct Investment*, UNCTAD (2020), https://stats.unctad.org/handbook/EconomicTrends/Fdi.html.

体分别获得国际上 11% 和 3% 的 FDI。[1] 在对外投资较多的发达经济体中，美国、德国等国对外投资规模波动较大，反映出该国的经济形势、国内政策取向以及全球治理等因素的调整。[2] 中国的资本流出量和流入量都维持在较大规模，近年来呈现资本流入量超过流出量的趋势。同时，我国作为 2021 年的主要投资来源国之一，对发展中国家的基础设施融资等发挥着重要推动作用。[3]

FDI 在全球范围内的流动不仅为投资者、投资者母国和投资东道国带来了丰厚的利润，也增加了投资者和东道国之间的投资争议。而国际投资争议解决机制为争议当事方提供了多元化的争议解决方式，尤其是国际仲裁已发展成为国际交易当事方偏爱的纠纷解决机制。伟凯（White & Case）律师事务所 2021 年的调查报告表明，约 90% 的受访者倾向于选择仲裁来解决纠纷。[4] 随着资本全球流动的日趋增多，跨国争议的持续时间日渐延长，仲裁费用也日渐高昂，因此仲裁参与人力图寻求新方式以支持他们的主张。第三方资助因其自身优势而日益受到争议当事方的青睐，其降低了仲裁参与方承担的经济风险。但是，也有人指出，第三方资助滋长了申请人的滥诉，可能导致被申请人承担大量本不必要的仲裁费用。因第三方资助的现代化形式类似于长期存在且被人们广泛接受的多元化资助类型，如风险代理协议和保险等。这些相似性使人们很难判断限制或排除第三方资助是否合理。从仲裁实践来看，第三方资助已成为国际仲裁的现存事实而被人们广泛接受。[5] 有报道表明，第三方资助者在全球市场内资助纠纷解决的数

---

〔1〕 2020 e-Handbook of Statistics, *Foreign Direct Investment*, UNCTAD (2020), https://stats.unctad.org/handbook/EconomicTrends/Fdi.html.

〔2〕 Wang Yan, *Patient Capital in the Context of Belt and Road Initiative (BRI) and MDBs*, UNCTAD (Nov. 9, 2017), https://unctad.org/meetings/en/Presentation/tdb_efd1_ppt_Wang.pdf.

〔3〕 UNCTAD, *World Investment Report* 2021 – *Investing in Sustainable Recovery*, UNCTAD (2021), p. 20, https://unctad.org/system/files/official-document/wir2021_en.pdf.

〔4〕 Abby Cohen Smutny, 2021 *International Arbitration Survey: Adapting Arbitration to A Changing World*, White & Case (2021), https://www.whitecase.com/publications/insight/2021-international-arbitration-survey.

〔5〕 International Council for Commercial Arbitration, *Report of the ICCA-Queen Mary Task Force on Third-Party Funding in International Arbitration*, 2018, p. 3-6.

额已达数十亿美元,并在持续增长。[1]

第三方资助的扩张缘于2008年的经济衰退。一方面,全球经济的下滑使许多公司面临破产或倒闭的风险,投资者为减少的资金流动,无力就有价值的主张提起耗时耗财的仲裁程序。另一方面,投资者也在寻求与传统市场无关的可替代的资金出口,而2008年的经济衰退使经济体对资金的需求增加,进而加速了第三方资助在国际仲裁领域的扩张。在萨哈尼(Sahani)教授和纽维尔德(Nieuwveld)教授看来,有三大驱动力驱使着人们对第三方资助需求的增长:一是,处于经济困境的仲裁一方期待接近正义;二是,在此情况下,企业既能提起有价值的仲裁主张又能保证足够的资金流动以维持其正常运作;三是,市场的混乱和不确定性激发了投资者寻求不受不可预测的资本市场影响的投资。[2] 国际仲裁界着力于解决仲裁费用日渐高昂的问题,第三方资助不管是在投资仲裁领域还是在其他领域,都逐渐被认为是这一问题的潜在解决方式。第三方资助需求的增加也导致了资本供应的激增。在过去的几年里,有大量投资公司进入全球纠纷资助市场且无放缓的迹象。

在通常的情况下,第三方资助主要被认为是为了资助处于资金困境的申请人获得公正救济的一种方式,但在如今的资助市场里,越来越多的公司利用这一资助降低管理风险,减少争议解决预算,以缓解仲裁费用负担不平衡的问题。因此,第三方资助不仅适用于面临经济困境的申请人,也可为有经济能力的委托人提供降低仲裁风险的机会,减少资本流动的负面影响,确保律师费用的偿付等。[3] 对于资助者来说,其可获得对仲裁主张的一定控制。在普通法系国家,对权利主张的转让或分配可能不被允许,尤其是在禁止助讼的国家,资助者可能被禁止以这种方式控制另一方的诉讼;但是,若资助者直接对权利人的主张进行投资而不控制纠纷解决程序,则不被视为

---

〔1〕 Marketscreener, *Burford Capital: Reports Favorable Investment Result*, Marketscreener News (July 22, 2017), https://www.marketscreener.com/quote/stock/BURFORD-CAPITAL-LIMITED-5668352/news/Burford-Capital-nbsp-Reports-Favourable-Investment-Result-24803434/.

〔2〕 International Council for Commercial Arbitration, *Report of the ICCA-Queen Mary Task Force on Third-Party Funding in International Arbitration*, 2018, p. 19.

〔3〕 See Nick Rowles-Davies, *Third Party Litigation Funding*, Oxford University Press, 2014, p. 61-62.

助讼。纠纷资助的日益全球化,使一些司法辖区出现对助讼及包揽诉讼的再思考。英国、澳大利亚等国已经承认第三方资助的合法性,但仍有一些例外,如爱尔兰最高法院宣称第三方资助因为助讼而非法。[1]

现有国际仲裁规则对第三方资助缺乏规定,实践中第三方资助的适用也因规制不足而饱受争议。为了解决这些问题,一些国家和地区率先在立法中对第三方资助进行规定,如新加坡 2017 年 1 月 10 日通过了《民法(修正)法案》,对第三方资助涉及的资助者、资助协议、资助纠纷的类型等问题进行规定。[2] 2017 年 2 月 21 日,新加坡制定的《民法(第三方资助)规则 2017》进一步规范了第三方资助的适用范围,即允许将第三方资助适用于国际仲裁和国际仲裁程序引发的相关诉讼或调解程序。[3] 2019 年 10 月 10 日,新加坡律政部宣布,第三方资助在新加坡也适用于国内仲裁程序、国际商会特定程序以及相关的调解程序。[4] 2017 年 6 月 14 日,我国香港特别行政区立法会发布了《2016 年仲裁及调解法例(第三方资助)(修订)条例草案》,明确允许第三方资助者资助香港特别行政区的仲裁程序。[5] 到目前为止,采用立法方式对仲裁中的第三方资助进行规范的只有部分国家和地区。一些国家和地区虽在法律中没有规定第三方资助,但实践中默许第三方资助或其仲裁机构在仲裁规则中对第三方资助进行规定。例如,2017 年 8 月 31 日,中国国际经济贸易仲裁委员会(China International Economic and Trade Arbitration Commission,CIETAC)香港仲裁中心(以下简称贸仲委香港仲裁中心)发布《第三方资助仲裁指引》,规定了特定的实践原则和当事方及

---

〔1〕 Persona Digital Telephony Ltd & ors *v*. The Minister for Public Enterprise & ors [2017] IESC 27.

〔2〕 Singapore Statutes Online, *Civil Law* (*Amendment*) *Act* 2017, Attorney-General's Chambers, https://sso. agc. gov. sg/Acts-supp/2 – 2017/.

〔3〕 Singapore Statutes Online, *Civil Law* (*Third-Party Funding*) *Regulations* 2017, https://sso. agc. gov. sg/SL-Supp/S68 – 2017/Published/.

〔4〕 Ministry of Law, *Speech by Minister* (*Law and Home Affairs*) *K Shanmugam at the Opening Ceremony of Law Society at Maxwell Chamber Suits*, MLAW News (Oct. 10, 2019), https://app. mlaw. gov. sg/news/speeches/speech-by-minister-k-shanmugam-at-opening-ceremony-of-lawsoc-at-maxwell-chambers-suites.

〔5〕 《2017 年仲裁及调解法例(第三方资助)(修订)条例》第 98U、98V 条。

仲裁员的行为规范。[1] 2017 年 9 月 12 日,中国国际经济贸易仲裁委员会通过的《CIETAC 国际投资争端仲裁规则(试行)》第 27 条专门规定了第三方资助,[2] 2019 年 7 月 4 日北京仲裁委员会/北京国际仲裁中心(Beijing International Arbitration Commission,BIAC)通过的《BIAC 国际投资仲裁规则》第 39 条也明确了第三方资助的含义及要求。[3]

国际商会仲裁院(International Court of Arbitration of International Chamber of Commerce)、伦敦国际仲裁院(London Court of International Arbitration,LCIA)、斯德哥尔摩商会仲裁院(Arbitration Institute of the Stockholm Chamber of Commerce)以及新加坡国际仲裁中心(Singapore International Arbitration Centre,SIAC)等都受理涉及第三方资助的仲裁案件,解决投资争端国际中心(International Centre for Settlement of Investment Disputes,ICSID)也在努力解决 ICSID 仲裁程序规则下的第三方资助问题。[4] 2022 年 7 月 1 日生效的《ICSID 仲裁规则》专门规定了第三方资助问题。[5] 此外,一些区域贸易协定,如 2016 年《综合性经济贸易协议》(Comprehensive Economic and Trade Agreement,CETA)、[6]《跨大西洋贸易和投资伙伴协议》(Transatlantic Trade and Investment Partnership,TTIP)[7],以及 2019 年 6 月 30 日签署的《欧盟—越南投资保护协定》(Eu-Vietnam

---

〔1〕 China International Economic and Trade Arbitration Commission Hong Kong Arbitration Center, Guidelines for Third Party Funding for Arbitration.

〔2〕 《CIETAC 国际投资争端仲裁规则(试行)》第 27 条。

〔3〕 《BIAC 国际投资仲裁规则》第 39 条。

〔4〕 Marc Krestin & Rebecca Mulder, *Third-Party Funding in International Arbitration: To Regulate or Not Regulate?*, Youngicca-blog (Sep. 1, 2017), http://www.youngicca-blog.com/third-party-funding-in-international-arbitration-to-regulate-or-not-to-regulate/.

〔5〕 ICSID Administrative Council Approves Amendment of ICSID Rules, ICSID (April 13, 2022), https://icsid.worldbank.org/news-and-events/communiques/icsid-releases - 2022 - versions-its-rules-and-regulations.

〔6〕 Council of the European Union, *Comprehensive Economic and Trade Agreement (CETA)*, European Union (Sep. 14, 2016), http://data.consilium.europa.eu/doc/document/ST - 10973 - 2016 - INIT/en/pdf.

〔7〕 European Commission, *Transatlantic Trade and Investment Partnership*, *Trade in Services*, *Investment and E-Commercial*, European Commission (July 14, 2016), http://trade.ec.europa.eu/doclib/docs/2015/september/tradoc_153807.pdf.

Investment Protection Agreement, EVIPA)[1],都对第三方资助进行规定。由于此前在助讼和包揽诉讼(maintenance and champerty)原则下资助是被禁止的,上述立法尝试被视为在国际仲裁中对第三方资助的使用进行合法化努力的一部分。实践中对第三方资助需求的增加也要求仲裁界正视这一资助形式,以实现保护仲裁程序的完整性和仲裁裁决的可执行性之间的平衡。因目前对第三方资助尚未有准确的定位,在实践中第三方资助也存在一些问题,所以需要国际仲裁界进行引导和规范。在此背景下,研究国际仲裁中的第三方资助问题具有重要的理论意义和实践价值。

---

〔1〕 European Commission, *EU-Vietnam Investment Protection Agreement*, Investmentpolicy (Oct. 17, 2018), https://investmentpolicy. unctad. org/international-investment-agreements/treaty-files/5868/download.

简 称 表

序号	英文全称	英文简称	中文译名
1	United Nations Conference on Trade and Development	UNCTAD	联合国贸易和发展会议
2	Foreign Direct Investment	FDI	外商直接投资
3	China International Economic and Trade Arbitration Commission	CIETAC	中国国际经济贸易仲裁委员会
4	International Chamber of Commerce	ICC	国际商会
5	London Court of International Arbitration	LCIA	伦敦国际仲裁院
6	Stockholm Chamber of Commerce	SCC	斯德哥尔摩商会
7	Singapore International Arbitration Centre	SIAC	新加坡国际仲裁中心
8	Hong Kong International Arbitration Centre	HKIAC	香港国际仲裁中心
9	International Centre for Settlement of Investment Disputes	ICSID	解决投资争端国际中心

续表

序号	英文全称	英文简称	中文译名
10	Comprehensive Economic and Trade Agreement	CETA	《综合性经济贸易协议》
11	Transatlantic Trade and Investment Partnership	TTIP	《跨大西洋贸易和投资伙伴协议》
12	Free Trade Agreement	FTA	自由贸易协定
13	Third-Party Funding	TPF	第三方资助
14	Law Reform Commission of Hong Kong	LRC	香港特别行政区法律改革委员会
15	International Bar Association	IBA	国际律师协会
16	Before-the-event Insurance	BTE	事前保险
17	After-the-event Insurance	ATE	事后保险
18	Bilateral Investment Treaty	BIT	双边投资协定
19	North American Free Trade Agreement	NAFTA	《北美自由贸易协定》
20	International Court of Justice	ICJ	国际法院
21	Vienna Convention on the Law of Treaties	VCLT	《维也纳条约法公约》
22	Permanent Court of Arbitration	PCA	国际常设仲裁法院
23	Federal Arbitration Act	FAA	《美国联邦仲裁法》
24	Energy Charter Treaty	ECT	《能源宪章条约》
25	Regional Comprehensive Economic Partnership	RCEP	《区域全面经济伙伴关系协定》
26	Comprehensive and Progressive Agreement for Trans-Pacific Partnership	CPTPP	《全面与进步跨太平洋伙伴关系协定》
27	Association of Litigation Funders	ALF	诉讼资助者协会
28	World Trade Organization	WTO	世界贸易组织
29	Belt and Road Initiative	BRI	“一带一路”倡议
30	Non-Governmental Organizations	NGO	非政府组织

续表

序号	英文全称	英文简称	中文译名
31	United Nations Commission on International Trade Law	UNCITRAL	联合国国际贸易法委员会
32	Organization for Economic Co-operation and Development	OECD	经济合作与发展组织

目录

第一章　第三方资助国际仲裁的基本内涵

国际仲裁中第三方资助的兴起是一个不争的事实,相当数量的仲裁当事方无论是否处于资金困境,大多已受到专业资助者的资助,且资助需求供不应求。受资助者所在的国家不仅包括早就承认第三方资助合法地位的澳大利亚、加拿大、美国和英国,还包括尚未在立法中规定第三方资助的大陆法系国家。[1] 有关第三方资助这一新兴产业的功能及其对仲裁程序影响的讨论不绝于耳:一方面,批评者认为第三方资助损害了仲裁程序,增加了仲裁费用,可能造成申请人的滥诉;另一方面,国际社会接受第三方资助的实践有所发展,如一些国家和地区通过立法对第三方资助予以确认,相关国际仲裁机构的仲裁规则也对第三方资助进行规制,以减少其对仲裁程序的影响。

毋庸置疑,第三方资助为处于经济困境的申请人的有价值主张提供了接近正义的机会,也增加了仲裁庭的受案量和仲裁收入,至于第三方资助者对案件的控制以及对仲裁员公正性和独立性的影响,则有待国际社会进行规制。目前,人们对第三方资助的认识还存在分歧。本章主要探讨第三方资助的基本问题:首先,分析确定第三方资助的含义和资助形式,并比较各种资助形式对仲裁程序的影响程度;其次,将落脚点定位到本文的写作重点——国际投资仲裁领域,探讨第三方资助国际投资仲裁的特殊

---

〔1〕 Bernardo M. Cremades & Antonias Dimolitsa, *Third-Party Funding in International Arbitration*, ICC Institute of World Business Law, Vol. 10, p. 7 (2015).

之处;最后,发掘第三方资助国际投资仲裁的经济效益及其蕴含的法理基础。

第一节　第三方资助释义

第三方资助经历了由非法到被接受的发展过程。各国或地区的法律法规、仲裁机构的仲裁规则、区域贸易协定等对第三方资助的定义存在不同的规定,其主要差别在于资助者对案件结果有无追索权、资助形式的范围等。比较第三方资助的不同形式如诉讼资助与其他形式的第三方资助的异同,可以为国际社会规制第三方资助对仲裁程序的影响提供参考。

一、第三方资助的发展历程

(一)从禁止助讼和包揽诉讼到允许第三方资助的转变

第三方资助最早源于英国普通法上的助讼和包揽诉讼。[1] “助讼”在牛津英语词典中的定义为“不当地协助和教唆诉讼的行为,特别是由与诉讼程序无利害关系的一方支持诉讼或起诉人……”[2]助讼的亚种“包揽诉讼”是资助者和诉讼当事人之间存在的资助协议类型。根据《布莱克法律词典》,“包揽诉讼”是指“在诉讼请求的所有者与支持或帮助执行诉讼请求的非诉讼当事人之间分配诉讼收益的协议”。[3] 美国联邦最高法院对这两个术语的解读为:“助讼是帮助他人提起诉讼,包揽诉讼是对案件结果享有经济利益。”[4]英国的丹宁勋爵(Lord Denning)在特雷普卡矿业有限公司案中指出,普通法系国家担心资助者为了个人利益可能会煽动申请人提起损害赔偿、压制证据,导致程序滥用,因此通常禁止助讼和包揽诉讼。[5] 18 世纪著名法学家威廉·布莱克斯通也认为,不属于任一方的中间人通过金钱或其他方式维持或协助任何一方起诉或抗辩的助讼,滋生了冲突和争论,

---

〔1〕 Lisa Bench Nieuwveld & Victoria Shannon Sahini, *Third-Party Funding in International Arbitration*, 2nd ed., Kluwer Law International, 2017, p. 7.

〔2〕 Catherine Soanes, *Oxford English Dictionary*, 2nd ed., Oxford University Press, 1989, p. 226.

〔3〕 Bryan A. Garner, *Black's Law Dictionary*, 9th ed., Thomson West, 2009, p. 262.

〔4〕 In re Primus, 436 U. S. 412, 424 – 425, n. 15 (1978).

〔5〕 Re Trepca Mines Ltd. (No. 2) (1963) 1 Chapter 199, at 219.

是对公共正义的侵犯，使法律救济机制沦为压迫机器。包揽诉讼“被法律所憎恨”，因为“没有人应该有借口购买控告另一个人的权利”。[1]

在整个19世纪和20世纪的大部分时间里，法官、法学家和法律参与者在反对非诉讼当事人为一方提起或维持诉讼提供资金的问题上有着强烈的共识。许多国家或地区将助讼和包揽诉讼视为非法，认为其违反公共政策，引发大量的骚扰性请求，并造成富有的资助者对贫穷的申请人的敲诈和压迫。[2] 比如，我国香港特别行政区沿袭普通法系传统，禁止助讼和包揽诉讼，目的是防止有权势之人为一己私利而资助不必要的诉讼。

第三方资助的实质是资助有资金需求的当事方进行诉讼，是传统的助讼和包揽诉讼的现代化形式。人们对助讼和包揽诉讼的担忧也同样适用于第三方资助。有人认为，第三方资助滋生了骚扰性主张，对被申请人来说不管其有罪无罪都增加了诉讼成本，导致诉讼低效。[3] 一些资本充足率较好的投资公司为了获得较大份额的资助回报可能会投资胜诉可能性较低的案件，将风险分散在批量组合投资中，以获得较大份额的收益回报。此举不可避免地导致一部分骚扰性主张在资助者的资助下被提起。英美法系国家通常认为，第三方资助诉讼破坏和颠覆了对和平繁荣的社会秩序至关重要的和谐人际关系，鼓励了原本不愿提起诉讼的人，因而对第三方资助协议感到不满。[4]

然而，如今相当一部分人认为第三方资助为普通的民众提供了“接近正义”的机会。他们将“更多的诉讼”等同于“更多的正义”，认可资助协议促进诉讼的观点。[5] 原本禁止助讼和包揽诉讼的国家对第三方资助的态度也发生了转变。比如，在阿尔金诉博查德案中，英国法院认为第三方资助条款

---

〔1〕 William Blackstone, *Commentaries on the Laws of England*, Clarendon Press, 1769, p. 135 - 136.

〔2〕 Lisa Bench Nieuwveld & Victoria Shannon Sahini, *Third-Party Funding in International Arbitration*, 2nd ed., Kluwer Law International, 2017, p. 7.

〔3〕 Namic State & Policy Affairs Department, *Third-Party Litigation Funding: Tipping the Scales of Justice for Profit*, Prepared by the NAMIC State & Policy Affairs Department, p. 6 - 7 (2011).

〔4〕 Ibid.

〔5〕 Ibid., p. 6.

在英格兰和威尔士并不必然违反禁止助讼和包揽诉讼的普通法原则。[1]杰克逊(Jackson)法官在其2010年的民事诉讼费用报告中指出,英格兰和威尔士的诉讼资助者有必要以普通法为根据来考察允许第三方资助的范围。[2] 2016年,伦敦上诉法院汤姆林森(Tomlinson)法官在神剑风险投资公司诉德州基石公司案中对第三方资助的接受达到新的高度。他认为:"诉讼资助是一种为公众利益所接受并经司法认可的活动。"[3]美国的许多司法辖区同样废除了禁止助讼和包揽诉讼的普通法原则,多达2/5的州法院驳回了以禁止助讼和包揽诉讼为依据的抗辩。[4] 我国香港特别行政区也对助讼和包揽诉讼设置了3项例外,即对诉讼结果有合法利益的人、为了公共利益以及对破产程序可以进行资助。[5] 随着禁止助讼和包揽诉讼原则的废除,第三方资助的法律障碍被清除,这对诉讼当事人和律师,甚至对诉讼进程和法律本身都将产生深刻的影响。

(二)资助范围从诉讼领域延伸到仲裁领域的转变

跨国经济活动的日渐频繁和争议的日渐复杂使人们开始寻求多元化的争议解决方式,这使仲裁日益受到国际社会的青睐。然而,高昂的纠纷解决费用阻碍了争议当事方尤其是经济困难的当事方选择仲裁意愿的实现。为了获得公正救济的机会,人们对第三方资助的态度逐渐发生了转变。诉讼或仲裁程序的当事方意图分担争议解决风险的需求为纠纷资助提供了广阔的市场。据伯福德资本公司的报道,全球纠纷资助市场金额近年来已超过了40亿美元且仍在增长。[6] 近10年间,纠纷资助已从普通法系国家转向全球商事诉讼和仲裁市场。第三方资助毕竟为国际仲裁发展进程中的新事

---

〔1〕 Arkin *v.* Borchard Lines Ltd. & Others [2005] EWCA Civ 655.

〔2〕 Rupert Jackson, *Review of Civil Litigation Costs*: *Final Report*, The Stationery Office, 2010, p. 119 – 139.

〔3〕 Leslie Perrin, *Third Party Litigation Funding Law Review*, Law Business Research Ltd., 2017, p. 41.

〔4〕 Paul Bond, *Making Champerty Work*: *An Invitation to State Action*, University of Pennsylvania Law Review, Vol. 150, p. 1297, 1331 – 1341 (2002).

〔5〕 LRC, *LRC Releases Consultation Paper on Third-Party Funding for Arbitration*, Government of Hong Kong News, https://www.info.gov.hk/gia/general/201510/19/P201510190243.htm.

〔6〕 Burford Capital, *Burford Capital's Quarterly Summer* 2017 *Overview*, http://www.burfordcapital.com/wpcontent/uploads/2017/07/Burford-Quarterly-Summer – 2017.pdf.

物,各国或地区对它的态度不甚一致。鉴于第三方资助对国际仲裁的影响趋于明显,一些国家和地区的法律法规、仲裁机构仲裁规则以及区域贸易协定等都对第三方资助进行了规定。

目前,我国香港特别行政区和新加坡已通过不同的立法形式认可第三方资助仲裁的合法性。香港特别行政区为了适应其作为国际仲裁中心的现实需求,倾向于放宽第三方资助在仲裁领域的适用。2015 年 10 月 19 日,香港特别行政区法律改革委员会(Law Reform Commission of Hong Kong, LRC)下设的第三方资助仲裁小组委员会发布了一份磋商文件,[1] 比较了第三方资助仲裁对香港特别行政区带来的好处与风险,权衡之下建议香港特别行政区法律准许第三方资助仲裁。[2] 2017 年 6 月 14 日,香港特别行政区立法会通过《2017 年仲裁及调解法例(第三方资助)(修订)条例》,允许在仲裁和调解领域适用第三方资助。[3] 新加坡于 2017 年 3 月 1 日生效的《民法有关第三方资助条例》也明确第三方资助在仲裁领域合法。[4] 还有一些国家如法国、比利时、意大利等虽未对第三方资助立法,但实践中也并未禁止第三方资助者的资助活动。[5]

一些仲裁机构仲裁规则近年来也赋予第三方资助合法地位,如 2017 年《SIAC 投资仲裁规则》、2018 年《HKIAC 机构仲裁规则》、2017 年《CIETAC 国际投资争端仲裁规则(试行)》、2019 年《BIAC 国际投资仲裁规则》等。2022 年版《ICSID 仲裁规则》明确规定了第三方资助。另外,欧盟和加拿大 2016 年签订的 CETA、TTIP 以及 EVIPA 等区域性经贸协定也对第三方资助进行了规定,明确了第三方资助国际仲裁程序的合法性。

---

[1] 香港特别行政区法律改革委员会:《第三方资助仲裁小组委员会咨询文件》,载香港特别行政区法律改革委员会网 2015 年 10 月,http://www.hkreform.gov.hk/tc/docs/tpf_c.pdf。

[2] Abdulali Jiwaji, *Hong Kong Approves Third Party Funding for Arbitration*, Kluwer Arbitration Blog, http://kluwerarbitrationblog.com/2017/07/16/hong-kong-approves-third-party-funding-arbitration/?_ga=2.171258215.61979184.1500971666-1852462757.1500971666.

[3] 《2017 年仲裁及调解法例(第三方资助)(修订)条例》第 98U、98V 条。

[4] Singapore Statutes Online, *Civil Law* (*Amendment*) *Act* 2017, Attorney-General's Chambers, https://sso.agc.gov.sg/Acts-supp/2-2017/.

[5] Jean E. Kalicki, *Third-Party Funding in Arbitration: Innovations and Limits in Self-Regulation*, Kluwer Arbitration Blog, http://arbitrationblog.kluwerarbitration.com/2012/03/14/third-party-funding-in-arbitration-innovations-and-limits-in-self-regulation-part-2-of-2/.

目前,已有越来越多的国际仲裁案件涉及第三方资助。以国际投资仲裁为例,2008 年金融危机之后,国际社会对新的投资机制的需求渐增,第三方资助者逐渐意识到双边投资协定(Bilateral Investment Treaty,BIT)或投资者－国家争端解决机制(Investor-State Dispute Settlement,ISDS)提供了以相对较小的风险获得较高回报的可能性。[1] 因为投资仲裁产生的赔偿金额通常远超商事仲裁,而且投资条约法几乎没有为被诉东道国提供反诉的可能性,从而使此类索赔对于资助者而言极为有利可图,其回报甚至可以达到胜诉收益 30% ~50% 的份额。[2] 近年来,第三方资助在国际投资仲裁领域的适用日渐普遍,有人认为至少 40% 的国际投资仲裁案件中涉及第三方资助。[3]

二、第三方资助的含义

因资助形式的多样化及人们对资助认识的不同,第三方资助的含义存在狭义和广义之分。狭义的第三方资助仅包括无追索权的第三方资助,具体指资助者为提起仲裁请求的申请人提供资金,待案件胜诉时获得相应比例的回报;若案件败诉则资助者无权获得资助费用的偿还。广义的第三方资助不仅包括无追索权的第三方资助,还包括同一市场中在概念或功能上与第三方资助相似的其他资助形式,如保险、贷款以及律师风险代理等。无论是广义的第三方资助还是狭义的第三方资助,其含义都包含以下要素,但在具体限定条件上存在差异。

(一)资助主体是非纠纷当事方的自然人或法人

目前,国际仲裁界对第三方资助主体的界定已达成一致,即非纠纷当事方的自然人或法人,但不同机构对资助者的具体要求存在差别。伦敦玛丽

〔1〕 Frank J. Garcia, *Third-Party Funding as Exploitation of the Investment Treaty System*, Boston College Law Review, Vol. 59, p. 2913 (2018).

〔2〕 Frank J. Garcia and Kirrin Hough, *Third Party Funding in International Investor-State Arbitration* (November 1, 2018), https://www.asil.org/insights/volume/22/issue/16/third-party-funding-international-investor-state-arbitration.

〔3〕 肖芳:《国际投资仲裁第三方资助的规制困境与出路——以国际投资仲裁"正当性危机"及其改革为背景》,载《政法论坛》2017 年第 6 期。

女王大学和国际商事仲裁理事会(International Council for Commercial Arbitration)于2013年共同设立的第三方资助工作组(以下简称工作组),将资助主体限定为与争议不存在利害关系的自然人或法人,其中不仅包括商业资助者,还扩大到为仲裁提供资助或支持的任意第三方。[1] 新加坡《民法有关第三方资助条例》对第三方资助者规定了资本充足率的要求,将合格的第三方资助者限定为"在新加坡或其他地方经营主要业务的实体,作为非当事方,为当事方的争议解决程序提供资金",并且"缴足股本不少于500万美元或等值外币或管理资产不少于500万美元或等值的外币"。[2]

还有一些规定对资助者的身份进行了限定。例如,新加坡国际仲裁中心2017年3月发布的《应用指引》(Practice Note)将"外部资助者"定义为与仲裁结果有直接经济利益关系的自然人或法人。[3] 这一定义涵盖了保险种类中的事前保险[4](Before-the-event Insurance,BTE)和事后保险[5](After-the-event Insurance,ATE),该指引中第三方资助定义的范围宽于新加坡立法的规定。2017年5月,新加坡仲裁员协会发布的《第三方资助者指引》将第三方资助界定为:"第三方资助者提供资金支持使得受资助者能够提起或抗辩仲裁程序、相关诉讼或调解程序。这种资金支持以任何有利裁决或结果中的经济利益为交换。"[6]从资金支持的要求来看,ATE并不满足该指引下的第三方资助定义,而只能防范投保人免于承担相对方法律费用的风险,并不为投保人提供争议解决程序所需的资金。英格兰和威尔士2014年的《诉

---

〔1〕 International Council for Commercial Arbitration, *Report of the ICCA-Queen Mary Task Force on Third-Party Funding in International Arbitration*, 2018, p. 46.

〔2〕 Section 2 of the Civil Law (Amendment) Act 2017 to amend the Civil Law Act (Chapter 43 of the 1999 Revised Edition) and to make a related amendment to the Legal Profession Act (Chapter 161 of the 2009 Revised Edition), passed 10 January 2017 and assented by the President on 3 February 2017.

〔3〕 See Singapore International Arbitration Centre, *Practice Note PN - 01/17*, SIAC (March 31, 2017), http://www.siac.org.sg/images/stories/articles/rules/Third%20Party%20Funding%20Practice%20Note%2031%20March%202017.pdf.

〔4〕 事前保险主要在法律争议产生之前进行,当保险单所承保的争议发生时,保险人通常有责任为被保险人辩护;在被保险人负有责任时,保险人有责任赔偿被保险人。若被保险人是赔偿请求方时,责任保险人赔偿被保险人因保险单所承保的损失,并代位被保险人向加害方寻求赔偿。

〔5〕 事后保险主要在法律争议发生之后进行,保险人保护投保人免受支付对方法律费用的风险,该保险涵盖了投保人在诉讼过程中合理产生的费用,但费用总额或最高不超过一定比例或上限。

〔6〕 See Singapore Institute of Arbitrators, *SIARB Guidelines for Third Party Funders*, Siarb, https://www.siarb.org.sg/images/SIArb-TPF-Guidelines-2017_final18-May-2017.pdf.

讼资助者行为规范》(ALF Code of Conduct)主要针对国内的诉讼资助,也适用于仲裁。该规范规定:"诉讼资助是第三方为诉讼或仲裁案件的进行提供资金来源,诉讼当事人从商事诉讼资助者处获得涵盖其部分或全部法律费用的资助。案件胜诉后资助者获得双方已同意份额的回报,如果败诉,资助者无权从受资助者处获得求偿。"[1] 从该规定来看,其强调资助者的商事身份。CETA 第 8 条第(1)款关于第三方资助的定义侧重强调资助者非营利性的一面。[2] 因此,CETA 的第三方资助定义不会扩大到 BTE,因为他们的报酬不依赖争议的结果,而且其定义中除"捐赠或授予"外不包括保险"溢价"一词。

我国的仲裁机构对第三方资助者的要求也不一致。贸仲委香港仲裁中心 2016 年颁布的《第三方资助仲裁指引》将第三方资助限定为专业的个人或实体,且关于仲裁裁决有直接的经济利益。[3] 2017 年 9 月颁布的《CIETAC 国际投资争端仲裁规则(试行)》第 27 条规定了第三方资助者为当事人以外的自然人或实体,但没有对案件结果的直接经济利益提出要求,也未涉及资助者的回报问题。[4] 同样地,2019 年《BIAC 国际投资仲裁规则》第 39 条对资助者的规定与 CIETAC 颁布的上述规定极为类似。[5]

从以上规定可知,国际仲裁界对第三方资助者的主体范围已达成一致,分歧在于第三方资助者的营利属性、范围及其对仲裁结果是否存在直接利益关系等方面。

(二)资助形式具有多样性

工作组认为,第三方资助的形式为物质支持或资金资助,除传统的无追索权的资助外,还包括特定类型的保险、律所的风险代理以及批量组合资助

〔1〕 See Association of Litigation Funders, Article 2. 4 of the Code of Conduct for Litigation Funders, ALF, http://associationoflitigationfunders. com/wp-content/uploads/2014/02/Code-of-conduct-Nov2016 – Final-PDF – 1. pdf.

〔2〕 See Council of European Union, Article (8. 1) of the revised version of the Comprehensive Economic and Trade Agreement (CETA) between Canada and the European Union, Art. 8. 1.

〔3〕 China International Economic and Trade Arbitration Commission Hong Kong Arbitration Center, Guidelines for Third Party Funding for Arbitration.

〔4〕 《CIETAC 国际投资争端仲裁规则(试行)》第 27 条。

〔5〕 《BIAC 国际投资仲裁规则》第 39 条。

等新形式。不同的规则涵盖的第三方资助形式的范围也存在差异。ICC 2017年颁布的《仲裁当事人和仲裁庭行为指导》明确确认了 ATE 和责任保险是第三方资助的表现形式。因为现代的第三方资助在功能和目的上类似于 BTE 和 ATE,或者传统的责任保险。许多第三方资助者提供的资助实际上是 ATE 的一种形式(或至少是从中发展出来的),申请人通常在签订第三方资助协议的同时购买 ATE。我国香港特别行政区《2017 年仲裁及调解法例(第三方资助)(修订)条例》第 98 O 条规定,本部分不适用于律师在其法律实践中为仲裁程序的任何一方提供资金或代表该方行事。[1] 可见,我国香港特别行政区立法改革排除了律师在其作为法律代理人的同一案件中资助当事人,即第三方资助的定义不包括风险代理。而在美国,风险代理协议被当事方广泛地使用以促进争议解决。尽管现有的第三方资助规范很少明确地指出风险代理是第三方资助的一种,但这一形式在实践中也常被采用。[2] 即使一个律师或律师事务所没有资助任何具体的费用金额,他们有效地提供了法律服务以换取对最终裁决的利益,也是一种资助。

与此同时,传统形式的公司融资,包括债务融资和股权融资,也越来越多地对诉讼和仲裁费用提供财务支持。[3] 资助可能通过公司债务或股权结构、风险规避机构或全部转移潜在主张的形式进行。目前又出现了"批量组合资助"(portfolio funding)这一新型的资助形式,即资助者通过资助特定一方或律所的特定类型案件的形式,资助律所而非当事人,这在一定程度上增加了人们对第三方资助定义的疑惑。原因在于,一个组合的案件能被认定接受了资助,而其他以资助者的收益或投资证券化为基础的组合能否被认定为资助尚存疑问。另外,组合的被资助案件依旧可以获得"再资助",意味着第二个资助者或多个其他投资者能投资一个组合案件或其他资助者的

---

〔1〕《2017 年仲裁及调解法例(第三方资助)(修订)条例》第 98 O 条规定:"第 10A 部对在仲裁中代表某一方行事的律师不适用:(1)如律师就仲裁而在其法律职业的过程中代表某一方行事,则就该律师向任何一方提供仲裁资助而言,本部概不适用。(2)如律师为某法律执业事务所(不论其描述或架构如何)工作,或属此等事务所的成员,则在第(1)款中描述'律师'之处,包括该事务所,以及任何其他为该事务所工作,或属该事务所的成员的律师。……"

〔2〕 International Council for Commercial Arbitration, *Report of the ICCA-Queen Mary Task Force on Third-Party Funding in International Arbitration*, 2018, p. 46.

〔3〕 A. J. Sebok, *The Inauthentic Claim*, Vanderbilt Law Review, Vol. 64, p. 61, 63 – 67 (2011).

“一捆”案件。第三方资助的形式因实践的发展而呈现多样化的趋势，也加剧了人们认定第三方资助的困难。

(三)资助的范围为争议方的仲裁费用

由上述涵盖第三方资助的国内立法、仲裁机构的仲裁规则以及区域贸易协定等的规定可知，各种第三方资助定义中普遍将第三方资助的资助范围限定为争议当事方在仲裁程序中产生的仲裁费用。巴西－加拿大商会仲裁与调解中心(Arbitration and Mediation Center of the Brazil-Canada Chamber of Commerce，CAM-CCBC)在其2016年7月作出的第18号行政决议第1条中规定，第三方资助者资助的范围限于受资助者的仲裁费用。[1]《CIETAC国际投资争端仲裁规则(试行)》第27条第(1)款规定，资助者可以资助当事方在仲裁程序中的全部或部分费用。[2] CETA第8条第(1)款也对第三方资助者资助的费用作出了类似规定。[3] 争议方的仲裁费用主要包括其提起仲裁程序产生的律师费用、仲裁机构和仲裁员的费用，以及仲裁程序进行过程中的其他必要费用等。

(四)案件胜诉时可获得一定比例的资助回报

作为营利性的个人或实体，第三方资助者资助案件的目的就是在受资助者胜诉时获得相应的收益。工作组将第三方资助者的资助收益界定为以纠纷结果为依据或作为补助金和保险费的回报。[4] EVIPA第3.28条第(i)款规定了资助者以纠纷结果获得资助回报，或者以捐赠和授予的形式为受

---

〔1〕 Article 1 of Brazilian CAM-CCBC Administrative Resolution No. 18, July 20, 2016, https://ccbc.org.br/cam-ccbc-centro-arbitragem-mediacao/resolucao-de-disputas/resolucoes-administrativas/ra-18-2016-financiamento-de-terceiros-em-arbitragens-cam-ccbc/.

〔2〕 《CIETAC国际投资争端仲裁规则(试行)》第27条规定：“(一)在本规则中，‘第三方资助’是指当事方以外的自然人或实体协议承担参与争议的一方当事人在仲裁程序中的全部或部分费用的情形。……”

〔3〕 Comprehensive Economic and Trade Agreement, Art. 8.1: Third party funding means any funding provided by a natural or legal person who is not a disputing party but who enters into an agreement with a disputing party in order to finance part or all of the cost of the proceedings either through a donation or grant, or in return for remuneration dependent on the outcome of the dispute.

〔4〕 International Council for Commercial Arbitration, Report of the ICCA-Queen Mary Task Force on Third-Party Funding in International Arbitration, p. 51 (2018).

资助者提供资助。[1] 在第二种情形下,资助者的资助类似于无偿资助,不以获得资助回报为目的。斯洛伐克的 BIT 范本对资助回报没有作具体规定,仅指出资助者对主张的结果拥有一定利益。[2] 法国 BIT 范本草案规定,“第三方资助者以仲裁庭解决投资者和接受投资者投资的东道国之间纠纷所获补偿的一定比例作为回报”。[3] 我国香港特别行政区《2017 年仲裁及调解法例(第三方资助)(修订)条例》第 98G 条规定资助者仅在受资助者胜诉时才可获得金钱利益的回报。[4] CETA 强调了非营利的资助者可以从预先支付给受资助者的资金中获得回报,[5] 并将第三方资助扩大到无偿的资助协议,此种情形之下资助者的回报是无偿的。

资助并非都是为了获利,也可以是为了公共利益。在菲利普莫里斯品牌公司诉乌拉圭案中,布鲁姆伯格基金会(Bloomberg Philanthropies)为乌拉圭政府提供了外部资金支持。虽然这种协议涉及由第三方为案件提供资金,但资金是针对被申请人的,资助者的利益不是金钱,而是该裁决的政治和政策影响。[6] 由此可见,第三方资助不仅涵盖以获得投资回报为目的的资助模式,还包括为了公益的非营利资助。

(五)本文中第三方资助的含义

从上述内容可以看出,每一个机构对第三方资助的定义都会基于自己理解的不同而得出不同的结论。主张限制第三方资助定义的学者主要从资

---

〔1〕 Proposal for a Council Decision on the Conclusion of the Investment Protection Agreement between the European Union and its Member States, of the one part, and the Socialist Republic of Viet Nam of the other part, Art. 3. 28 (i).

〔2〕 A. J. Sebok, *The Inauthentic Claim*, Vanderbilt Law Review, Vol. 64, p. 62 (2011).

〔3〕 UNCTAD, *Draft Agreement between the Government of the French Republic and the Government of the Republic of (...) on the Reciprocal and Protection of Investments*, OACC/APPI Modele Type Eng, Investmentpolicy (Feb. 14, 2006), https://investmentpolicy. unctad. org/international-investment-agreements/treaty-files/5874/download.

〔4〕 《2017 年仲裁及调解法例(第三方资助)(修订)条例》第 98G 条规定:“……(d)提供资助,是藉此换取由该出资第三者在限定情况下收取财物利益;限定情况是假若该仲裁按该资助协议所指属成功者,该出资第三者方可收取该等财务利益。”

〔5〕 Article (8.1) of the revised version of the Comprehensive Economic and Trade Agreement (CETA) between Canada and the European Union.

〔6〕 Phillip Morris Brand Sarl, Phillip Morris Products S. A. and Abal Hermanos S. A. *v.* Oriental Republic of Uruguay, ICSID Case No. ARB/10/7, Award of the Tribunal on July 8, 2016, para. 407.

助者的范围及其与纠纷有无直接联系等方面考虑,[1]而采广义说的学者认为第三方资助除包含多样化的资助形式和资助受资助者的仲裁费用外,还可以对命令或裁决进行资助。[2] 总体而言,作为第三方资助载体的资助者可以是银行、对冲基金、保险公司或个人等,其资助对象既包括申请人也包括被申请人。[3]

考察国际仲裁实践,投资仲裁因涉及国家,与商事仲裁相比影响更为深远。投资争议双方主体间的不对等性使"投资者 – 国家仲裁"成为外国投资者行使权利、维护利益的重要工具。鉴于投资仲裁纠纷的复杂性、费用高昂以及耗时较长等特性,第三方资助为投资者对抗国家的不法侵害提供了重要支持。笔者认为,第三方资助的定义应具有一定的弹性,以便能涵盖未来新的资助形式。只要资助者是非仲裁当事方,与纠纷无直接的经济联系,无论其采用何种经济形式为当事方提供资助,都应被纳入第三方资助的范围。如上所述,本书中的第三方资助是指与纠纷当事方无直接利害关系的自然人或法人,通过为有资金需求的申请方提供物质支持或法律服务等,并按照资助协议的约定获得相应比例的回报。因此,工作组作出的报告、相关仲裁规则或一些国家国内法中排除的风险代理、保险合同等都属于国际投资仲裁中的第三方资助。虽然 ATE 和 BTE 与无追索权的第三方资助在对纠纷的控制程度和可适用的领域不同,但国际投资仲裁中已有相关实践。第三方资助者通过事先评估纠纷胜诉的可能性,不仅为有较大胜诉可能性的当事方提供接近正义的机会,而且其宽泛的定义也可以为变幻莫测的仲裁市场带来意想不到的助力。

三、第三方资助的表现形式

第三方资助是非纠纷当事方资助法律纠纷的所有资助形式的合集。国际仲裁中的第三方资助存在多种形式。根据上述第三方资助的定义,第三

---

〔1〕 如 A. Endicott, N. Giraldo-Carillo and J. Kalicki, R. Harfouche and J. Searby。

〔2〕 Lisa Bench Nieuwveld & Victoria Shannon Sahini, *Third-Party Funding in International Arbitration*, 2nd ed., Kluwer Law International, 2017, p. 3.

〔3〕 Victoria Shannon Sahani, *Judging Third-Party Funding*, UCLA Law Review, Vol. 63, p. 388, 392 – 393 (2016).

方资助者在资助案件胜诉时获得一定的收益，而当案件败诉时，狭义的资助者不得要求受资助者偿还其资助费用。以败诉时受资助者是否须偿还资助费用和对案件的控制程度为标准，可将第三方资助的表现形式分为狭义的无追索权的第三方诉讼资助和广义的包括保险、贷款、风险代理等有追索权的资助形式。

（一）第三方诉讼资助

第三方诉讼资助作为一种资助形式，最初出现于诉讼之中，后来逐渐发展到仲裁领域。第三方诉讼资助指的是资助者为争议一方提起一个潜在的或已存在的诉讼提供资金，通过诉讼资助协议来约定资助者和受资助者之间的权利义务，并在胜诉时以一定份额的损害赔偿作为回报；若案件败诉则资助者无权要求受资助者偿还资助费用。[1] 它是一种无追索权的资助，即商事资助机构将其资金用于投资主张和抗辩，也被称为诉讼融资。诉讼资助有两种不同的类型：一种形式是个人原告（individual plaintiff，IP）模式，即第三方资助者直接向原告预付款项，按月或按日收取利息，年利率可超过贷款额的 100%。该贷款是无追索权的，如果原告败诉，资助者无权要求还款。只有在诉讼最终以原告胜诉的金钱裁决结束时才能偿还贷款。此类贷款数额相对较小，通常低于 10,000 美元，而原告通常是涉及人身伤害案件的个人。另一种形式的诉讼资助被称为公司诉讼人（corporate litigant，CL）模式，即公司诉讼人提前给原告提供资金以从诉讼结果中取得事先确定比例的收益。这一资助公司通常是特定的投资公司或对冲基金，目前第三方资助实践中的借款方就是典型的公司诉讼人，借款人的出资额较高，出借的款项可能超过 1500 万美元。[2] 与个人原告模式不同的是，公司诉讼人模式的贷款通常直接给予律师或律师事务所而不是案件中的原告。公司诉讼人的贷款也以无追索权为基础，类似于律师和委托人之间的风险代理协议（contingent-fee arrangements）。

---

〔1〕 Namic State & Policy Affairs Department, *Third-Party Litigation Funding: Tipping the Scales of Justice for Profit*, Prepared by the NAMIC State & Policy Affairs Department, p. 1 (2011).

〔2〕 Jason Lyon, *Revolution in Progress: Third-Party Funding of American Litigation*, UCLA Law Review, Vol. 58, p. 571, 578 (2010).

然而,这两种类型的资助者至少在两个至关重要的方面与风险代理律师有所不同:首先,他们对诉讼程序来说既不是诉讼当事人,也不是诉讼当事人的辩护人,其对纠纷的所有权和控制权介于律师资助和保险资助之间;其次,第三方诉讼资助者不受律师的专业道德规则约束,可以自由决定其资助承诺。他们的角色是寻求利润的投资者,目标是获得最大化的投资回报。第三方诉讼资助者的存在将一个旨在以公平和公正的方式解决争议的司法体系,转变为可以用"成本—收益"来衡量的商品化的纠纷解决模式,以服务于资助者利益最大化的纠纷资助市场。[1]

(二)其他形式的第三方资助

根据第三方资助实践,其他形式的第三方资助主要包括保险、贷款、律师资助以及转让主张等。

1. 保险

按照保险人在申请人败诉时是否承担对方当事人的不利费用及其对案件的控制程度这一标准,保险可以分为法律费用保险和责任保险两种形式。

(1)法律费用保险

法律费用保险是对争议当事方在仲裁程序中产生的法律费用提供保险费的一种资助形式,可分为事前保险(BTE)和事后保险(ATE)。BTE 是在引发法律纠纷的事件发生之前完成的。[2] 在 BTE 项下,被保险人定期支付保险费,涵盖纠纷发生时与提起或抗辩主张相关的法律费用。ATE 发生在法律纠纷发生之后,若被保险人胜诉,保险人可获得被保险总额 30% ~50% 的收益;若败诉,保险人将承担所有的费用且无权获得收益。[3] ATE 保护保单持有人免受必须支付相对方法律费用的风险,并且还可以支付保单持有人在提起诉讼时产生的合理费用。在英格兰和威尔士,ATE 经常和附条

---

[1] Namic State & Policy Affairs Department, *Third-Party Litigation Funding: Tipping the Scales of Justice for Profit*, Prepared by the NAMIC State & Policy Affairs Department, p. 2 (2011).

[2] C. Hodges, S. Vogenauer & M. Tubibacka, *The Costs and Funding of Civil Litigation: A Comparative Study*, Oxford Legal Studies Research, 2009, p. 21.

[3] Jonas von Goeler, *Third-Party Funding in International Arbitration and its Impact on Procedure*, Kluwer Law International, 2016, p. 53.

件收费安排混用,且在国际仲裁中的适用也日益频繁。[1] 在 BTE 中,保险人与仲裁结果不存在利害关系,而在 ATE 中保险人只有当案件胜诉时才能获得相应比例的收益。在 BTE 和 ATE 这两种保险中,保险公司通常不要求申请人放弃控制权,部分原因是保险公司尚未同意承担案件最终裁决的责任。因此,BTE 和 ATE 的实际效果类似于金融机构的融资,申请人保留对案件的控制权,并可能同意与资助者分享在第三方资助合法的司法辖区内对律师的选择权以及案件决策权。

图 1－1 展示了上述两种资助形式中申请人、律师和银行或保险公司在案件中的关系,申请人和资助者以及律师之间是实线,代表双方间存在合同关系,而资助者和律师之间是虚线,代表双方间不存在合同关系。在大多数司法辖区,申请人须将其律师独立于其与资助者签订的资助协议之外。资助者也须谨慎考虑其可能在多大程度上侵犯"律师－委托人"关系以及律师对申请人的职业道德义务。[2]

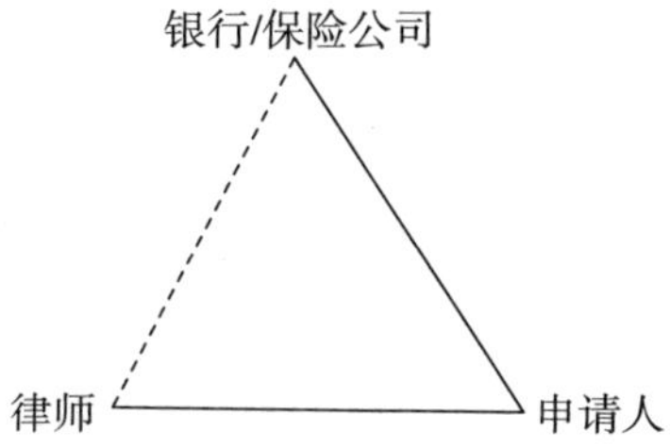

图 1－1　BTE 与 ATE 中申请人、律师和银行/保险公司之间的关系

(2)责任保险

在责任保险之下,若保险单所涉争议产生,保险公司通常有义务为被保险人辩护。如果被保险人承担责任,保险公司有义务对被保险人进行赔偿。在申请人一方,如果责任保险人赔偿被保险人保险单所涵盖的损失,保险人有权代位被保险人,并以自己的名义对造成损失的一方提出索赔。此种情

[1] Mark Kantor, *Third-Party Funding in International Arbitration: An Essay About New Developments*, ICSID Review-Foreign Investment Law Journal, Vol. 24, p. 66－75 (2009).

[2] Lisa Bench Nieuwveld & Victoria Shannon Sahini, *Third-Party Funding in International Arbitration*, 2nd ed., Kluwer Law International, 2017, p. 8.

形之下,保险人通常被视为被保险人律师的共同委托人,代位受资助的被保险人提起赔偿请求。[1] 在一些司法辖区,保险公司可单独聘请律师以及支付律师费用,并可与被保险人成为争议的共同当事人,这使保险公司对案件的管理拥有极大的控制权。[2] 图 1 -2 中实线表示保险公司和申请人以及律师的关系,虚线表示申请人和律师的关系。这一关系图表明申请人几乎放弃了在案件中支配律师的所有权利,以换取保险公司的赔偿。

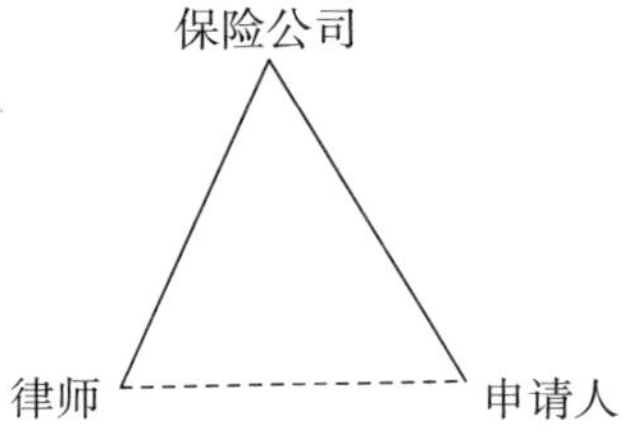

图 1 -2　在责任保险中申请人、律师和保险公司三者间的关系

在投资保护的背景之下,投资者可通过投保政治风险保险(political risk insurance,PSI)来对抗东道国的征收、战争、政治动乱或类似情形造成的损失。PSI 是一种责任保险形式,可以防止投资者在征收、战争、政治骚乱或类似情况下无法从东道国收回损害赔偿金。国家或国家保险人在赔偿被保险人后,代位取得投资者的权利。这对于在发展中国家有投资项目的投资者来说尤为重要。许多 BITs 中包含承认国家或国家保险公司代位权的条款,保险公司根据这种特定形式的责任保险赔偿投资者。例如,2008 年德国 BIT 范本第 6 条规定,如果任一缔约国对其投资者在另一缔约国境内的投资提供付款担保,则另一缔约国应承认该缔约国对任何此类权利或索赔的代位权,该缔约国有权主张与其代位的投资者享有相同程度的权利。[3]

2. 贷款

贷款与其他资助形式的不同之处在于,无论纠纷结果如何,贷款都具有

[1] Jonas von Goeler, *Third-Party Funding in International Arbitration and its Impact on Procedure*, Kluwer Law International, 2016, p. 53 -54.

[2] Ibid.

[3] UNCTAD, *Treaty between the Federal Republic of Germany and Concerning the Encouragement and Reciprocal Protection of Investments*, *German Model Treaty* - 2008, http://investmentpolicyhub.unctad.org/Download/TreatyFile/2865.

可追索性。申请人可从其律师或律师事务所获得贷款,或从银行或其他金融机构获得传统的借款。贷款的优势在于申请人对案件享有完全的管理权和控制权,但其无法减轻败诉时的风险。律师或律师事务所也可以寻求商业贷款,以补足其当前费用与正常客户费用或风险代理或按条件收费案件预期的现金流入之间的差额。[1] 商业贷款可能会有助于律师或公司处理特定未决事项。贷款可以通过公司的实物资产或公司案件组合的预期回报来保证,这种方式也称为"投资组合融资"。此种情形之下申请人对案件享有完全的控制权,资助者借款人与申请人的律师之间不存在合同关系(见图1－3)。

借款人 ———————— 申请人

图1－3 借款人与申请人在案件中的关系

3. 律师资助

在律师资助中,律师将其提供的法律服务进行投资,依靠案件结果获得回报,分为风险代理和附条件收费协议。前者主要存在于美国的民事诉讼体系之中,指律师以其法律服务作为投资,若案件败诉,律师无权获得报酬;若案件胜诉,律师有权获得相应比例的收益,一般是损害赔偿金的30%～50%。[2] 后者主要存在于英格兰和威尔士的民事诉讼体系中,若案件败诉,律师获得降低标准的报酬;若胜诉,则可获得按标准收费和额外的按小时收费的胜诉费。[3] 两者的差别在于,附条件收费协议不依赖收益比例,败诉的风险由律师和委托人共同承担,而风险代理的败诉风险则完全由律师承担。另外,律师资助还包括无偿代理。此种情形之下委托人通常是无支付能力的,律师承担委托人的全部费用,没有任何保证或合理预期的回报或利润。如果律师无偿代理委托人,根据一般程序法,律师代理的该方胜诉后可要求

---

〔1〕 Douglas R. Richmond, *Other People's Money*: *The Ethics of Litigation Funding*, Mercer Law Review, Vol. 56, p. 650 (2005).

〔2〕 C. Hodges, S. Vogenauer & M. Tubibacka, *The Costs and Funding of Civil Litigation*: *A Comparative Study*, Oxford Legal Studies Research, 2009, p. 21.

〔3〕 Marco De Morpurgo, *A Comparative Legal and Economic Approach to Third Party Litigation Funding*, Cardozo Journal of International & Comparative Law, Vol. 19, p. 342, 352 (2011).

败诉方承担律师费。无偿代理通常不被视为一种“资助”，因为货币通常不会直接在律师和委托人之间转手。然而，律师无偿代理委托人且不要求回报的实践效果使该行为被视为一种“资助”，因为被代理人的经济负担已从申请人转向律师，即律师承担败诉后不得追偿的义务。[1]

在上述3种律师资助类型下，申请人依旧保持着对案件的直接控制，这与责任保险中保险人的代位控制相反。约束律师的行为准则和职业道德要求他们积极追踪委托人的案件，无论成功的可能性如何都应以委托人的最佳利益行事。[2] 因此，如果律师存在不端行为，即使案件从一开始就无法取胜，律师也会违反职业行为规则。而责任保险公司有能力通过解决案件或撤回其索赔来随时避免损失，无须考虑被保险人的最大利益。[3] 律师作为资助者的一个优点是其无须支付任何针对败诉委托人的裁决、命令或判决，而责任保险公司不得不承担赔偿责任。律师资助之下，律师还兼具资助者的身份，其与申请人存在重合的合同关系（见图1－4）。

律师（资助者）———————— 申请人

图1－4　律师资助中申请人和律师在案件中的关系

4. 转让主张

在公司发生重大变更如合并、收购或出售资产甚至破产或其他类似法律程序时，可能会发生主张的转让。比较常见的方式是公司向允许转让主张的司法辖区内的实体出售向法院或仲裁庭提起主张的权利。主张转让之后，转让人成为名义上的申请人，丧失了对案件的控制权，由主张的受让人管理和控制案件。最典型的实例是第三方资助群体诉求的案件。申请人向非营利的组织出售或转让主张，该组织通过资助的方式代表该群体来采取

---

〔1〕 Lisa Bench Nieuwveld & Victoria Shannon Sahini, *Third-Party Funding in International Arbitration*, 2nd ed., Kluwer Law International, 2017, p. 4.

〔2〕 Douglas R. Richmond, *Other People's Money: The Ethics of Litigation Funding*, Mercer Law Review, Vol. 56, p. 651－652, 659－664 (2005).

〔3〕 Maya Steinitz, *Whose Claim is This Anyway? Third-Party Litigation Funding*, Minnesota Law Review, Vol. 95, p. 1295－1296 (2011).

相应的法律行动。[1] 这种资助方式一方面为广大处于资金困境的单个申请人提供了接近正义的机会;另一方面也减轻了仲裁庭的积案压力,提升了纠纷解决的效率。

(三)第三方诉讼资助与其他形式第三方资助的比较

第三方诉讼资助与其他形式的第三方资助都存在以营利为目的的共性之处,但二者在对资助者的要求以及资助者对案件的控制程度上存在差别。

1. 二者都以营利为目的

第三方诉讼资助与其他形式的第三方资助都以营利为目的,都是对主张的直接投资,寻求以最小的成本获得最大的收益为目的。无追索权的第三方诉讼资助中,诉讼资助者在案件胜诉时获得与申请人在资助协议中约定比例的收益,当案件败诉时,资助者要自己承担因资助案件而产生的费用。其他形式的第三方资助多是有追索权的,如保险人提供保险费,当法律纠纷发生后代位被保险人提起赔偿请求,贷款人通过向申请人提供贷款帮助其提起仲裁请求,不管胜诉与否申请人都要就贷款费用进行偿还。律师通过提供法律服务等方式对申请人进行资助,以案件的结果作为其获得报酬的依据。在转让主张这一资助形式中,申请人因经济困境将其仲裁主张转让给有提起仲裁请求能力的实体,案件胜诉后的赔偿由受让主张的一方获得。无论是第三方诉讼资助还是其他形式的第三方资助,都为处于资金困境或意图分担仲裁风险的申请人提供了接近正义的机会,资助者也通过投资仲裁主张获得一定收益。

2. 二者对资助者的要求不同

第三方诉讼资助与其他形式的第三方资助在资助的要求上存在差异。与律师资助相比,诉讼资助中资助者对受资助者没有忠诚义务。若诉讼资助协议未被定性为贷款或保险合同,则诉讼资助者无须获得相应的许可和满足资本充足率要求,而银行和保险人则须满足该资质。诉讼资助者有权通过批量组合资助来分担风险,其商业模式多集中在投资个体案件,若其评估多个案件则与保险人类似。另外,诉讼资助者的回报以案件结果这一不

---

〔1〕 Lisa Bench Nieuwveld & Victoria Shannon Sahini, *Third-Party Funding in International Arbitration*, 2nd ed., Kluwer Law International, 2017, p. 6.

确定的未来事件为依据,其本身没有必须资助的义务,而保险人的资助义务则是确定的。与贷款的可追索性相比,诉讼资助中资助者是无追索权的。

3.二者对案件的控制程度不同

保险、律师资助、转让主张这3种不同的资助关系导致了权力平衡的变化。在申请人通过传统贷款协议借款或律师为其代理人提供资金的情况下,申请人保留对案件的完全控制权。相比之下,在主张被转让或涉及传统保险协议的情况下,申请人通常丧失对案件的控制权。第三方诉讼资助者通常允许当事方对其律师保持完全控制,或者资助者通过与申请人协商的方式共享案件管理权,以达到获得经济利益或避免损失的共同目标。这种资助协议是国际仲裁中第三方资助的典型代表。

比较第三方诉讼资助和其他形式的第三方资助,有助于国际仲裁界对不同形式的第三方资助对仲裁程序的影响作出回应:一是可以准确地评估各种资助形式对仲裁程序的影响,如诉讼资助是对主张的直接投资,并涉及特定的案件评估和案件管理程序;二是确定约束各种资助形式的特定规则,仲裁庭需要意识到仲裁程序中当事方背后的第三方资助者,了解其对案件的控制程度以及其对案件结果的经济利益比例;三是根据第三方诉讼资助和其他形式的第三方资助的差异来决定是否要在国际仲裁程序中披露该外部资助。

第二节　第三方资助国际投资仲裁的特殊性

国际投资仲裁是投资者与国家之间因投资争议而选择的一种救济方式。在国际投资仲裁中,投资者享有提起投资仲裁的独有权利、投资仲裁程序的更大透明度以及《解决国家与他国国民间投资争端公约》(以下简称《ICSID公约》)下的有效执行机制等便利条件,使第三方资助者资助投资仲裁案件结果的可预测性增强,进一步吸引了第三方资助者的投资。虽然一些国家或地区对第三方资助未作规定,有些国家甚至禁止第三方资助,但这很少影响第三方资助者资助国际仲裁,因为国际仲裁中当事方在仲裁合同中可约定适用第三方资助合法的国家的法律,或约定在允许第三方资助的国家进行仲裁。上述特殊性使第三方资助者资助国际投资仲裁与资助国内诉讼或商事仲裁存在差别,也使投资仲裁成为第三方资助者较为偏爱的资助领域。

一、投资者享有提起投资仲裁的独有权利

在国际投资仲裁中,由于投资者和东道国之间主体的不对等性,为了保护投资者的利益,投资条约赋予了投资者提起投资仲裁的独有权利。投资仲裁中的被申请人为主权国家,申请人通常是一个私人外国投资者,负责启动仲裁并质疑该国存在破坏其投资的行为。关于被申请人国家是否可以对投资者提出反诉存在争议,人们普遍认为投资仲裁仅限于投资者对国家的单方面主张。[1] 但近年来一些投资协定或投资仲裁规则明确了国家在特定条件下提出反请求的权利,包括 2015 年《中华人民共和国和澳大利亚政府自由贸易协定》(以下简称《中国—澳大利亚 FTA》)的投资章、[2] 2015 年印度的 BIT 范本[3] 以及《全面与进步跨太平洋伙伴关系协定》(Comprehensive and Progressive Agreement for Trans-Pacific Partnership, CPTPP)的投资章[4]等。投资仲裁实践中国家提起反请求的案件不多,大多数仲裁庭认为他们对反请求没有管辖权,[5] 也有仲裁庭允许国家提起反请求,并作出了关于反请求的决定。[6] 总体而言,在国际投资仲裁中,投资者依旧享有提起投资仲裁的主导权。作为申请人的投资者可能在第三方资助者的资助下提起并推动仲裁程序,而国家则主要采取防御策略。即便国家提起反请求,仲裁程序

---

〔1〕 Jean E. Kalicki, *Counterclaims by States in Investment Arbitration*, Investment Treaty News, https://www.iisd.org/itn/2013/01/14/counterclaims-by-states-in-investment-arbitration-2/.

〔2〕《中国—澳大利亚 FTA》第 9 章第 16 条第(8)款规定:"被诉方不可以本章第十二条第二款第(二)项所述申诉方或企业根据赔偿、保险或担保合同已经或将得到对其全部或部分损失的赔偿或其他补偿,作为抗辩、反诉、抵销权或任何其他理由。"

〔3〕 Model Text for the Indian Bilateral Investment Treaty, 2015, Art. 14. 11: (i) A Party may initiate a counterclaim against the Investor or Investment for a breach of the obligations set out under Articles 9, 10, 11 and 12 of Chapter Ⅲ of this Treaty before a tribunal established under this article and seek as a remedy suitable declaratory relief, enforcement action or monetary compensation.

〔4〕 Comprehensive and Progressive Agreement for Trans-Pacific Partnership (CPTPP), Art. 9. 19. 2: When the claimant submits a claim pursuant to paragraph 1(a)(i)(B), 1(a)(i)(c), 1(b)(i)(B) or 1(b)(i)(c), the respondent may make a counterclaim in connection with the factual and legal basis of the claim or rely on a claim for the purpose of a set off against the claimant.

〔5〕 Marco Gavazzi and Stefano Gavazzi *v.* Romania, ICSID Case No. ARB/12/25.

〔6〕 Burlington Resources Inc. *v.* Republicof Ecuador, ICSID Case No. ARB/08/5.

风险也很低。因为若国家的反请求获得胜利,即使投资者不履行,东道国也可以很方便地执行投资者位于其境内的资产。如果国家的反请求失败了,投资者也无法执行东道国的财产,只能申请执行地法院执行。而商事仲裁的主体为平等的自然人或法人,争议双方都有提起仲裁请求和反请求的权利。第三方资助者资助商事仲裁的情况下,由于当事方的私主体属性,不存在资助者的收益来自公共资金的担忧。

由于投资仲裁中国家仅同意提起投资仲裁的主体为相关投资条约规定的适格投资者,当第三方资助者资助投资者时,东道国可能会质疑投资者是否能继续独立提起仲裁请求、国家的同意是否扩大到实际利益方为第三方资助者的非适格投资者,以及此种情形是否与 BIT 的目的和宗旨相符等。国家拥有知晓其投资者和资助者身份的利益,且存在抵制任何扩大相关投资条约之下同意的范围或投资者定义的意图,因为这可能使第三方资助者享有仅仅由适格投资者才能享有的权利。

在证券交易公司等诉俄罗斯联邦案中,俄罗斯石油公司尤科斯中的西班牙投资者在尤科斯的主要股东梅纳泰普(Menatep)的资助下,依据西班牙—俄罗斯 BIT 对俄罗斯提起有关征收的仲裁请求。被申请人俄罗斯认为申请人不是真正的当事方且与仲裁没有实质利益,资助者梅纳泰普与仲裁结果有利害关系且控制着律师、专家证人的选择或者制定相应的仲裁策略。[1] 仲裁庭分析了申请人的披露后,认为被申请人的抗辩没有说服力,本案中申请人不存在滥用权利的行为,其仅在尤科斯持有很少的股份且不足以保证提起对抗俄罗斯的国际仲裁程序。没有理由表明申请人不能依据西班牙—俄罗斯 BIT 寻求权利保护,以及不能接受与本案当事人无关的第三方资助者的资助。[2]

在安比恩特等公司诉阿根廷案中,仲裁庭被要求评估资助者北大西洋行政管理协会(North Atlantic Société d'Administration,NASAM)在仲裁程序中的作用。阿根廷认为 NASAM 实际上代替的是申请人的角色,对案件进

---

〔1〕 Quasar de Valores SICAV S. A. et al. (formerly Renta 4 S. V. S. A. et al.) *v.* Russian Federation, SCC Case No. 24/2007, Award, 20 July 2012, paras. 11 – 12, 31.

〔2〕 Ibid., para. 33.

行了超出资助者之外的控制,是案件的真正利益方。资助者对申请人律师的选择和对案件的控制表明其是唯一的受益人。[1] 仲裁庭认可了资助者在案件中的“关键作用”以及资助者和仲裁员的“特殊关系”,但并未发现其“控制”仲裁程序。仲裁庭认为资助者并非案件当事方,也并未干预申请人对律师的指示。因此,并无实质证据表明资助者对案件进行外部控制或资助者造成的利益冲突可能损害仲裁庭的管辖权。[2] 该案中仲裁庭同样倾向于关注形式上的纠纷当事方,尽管第三方资助者可能对仲裁程序造成影响,但仲裁庭认为缺乏第三方资助者控制仲裁程序或者存在利益冲突的证据,仲裁庭的管辖权不受影响,因而投资者可以利用第三方资助资金提起投资仲裁请求。

二、国际投资仲裁更高程度的透明度

在国际投资仲裁中,由于被申请国家的公共属性,其作为投资仲裁争议当事方的身份与其国内公共利益密切相关。国际投资仲裁具有混合的公私特性。因投资仲裁的案情复杂和影响巨大,投资仲裁程序和裁决若保密则会引发东道国对裁决影响其公共利益的担忧,进而产生对投资仲裁的“寒蝉效应”。联合国国际贸易法委员会(United Nations Commission on International Trade Law,UNCITRAL)达成的《UNCITRAL 仲裁程序的透明度规则》提出了从仲裁程序开始到裁决作出的整个过程中仲裁程序的透明度要求,促进了当事方之间的公平和裁决的合理性。[3] 仲裁程序的公开增加了结果的可预测性,大部分裁决的公开也为此后的投资仲裁庭提供了参考依据,这对第三方资助者有更大的吸引力。资助者根据公开可用的文件和记录评估一些变量,如仲裁庭成员如何决定费用问题、国家执行裁决的可能性以及律师或专家的能力等,以帮助其决定是否对案件进行资助。商事仲裁中,仲裁庭处

---

〔1〕 Ambiente Ufficio S. P. A. and Others *v.* Argentine Republic, ICSID Case No. ARB/08/9 (formerly Giordano Alpi and Others *v.* Argentine Republic), Decision on Jurisdiction, 8 February 2013, paras. 186, 277 – 278.

〔2〕 Ibid., para. 278.

〔3〕 朱明新:《联合国国际贸易法委员会“投资仲裁透明度规则”评析》,载《武大国际法评论》2017 年第 1 期。

理的是私主体间的私法性争议，仲裁裁决是否公开取决于当事方是否同意。由于跨国公司的腐败问题以及大型商事公司对公众利益的重大影响，人们对商事仲裁的保密性日渐不满，要求提高商事仲裁程序透明度的呼声也日渐强烈。英国仲裁界认为即使当事方约定了保密，若仲裁程序适用的法律或仲裁规则规定了披露，争议方的约定不能违反这项义务。〔1〕《美国仲裁协会国际仲裁规则》(以下简称《AAA 国际仲裁规则》)第 27 条第(8)款规定仲裁机构可以通过隐去争议当事方的姓名以及相关信息的方式公开仲裁裁决，以便商事仲裁的研究和推进。〔2〕 2015 年《CIETAC 仲裁规则》第 31 条明确规定了仲裁员的披露义务及应当披露的情形。〔3〕 越来越多的新兴仲裁机构也不断要求强化仲裁程序的透明度，未来国际商事仲裁领域的透明度问题也将会有很大改进。〔4〕 相较于商事仲裁来说，投资仲裁因其主体的特殊性而影响更大，若投资者选择 ICSID 仲裁，仲裁程序的公开是当事方须遵守的义务，透明度的力度也更大。商事仲裁程序因涉及私主体的利益，仲裁程序以及裁决结果的公开须在当事方的同意下进行，且要隐去相关信息。

近年来，投资者主动披露资助协议的现象日益增多，这主要得益于国际投资仲裁的透明度特性。在奥克萨斯黄金有限公司诉乌兹别克斯坦案中，申请人认为乌兹别克斯坦违法地征收了申请人的两个采矿项目，遂依据英国—乌兹别克斯坦 BIT 提起 UNCITRAL 仲裁程序。由于该公司在乌兹别克斯坦独家经营，这意味着该国的征收行为使奥克萨斯黄金有限公司的运营和收入实际上已经停止，严重影响了奥克萨斯黄金有限公司的资金流动及

---

〔1〕 Yves Deezalay & Bryant G. Garth, *Dealing in Virtue: International Commercial Arbitration and the Construction of a Transnational Legal Order*, University of Chicago Press, 1996, p. 9.

〔2〕 International Arbitration Rules of American Arbitration Association, Art. 27. 8: Unless otherwise agreed by the parties, the administrator may publish or otherwise make publicly available selected awards, decisions and rulings that have been edited to conceal the names of the parties and other indetifying details or that have been made publicly available in the course of enforcement or otherwise.

〔3〕 《CIETAC 仲裁规则》第 31 条规定：(1)被选定或被指定的仲裁员应签署声明书，披露可能引起对其公正性和独立性产生合理怀疑的任何事实或情况；(2)在仲裁程序中出现应披露情形的，仲裁员应立即书面披露；(3)仲裁员的声明书及/或披露的信息应提交仲裁委员会仲裁院并转交各方当事人。

〔4〕 林其敏：《国际商事仲裁的透明度问题研究》，载《河北法学》2015 年第 6 期。

其支撑自身法律案件费用的能力。2012 年 3 月 1 日，申请人主动披露其寻求了第三方资助，并公开了资助协议条款，即资助者承担申请人的法律费用，并在胜诉时获得一定比例的回报。[1] 资助协议披露后申请人的股价上涨，第三方资助者的加入使申请人可以雇佣更好的律师，但也增加了人们对资助者控制"律师 - 委托人"关系的担忧。[2]

欧洲天然气公司诉斯洛伐克案中也出现了类似情形。申请人宣称已寻求第三方资助者资助其法律费用，以便其对斯洛伐克提起数十亿美元的 ICSID 仲裁。资助者审查了申请人所提主张并评估了案件的胜诉可能性，同意资助申请人与仲裁有关的所有法律费用。欧洲天然气公司设法为其对斯洛伐克的索赔寻求资助的事实可能影响其上市的决定。[3]

上述两案在一定程度上表明，在某些情况下披露第三方资助对申请人有积极意义。例如，它可能会对申请人的公司估价产生积极影响，意味着它实际上符合公司的披露利益。但是，投资者将第三方资助协议公之于众，可能会增加国家对该资助协议质疑的可能性。如果这种趋势持续下去，越来越多的非受资助者可能要求仲裁庭裁决第三方资助者承担相应责任。与此同时，日益增加的第三方资助实践也将助力于应要求受资助者强制披露这些资助协议的辩论，以便增强投资仲裁程序的透明度。[4]

三、国际投资仲裁高昂的仲裁费用

国际投资仲裁中申请人主张的数额往往是巨大的，仅法律费用就可达到数百万美元。高费用和高回报的国际投资仲裁成为第三方资助者竞相角逐的竞技场，对第三方资助者来说也是一个极具诱惑的领域。国际上知名

---

〔1〕 Oxus Gold Plc. *v.* Republic of Uzbekistan, the State Committee of Uzbekistan for Geology & Mineral Resources, and Navoi Mining & Metallurgical Kombinat, UNCITRAL, Notice of Arbitration, 31 August 2011.

〔2〕 See Kyriaki Karadelis, *Oxus Gold Claim Survives Jurisdictional Challenge*, Global Arbitration Review, Nov. 16, 2012.

〔3〕 Angelynn Meya, *Third-Party Funding in International Investment Arbitration the Elephant in the Room*, Dossiers of the ICC Institute of World Business Law, Vol. 10, p. 131 – 132 (2013).

〔4〕 Ibid.

的资助公司如美国的伯福德资本公司、英国的尤里迪卡(Juridica)公司、澳大利亚的本瑟姆(IMF Bentham)公司以及荷兰的奥姆尼－布里奇韦(Omni Bridgeway)公司等相继推出较具吸引力的资助计划。到目前为止,上述资助公司已经资助了多起投资仲裁案件。[1] 资助者资助投资仲裁中的申请人需要承担的高风险也使其对资助主张进行更为细致的筛选,并谨慎对待可能产生的不利费用。另外,在商事仲裁中,败诉方负担胜诉方的费用是常态,而投资仲裁中仲裁庭如何分配当事方之间的费用存在不确定性。

从投资仲裁实践来看,仲裁庭解决第三方资助问题的裁决数量还较为有限。鉴于第三方资助在国际投资仲裁中的日益普遍,仲裁庭对第三方资助问题也会愈加重视。国际投资仲裁庭在处理第三方资助者参与下的费用问题时,通常认为第三方资助不影响其费用决定,即便一方当事人获得资助,也不应成为负担另一方仲裁费用的理由。仲裁庭在决定费用问题时,一般会考察仲裁程序中形式上的当事人的行为,并通过费用分配来维持争议双方间的平衡。另外,还须考虑的费用问题是,如果投资者为了获得资助而推迟仲裁程序,那么国家是否可以要求受资助者提供相应的费用担保。

四、国际投资仲裁完善的承认和执行机制

国际投资仲裁裁决存在两种执行机制,即《ICSID 公约》下的执行机制和 1958 年《承认及执行外国仲裁裁决的纽约公约》(以下简称《纽约公约》)下的执行机制。《ICSID 公约》第 54 条第(1)款规定了国家对 ICSID 裁决的态度,即国家应将 ICSID 裁决视为国内法院的最终判决,具有约束力和执行力。[2] 与《纽约公约》不同的是,《ICSID 公约》第 53 条规定,投资仲裁裁决不受国内法院的司法审查,一经作出即生效,除非公约规定的法定撤销事由出现。在投资仲裁中,若国家获得胜诉裁决,即使投资者不履行,东道国也可以很方便地执行投资者在其境内的资产。如果国家败诉,投资者无法执行东道国的财产,只能申请执行地法院执行。被执行人除提出执行豁免外,

---

〔1〕 肖芳:《国际投资仲裁第三方资助的规制困境与出路——以国际投资仲裁“正当性危机”及其改革为背景》,载《政法论坛》2017 年第 6 期。

〔2〕 ICSID Convention, Art. 54(1).

不能以公共政策或正当程序等理由进行抗辩。《纽约公约》之下，投资仲裁裁决要经执行地的国内司法审查，执行地法院可以公共政策或正当程序为由拒绝执行。因此，《ICSID 公约》下裁决的承认和执行机制使执行更有效也更吸引资助者。虽然投资仲裁裁决在执行上具有一定的保障，但资助者也要谨慎评估国家过往的执行情况和相关记录以考虑裁决顺利执行的可能性。而国际商事仲裁裁决的承认与执行主要依据《纽约公约》来进行，裁决要经受国内法院的司法审查，若执行国法院认为裁决违反了《纽约公约》第 5 条的正当程序或公共政策要求，则可拒绝承认执行。

上述特殊性使投资仲裁对第三方资助者产生了较大的吸引力，也影响了第三方资助投资仲裁之下仲裁参与人的策略。资助者可根据公开的信息评估投资特定案件的风险，以及大量的前期投资获得高额回报的可能性；被申请人可能根据其有限的同意对仲裁庭涉及第三方资助者的管辖权质疑；第三方资助者的参与还可能导致投资仲裁庭作出的费用令的不确定性以及裁决执行方面的具体问题。此外，由于投资仲裁的一方主体是国家，可能会产生第三方资助是否违反一国公共政策的问题。第三方资助投资仲裁产生的这些问题需要国际仲裁界予以重视。

第三节　第三方资助国际投资仲裁的经济效益及其法理基础

第三方资助者资助国际投资仲裁程序对当事人来说存在一定的经济效益。第三方资助不仅可以增加投资仲裁的边际社会福利，也有助于降低交易成本，实现争议双方纠纷解决的帕累托最优。鉴于国际仲裁界目前对第三方资助规制不足，第三方资助者出于其营利本性，可能导致骚扰性仲裁请求的增加，损害投资仲裁程序的完整性以及仲裁员的公正性和独立性。而探究第三方资助国际投资仲裁的法理基础，不仅可以为第三方资助的合法化提供理论依据，也有助于国际仲裁界对第三方资助进行适当规制，维持投资者和东道国之间的利益平衡。

一、第三方资助国际投资仲裁的经济效益

在“投资者－国家”仲裁中,高昂的仲裁费用和漫长的仲裁程序对投资者而言是不小的负担。根据 UNCITRAL 第三工作组的统计数据,投资仲裁程序的平均费用已达 800 万美元。[1] 即便投资者拥有提起投资仲裁的独有权利,但投资者和东道国之间不平衡的议价能力也会使这一投资争议解决机制失衡。第三方资助者资助投资仲裁请求,不仅使自身获得了较大收益,为投资者提供了获得公正救济的机会,而且为企业和律师提供了绝佳的融资机会,也提高了投资仲裁争议解决机制的利用率,有助于各方经济效益的提升。[2] 考察第三方资助国际投资仲裁的经济效益,需要从成本和收益两个维度来具体分析其社会价值。同时,还须防范资助者参与投资仲裁程序可能会打破当事方原有的平衡,使受资助一方明显占有优势而非受资助一方面临风险的问题。

(一)第三方资助国际投资仲裁的成本收益分析

第三方资助者通常对投资者的部分或全部仲裁费用予以资助。在国际投资仲裁中,投资仲裁的费用主要包括仲裁庭的费用和当事方的费用。前者包含仲裁员的报酬和开支、使用 ICSID 设施产生的费用以及争议双方支付的案件注册费等;[3]后者指当事方进行仲裁程序产生的费用,包括法律代理人的费用和专家或证人费用。[4] 投资仲裁庭在分配仲裁费用时通常有三种方式:一是当事方各自负担自己的费用(pay your own),也被称为美国规则;二是败诉者负担胜诉方的费用(costs follow the event),即英国规则;三是根据各方当事人胜诉的比例来分配费用(relative success)。因投资仲裁庭可行使自由裁量权分配仲裁费用,实践中仲裁庭如何分配费用存在不确定性,第三方资助国际投资仲裁中资助者和受资助者的成本与收益也存在差别。

---

[1] UNCITRAL, *Report of Working Group Ⅲ (Investor-State Dispute Settlement Reform) on the work of its thirty-fourth session (Vienna, Nov. 27 – Dec. 1, 2017)*, A/CN. 9/930/Rev. 1, para. 36.

[2] Maya Steinitz, *Whose Claim is This Way? Third-Party Litigation Funding*, Minnesota Law Review, Vol. 95, p. 1268, 1303 – 1313 (2011).

[3] Patricia Živković, *Security for Costs in International Arbitration: What's Missing from the Discussion?*, Kluwer Arbitration Blog, http://arbitrationblog.kluwerarbitration.com/2016/11/09/security-for-costs-in-international-arbitration-whats-missing-from-the-discussion/.

[4] ICSID Convention, Arts. 59, 60, 61(2).

鉴于第三种费用分配方式是对第二种费用分配方式的适当调整,因而可以参照第二种费用分配模式来比较资助者和受资助者的成本与收益,本部分不再赘述。

1. 各自负担自己的费用模式下资助者和受资助者的成本收益

在各自负担自己的费用的模式下,对于追求利益最大化的第三方资助者而言,当其资助的预期收益高于预期成本时通常愿意提供资助。资助者在作出资助决定之前将谨慎评估投资主张的价值和潜在收益。除此之外,案件的胜诉率以及资助者和受资助者之间约定给资助者的胜诉收益比例也应考虑在内。此种情形之下资助者的收益即为投资主张的潜在收益与案件胜诉率和胜诉收益比例的乘积,资助者的预期费用为受资助者与仲裁程序有关的费用,资助者无须承担受资助者败诉时的不利费用。[1] 只有在资助者的收益超过其预期费用时,资助者才会有资助该投资仲裁案件的动力。

从受资助者的视角来看,当其预期利益通过寻求第三方资助而增加时,他才会与资助者签订资助协议。受资助者胜诉时须与资助者按照资助协议约定的比例分享胜诉收益。此时,受资助者的收益为案件胜诉收益除去资助者的资助收益。至于预期成本因资助者在资助案件时已对受资助者的仲裁费用予以资助,即使案件败诉,受资助者无须偿还资助者的资助费用和预付任何资金,也不承担诉诸第三方资助的风险。对于处于经济困境的投资者而言,只有寻求第三方资助才有机会就投资主张获得胜诉收益。而对于意图分担投资仲裁风险的投资者而言,其可权衡案件的胜诉概率,比较资助者要求的胜诉回报份额与其不寻求资助时的费用大小,慎重决定是否寻求第三方资助。

2. 败诉者负担模式下资助者和受资助者的成本收益

在败诉者负担模式下,资助者在受资助者胜诉时无须承担仲裁费用,而在受资助者败诉时,除受资助者的仲裁费用外,若资助协议中约定了资助者的不利费用责任,资助者还需承担被申请人的不利费用,即被申请人的仲裁费用和其他损失。此种情形下,资助者的预期成本为受资助者的仲裁费用

〔1〕 Wenjing Chen, *An Economic Analysis of Third Party Litigation Funding*, US-China Law Review, Vol. 16, p. 35 - 37 (2019).

与败诉时的不利费用之和。只有当资助者的收益大于其预期费用时,资助者才会考虑资助案件。从实践来看,受资助者败诉时的不利费用很难预测,因此,在败诉者负担仲裁费用模式下不太容易准确评估资助者对投资仲裁案件是否予以资助。若资助协议中没有约定不利费用责任,资助者作为仲裁程序的非当事方,通常不愿承担受资助者的不利费用,此时其预期成本仍为受资助者的仲裁费用。但是,实践中有的投资仲裁庭已开始要求资助者承担不利费用责任。例如,在埃斯科索尔公司诉意大利案中,仲裁庭要求受资助者提供资助者承担不利费用的证明,以决定其是否要求申请人提供费用担保。[1]

受资助者在败诉者负担仲裁费用模式下的成本收益与各自负担自己仲裁费用模式下的成本收益最大的区别在于其败诉时的不利费用。对于受资助者而言,若其因经济困难无法提起投资仲裁请求时,寻求第三方资助仍是接近正义的最优选择。对于资金充足但意欲分担投资仲裁风险的投资者来说,不仅需要比较胜诉时给资助者的回报数额与不寻求资助时的仲裁费用之间的差额,也需要考虑败诉时的不利费用由谁承担才能获得最大收益。

总体而言,资助者是否资助案件的重要考虑因素是案件的胜诉概率。实践中,资助者通常根据一定的标准来衡量案件的胜诉情况,比如投资主张的价值、裁决对东道国的可执行性、赔偿数额、案件败诉时可能面临的潜在不利成本等。[2] 在澳大利亚著名的本瑟姆公司资助的案件中,他们通常资助胜诉率超过85%的案件,或者存在胜诉的特殊原因等其他案件。[3] 理性的资助者在资助案件前通常会进行尽职调查(due diligence),确保其资助的案件能够胜诉。即便受资助者败诉时的不利费用存在不确定性,资助者通常要求受资助者购买ATE来涵盖不利费用。此外,资助者还会通过批量组合资助的方式将资助风险分配到不同的案件中,以实现资助收益的最大化。因此,资助者资助投资仲裁案件能获得较大收益,对资助者和受资助者而言

---

〔1〕 Eskosol S. P. A. in Liquidazione *v.* Italian Republic, ICSID Case no. ARB/15/50, Procedural Order No. 3 (Decision on Respondent's Request for Provisional Measures), 12 June 2017.

〔2〕 Eric De Brabandere, *Third Party Funding in International Investment Arbitration*, Grotius Centre Working Paper, p. 5 – 6 (2012).

〔3〕 Corporate Manual of IMF, 24 October 2012, para. 4. 18. 6.

可以实现双赢的目的，因而在国际投资仲裁中广受投资者青睐。

(二)第三方资助国际投资仲裁的重要社会价值

第三方资助国际投资仲裁对有资金需求的投资者和实施不法行为损害投资者利益的东道国都具有一定的积极作用，也可实现自身资助投资主张获利的目的。

1. 为投资者提供公正机会

随着经济全球化的进一步扩张，投资者的跨国投资活动日益频繁和复杂，纠纷所耗时间更长，仲裁所需费用也日益高昂。处于经济困境的申请人可能没有足够的提起投资仲裁请求的资金，缺乏对争议的是非曲直和程序风险的认知，或者难以准确评估投资主张的价值或回报，等等，[1]这减损了其获得接近正义的机会。而非处于资金困境的申请人出于降低风险、完善公司治理工具以及公司管理效益最大化的考虑，也需要获得外部资金支持。[2]

第三方资助者为有资金需求的投资者提供资金支持，使经济困难或意图分担仲裁风险的投资者能够有机会提起投资仲裁。若被资助的投资主张是有价值的，日渐增加的案件数量意味着更多的不法行为被纠正，更多的人获得了公正。在经典的社会福利功利主义思想下，社会福利的总体水平与每个人的效用水平成正比。[3] 虽然在国际投资仲裁中高昂的仲裁费用成为当事方最大的负担，但专业的第三方资助公司的出现解决了当事人的后顾之忧，申请人通过让渡一部分胜诉收益即可获得仲裁费用的资助或专业的法律团队的指导，一定程度上以较小的成本获得了较大的收益。[4] 投资者接近正义诉求的实现也提高了社会福利水平。

2. 对东道国的不法行为具有威慑作用

除促进投资者接近正义外，第三方资助投资仲裁对东道国产生的潜在

---

〔1〕 Gian Marco Solas & Omni Bridgeway, *Third Party Funding: Law, Economics and Policy*, Cambridge University Press, 2019, p. 175.

〔2〕 Ibid., p. 183.

〔3〕 Marco de Morpurgo, *A Comparative Legal and Economic Approach to Third Party Litigation Funding*, Cardozo Journal of International and Comparative Law, Vol. 19, p. 343 (2011).

〔4〕 Steven Shavell, *The Social Versus the Private Incentive to Bring Suit in a Costly Legal System*, Journal of Legal Study, Vol. 11, p. 333(1982).

威慑效应也很显著。如果东道国知晓投资者没有足够的财力来提起投资仲裁,即便东道国实施征收、变更法令等损害投资者利益的行为,投资者也无法获得相应救济。因投资者没有能力对抗主权国家,东道国的不法行为成本太低,无法对其起到威慑作用。第三方资助者的资金支持可以为没有能力支付仲裁费用的投资者提起投资仲裁请求提供帮助。目前越来越多有经济实力的企业和个人也充分利用第三方资助提起投资仲裁,以确保其不因费用高昂的投资仲裁而陷入资金断裂的风险。[1] 鉴于投资仲裁高昂的费用和漫长的仲裁程序,东道国也须认真权衡其行为,在作出影响投资者利益的决定时须考虑是否会引发投资仲裁。[2] 因此,第三方资助者资助投资者提起国际投资仲裁,一方面帮助投资者维护自身合法权益,另一方面也迫使东道国权衡其实施不法行为导致大量的投资仲裁案件对国家声誉和吸引外资的不利影响,进而依法依规行事。

如上所述,第三方资助的社会意义主要表现在三个方面:一是给第三方资助者自身带来了利益,增加了其投资收益;二是给受资助者和非受资助者带来了利益,不仅为处于经济困境的申请人提供了获得救济的机会,而且推动东道国规范自身行为、提升国家形象和信誉,资助者对投资主张的尽职调查和筛选也降低了非受资助者承担的经济风险;三是对国际投资仲裁程序的效益,第三方资助者参与投资仲裁程序,为申请人提供资金或专业的法律团队,有助于仲裁庭快速地厘清案件事实,提高仲裁效率。总之,第三方资助者参与国际投资仲裁程序在一定程度上可以增加仲裁的社会福利,也可以减少当事方的交易成本,更为处于经济弱势的申请人一方提供了接近正义的机会。

(三)第三方资助国际投资仲裁存在的风险

第三方资助者出于其营利本性可能会资助胜诉率较小的主张,甚至资助申请人的骚扰性主张,当胜诉无望时随时终止资助协议。被申请人不得

---

〔1〕 Rachel Denae Thrasher, *Expansive Disclosure: Regulating Third-Party Funding for Future Analysis and Reform*, Boston College Law Review, Vol. 59, p. 2940 (2018).

〔2〕 Wenjing Chen, *An Economic Analysis of Third Party Litigation Funding*, US-China Law Review, Vol. 16, p. 39 – 40 (2019).

不承担因申请人利用第三方资助滥诉导致的高昂仲裁费用。投资仲裁机制为投资者提供了比国家更广范围的保护，一定程度上导致了投资者和国家之间权利的“不对称”。[1] 第三方资助者利用了投资体制的不对称，如国家很少能提出反请求等，使国家的公民或纳税人的财富不公平地转移到资助公司手中，[2]可能会影响发展中国家的政策事务和社会福利，[3]导致第三方资助的负外部性效应。在国际投资仲裁实践中，第三方资助投资仲裁的风险主要表现如下。

1. 增加骚扰性主张的提起

国际投资仲裁中仲裁庭对仲裁协议之外的资助者无管辖权，即使资助失败也无须承担非受资助一方的不利费用。在国际仲裁领域目前对第三方资助尚无有效披露规则约束的情况下，资助者的参与给未受资助的被申请人带来了一定的风险。资助者为了获得资助利益的最大化，除资助胜诉概率较高的案件外，还通过提高胜诉收益份额的方式资助高风险的案件。资助者通常通过批量组合投资来分散投资风险，所以即便某个或某些无价值或胜诉可能性较小的案件也可能使资助者获得较大利益。由于投资仲裁费用高昂、耗时较长，投资者为了分担风险保持资金流动，也会寻求第三方资助，这为资助者提供了巨大的市场需求。第三方资助者的介入可能使原本无须通过仲裁途径解决的纠纷进入仲裁程序。当事方在利益的驱使下可能利用投资仲裁领域对第三方资助的监管不足，滥用第三方资助提起骚扰性主张，导致东道国承担大量本不必要的仲裁费用，即便其胜诉也无法获得仲裁费用的偿还。例如，在 S&T 石油设备和机械有限公司诉罗马尼亚案和安比恩特公司诉阿根廷案中，第三方资助者在资助的过程中发现胜诉可能性不大而拒绝提供后续资助。鉴于申请人的资金状况，被申请人即使胜诉也可能无法就损失获得补偿。

---

[1] Lisa Sachs, Lise Johnson & Jesse Coleman eds., *The Great Asymmetry and the Rule of Law in Trade and Investment Agreements*, Yearbook on International Investment Law & Policy, p. 10 (2018).

[2] Frank J. Garcia, *Third-Party Funding as Exploitation of the Investment Treaty System*, Boston College Law Review, Vol. 59, p. 9 - 10 (2018).

[3] Pia Eberhardt & Cecilia Olivet, *Profiting from Injustice: How Law Firms, Arbitrators and Financiers are Fueling an Investment Arbitration Boom*, Nouvelles Imprimeries Havaux, 2012, p. 16.

2. 阻碍投资争议的快速解决

第三方资助者的收益和仲裁程序持续时间以及案件的复杂程度成正比。对于资金雄厚的资助者而言,当其通过和解方式获得的收益低于预期时,资助者为了获得资助利益的最大化,通常会阻碍争议当事方之间通过和解快速解决争议。投资仲裁领域对第三方资助缺乏披露规制使资助者作为仲裁程序中的"隐形人"而无须顾忌其行为。为了获得预期利益,资助者可能会教唆申请人向被申请人要求超过客观价值的赔偿,以弥补其在资助协议中与资助者达成的收益份额。投资者获得资助者提供的资金和丰富的经验、专业知识、内幕信息等,使案件程序更复杂和冗长,反而会加剧投资者与国家之间业已存在的不平衡的权利格局。资助者的介入降低了投资争议解决的效率,部分国家对第三方资助表达了不满。例如,在UNCITRAL第三工作组的会议中,一些国家如尼日利亚、布基纳法索、肯尼亚、南非、印度、阿根廷等认为在"投资者 - 国家"纠纷解决中应禁止第三方资助。

3. 导致资助者与仲裁员的利益冲突

国际投资仲裁中的第三方资助者为非仲裁当事方,其参与仲裁程序的私密性使各方产生利益冲突的情形时有发生,并危及仲裁程序和仲裁结果的公正性。第三方资助引发的最突出的利益冲突是第三方资助者和仲裁员之间的利益冲突。具体表现为以下情形。

(1)在投资仲裁程序中,第三方资助者资助申请人,而该案的首席仲裁员是同一资助者在另一个无关联的仲裁程序中资助的当事方的法律顾问。因此,在这不相干的仲裁程序期间,仲裁员作为受资助方的法律顾问将会与资助者产生联系,该同一资助者也将支付仲裁员作为法律顾问时的费用,这将引起另一方当事人对仲裁员独立性和公正性的质疑。此外,如果在仲裁员的律师事务所中一个合伙人参与的与本案无关的案件中,同一资助者资助了仲裁费用,即使仲裁员和资助者无直接联系,当事方对仲裁庭的裁决也并非无异议。

(2)同一第三方资助者在不同案件中可能涉及对仲裁员的重复指定,易引发其与仲裁员的利益冲突。资助者虽不是仲裁协议的当事方,但其对案件的控制以及间接参与指定仲裁员的行为,类似于《国际律师协会利益冲突指南》(以下简称《IBA 利益冲突指南》)橙色清单第 3 条第(1)款第(3)项和第(4)项规定的当事方任命仲裁员时可能存在利益冲突的情形。[1] 即便这些情形在橙色清单下并不直接导致仲裁员的不适格,相关当事方仍需要向仲裁机构或仲裁庭披露。[2]

(3)仲裁员可能和第三方资助者有直接的利益关系。根据《IBA 利益冲突指南》,仲裁员直接或间接拥有一方当事人或其关联机构或第三方资助公司公开发行的股票,将影响仲裁员的独立性和公正性,需要被披露。因此,如果仲裁员是第三方资助公司的股东或董事,或仲裁员的律师事务所与第三方资助公司有商业上的联系,则该仲裁员将不适合在该案中担任仲裁员。

在当前第三方资助业务已经开始产业化发展的背景下,第三方资助者和仲裁员之间也超越了一个间接参与者与仲裁员的单一关系,而有着更为错综复杂的关联。第三方资助者参与国际投资仲裁程序,一方面,仲裁员和资助者未披露的关系可能引发二者间的利益冲突,影响仲裁员的独立和公正;另一方面,目前的国际条约或仲裁机构仲裁规则对披露第三方资助的规定还不完善,[3] 仲裁员与资助者之间的利益冲突将危及仲裁庭构成的有效性,导致仲裁员被质疑或免职,甚至使仲裁裁决被撤销或无法被承认执行。[4]

4. 导致东道国面临胜诉时无法获得费用补偿的风险

第三方资助者作为营利性的公司,通常在资助协议中约定不承担受资助者败诉时的不利费用。为了获得资助利益的最大化,资助者可能会要求申请人提出远超实际价值的赔偿,或者资助胜诉可能性较低的案件来获得更高的胜诉收益份额。当案件无法胜诉时资助者可能会停止资助,受资助者则会因资金短缺无法继续已经进行的投资仲裁程序,而被申请人东道国

---

〔1〕《IBA 利益冲突指南》第 3 条第(1)款第(3)项规定:仲裁员在过去三年内曾两次或两次以上被当事一方或其关联机构指定为仲裁员;第(4)项规定:仲裁员所在的律师事务所在过去三年内就与争议无关的事项为当事一方或其关联机构提供过服务,但该仲裁员未参与其中。

〔2〕 Burcu Osmanoglu, *Third-Party Funding in International Commercial Arbitration and Arbitrator Conflict of Interest*, Journal of International Arbitration, Vol. 32, p. 334 – 335 (2015).

〔3〕 Ibid., p. 326 (2015).

〔4〕 Ibid., p. 332.

将不得不承担已经投入到仲裁程序中的费用。即便资助者一直资助到案件最后，由于资助者不是案件当事方，投资仲裁庭对其无管辖权，尤其是资助协议中资助者不承担不利费用的约定使被申请人可能因申请人资金状况困难而无法就仲裁费用获得偿还。

虽然第三方资助国际投资仲裁存在上述风险，一定程度上损害了投资仲裁程序的公平公正，但是出于资本的营利性考虑，作为理性人的资助者还是会通过尽职调查过滤掉琐碎和无价值的索赔，尽可能资助胜诉可能性较大的案件。在当前第三方资助业务发展迅猛的背景之下，第三方资助者和仲裁员之间的关系也更为复杂。二者间的利益冲突可能危及仲裁庭构成的有效性，导致仲裁员被质疑或免职，甚至使仲裁裁决被撤销或无法被承认执行。[1] 目前国际社会也已对仲裁员和资助者的利益冲突问题予以重视，要求申请人在接受第三方资助时及时披露。因此，相较于第三方资助给国际投资仲裁程序以及仲裁参与人带来的积极意义而言，负面影响尚不足以成为劣势，可以通过相应的规制措施予以矫正。国际社会应正视第三方资助给投资仲裁程序带来的冲击，并积极采取措施来降低上述风险，实现第三方资助国际投资仲裁的最大经济效益。

二、第三方资助国际投资仲裁的法理基础

ISDS 中投资者和国家间主体的不对等性以及高昂的投资仲裁费用等给投资者带来了较大的经济负担。投资者申请人受制于经济困境可能无法提起投资仲裁请求来维护自身权益，资助者为申请人提供资金使其获得了接近正义的机会。同时，鉴于资助者的营利本性，其可能资助骚扰性的主张损害被申请人利益。随着第三方资助在国际投资仲裁领域的适用日渐普遍，国际社会也意识到对第三方资助进行规制以维持投资者和东道国利益平衡的重要性。这两方面的考虑反映了第三方资助投资仲裁蕴含的法理。

---

〔1〕 Burcu Osmanoglu, *Third-Party Funding in International Commercial Arbitration and Arbitrator Conflict of Interest*, Journal of International Arbitration, Vol. 32, p. 332 (2015).

(一)接近正义

“接近正义”运动最初出现在20世纪六七十年代的发达国家,其目的是改善传统诉讼的烦杂、拖沓和高昂的费用,为人们提供更为高效便捷的救济途径。[1] 发达国家围绕着更好地保护个体“接近正义”的权利进行了3次司法改革。第一次司法改革意图建立法律援助和咨询服务以援助贫民,使其享有正当程序权利;第二次司法改革为包括妇女、儿童、老人以及劳动者、消费者等在内的弱势群体提供集团诉讼或公益诉讼的特别保护;第三次司法改革则聚焦多元化纠纷解决机制,为民众提供高效迅捷的接近正义机会。意大利著名法学家莫诺·卡佩莱蒂教授将这3次改革称为“接近正义”运动。[2] 从这3次改革来看,人们追求的权利在进一步细化,从最初的降低诉讼门槛,到之后的增加受保护的实质利益受损人范围,再到最后的寻求其他救济途径以解决司法资源的稀缺问题。第三次改革也推动了“司法社会化”的趋势,越来越多的人倾向于选择司法的替代方式如仲裁来解决纠纷。

随着经济全球化的进一步扩张,投资者的跨国投资活动也日益频繁,加剧了纠纷的复杂性和耗时性,仲裁所需费用也日益高昂。在诉讼领域有成熟实践的第三方资助顺势而为,为有资金需求的争议方提供资金支持,并根据案件结果获得收益,在国际投资仲裁领域有强大的市场需求。西方法律文化中的接近正义主要是为了保障争议当事人利用司法救济机制的权利,在国际投资仲裁领域以ICSID投资仲裁机制最为典型。[3]

“接近正义”运动为民众提供了如此多的便利,但何为“接近正义”仍是一个模糊的概念,“接近”和“正义”也存在不同的解释方式。从广义上说,接近正义被视为允许那些希望捍卫其合法权利的人拥有合理的救济机会,特别是接近法律程序和法院的机会。[4] 此外,接近正义还被定义为获得适

---

〔1〕 张鸿绪:《“接近正义”视阈下我国大调解格局的制度构想》,载《西南石油大学学报(社会科学版)》2014年第1期。

〔2〕 [意]莫诺·卡佩莱蒂等:《当事人基本程序保障权与未来的民事诉讼》,徐昕译,法律出版社2000年版,第65页。

〔3〕 漆彤:《投资争议处理体系的三大构成》,载《社会科学辑刊》2018年第4期。

〔4〕 Christine Parker, *Just Lawyers and Regulation of Access to Justice*, Oxford University Press, 1999, p. 392.

当补救的权利,即受损害一方有权通过司法途径获得损害赔偿。[1] 第三方资助增加了申请人保护其权利的机会,处于资金困境或意图通过外部资金分担风险保持资金流动的申请人都可从第三方资助中受益。

第三方资助者通过尽职调查对案件的选择犹如一个“过滤器”,只投资“有胜诉前景”的主张,过滤掉骚扰性或无价值的主张。同样地,风险代理律师通常也不会代理不太可能胜诉的案件。这一过滤结果对社会和被申请人来说都是有益的,因为它使有价值的主张有接近正义的机会,挫败骚扰性的主张以避免被申请人承担不必要的损失。有学者认为第三方资助增加了法院和仲裁庭的案件量,但如果这些主张是有理据的,那么增加案件量就并非坏事。这意味着更多的人获得了接近正义的机会,更多的不法行为被纠正,国际社会也会给司法体系投入更多的资源来增加社会福利。

(二)“禁反言”原则

“禁反言”源于英美法上的一项衡平原则,通过法官的判例明确其意义——维护交易安全。正如丹宁勋爵所言,当一个人的言论或行为使另一个人产生信赖利益并按照该言论或行为行事时,该个人的言论或行为就不允许再反悔,即便如此行事对他不公平。[2] “禁反言”的核心要素在于合同当事方应对其行为负责,维护相对方的信赖利益。英美法系中的“禁反言”根据不同的标准如性质、载体等分为多种类型,如程序法上的“禁反言”、实体法上的“禁反言”以及契约“禁反言”等。[3] 国际投资仲裁中的“禁反言”也是以国内法中的“禁反言”为基础,要求合同当事方诚信、善意。[4] 国际法院在柏威夏寺案中明确了国际法中适用“禁反言”的要件,即一方当事人作出自愿、无条件的明确表示,另一方对这种表示产生了信赖利益,并因该信赖行为给自己造成了损失。国际投资仲裁庭在其处理争议的实践中也常援引该先例要求仲裁参与方遵守“禁反言”原则。[5] 在第三方资助者资助国际投

---

〔1〕 Deborah L. Rhodehode, *Access to Justice: A Roadmap for Reform*, Fordham Urban Law Journal, Vol. 41, p. 1227 – 1256 (2014).

〔2〕 [英]丹宁勋爵:《法律的训诫》,刘庸安译,群众出版社 1985 年版,第 195 页。

〔3〕 沈达明:《英美证据法》,法律出版社 1996 年版,第 72 ~ 73 页。

〔4〕 曲波:《禁反言在国际法中的适用——以领土争端案为例》,载《法学杂志》2014 年第 8 期。

〔5〕 BP America Production Company, Pan American Sur SRL *v.* The Argentine Republic, ICSID Case No. ARB/04/8, Decision on Preliminary Objections, July 27, 2006, para. 160.

资仲裁程序的过程中,资助者和受资助者都要遵守"禁反言"义务,善意参与投资仲裁程序。

1. 资助者的"禁反言"

投资仲裁程序中适用的公平禁止反言原则主要包括两种情形:第一种是仲裁协议的非签署方明确接受仲裁协议的利益,就不能否认其仲裁义务。第二种是仲裁协议的非签署方被迫进行仲裁,因为仲裁协议的一方当事人与仲裁协议的非签署方之间存在的密切关系,仲裁协议当事人在合同中的义务和责任,以及建立在默示合同义务基础上的主张迫使资助协议非签署方参与仲裁程序。[1] 签订仲裁协议的当事人"必须依赖书面协议的条款对非签署人主张请求"。[2] 若仲裁协议当事人提出非签署人和一个或多个签署人在实质上相互依赖,且双方的不当行为一致时,就要"刺破非签署人的面纱",根据公平禁止反言原则要求仲裁协议的非签署方承担责任。同时,仲裁协议的非签署人即资助者不能因为要避免承担不利费用而随时终止资助协议,给被申请人造成经济损失。目前,我国贸仲委香港仲裁中心颁布的《第三方资助仲裁指引》第 2 条第(8)款和我国香港特别行政区《第三方资助仲裁实务守则》第 2 条第(12)款都对仲裁协议之外的第三方资助者承担的法律责任予以明确。

2. 受资助者的"禁反言"

第三方资助者既为处于资金困境或意图分担风险保持资金流动的仲裁申请人提供了获得公正救济的机会,也通过资助仲裁主张获得了投资利益。在这个过程中,仲裁申请人与资助者达成资助协议,资助者负担申请人的仲裁费用,在胜诉时将一定比例的收益回报给资助者。资助协议是双方意思自治的产物,除非出现不可抗力或其他不能合理预见的情形,否则一旦达成就要善意遵守。申请人不能在胜诉后因资助协议份额较高而拒绝支付资助者的胜诉回报,否则资助者可另行提起诉讼或仲裁,要求受资助者履行合同

---

〔1〕 Seungnam Shin, *Non-signatories in Arbitration Proceedings with Focus on a Third-Party Beneficiary and Equitable Estoppel Doctrines in the United States*, Journal of Arbitration Studies, Vol. 27, p. 83 – 84 (2017).

〔2〕 MS Dealer Service Corp. *v*. Franklin, 177F. 3d 942, 947(11th Cir. 1990).

义务甚至要求其赔偿损失。

(三)共同利益原则

共同利益原则是指第三方资助者对仲裁当事人向其披露的相关信息享有共同的法律利益,且申请人向资助者的相关披露不意味着其放弃了特免权(evidentiary privilege)。[1] 特免权主要是普通法中的术语,指的是在法律程序中保留证据避免披露的一种权利;而大陆法系通常称为"专业秘密"或"机密",主要包括律师-委托人特免权(Attorney-client Privilege)和律师工作成果原则(Attorney Work Product Doctrine)。当事方援引特免权,则可在仲裁程序中排除证据的出示或披露。若申请人向资助者作出了披露,则意味着其放弃这两种特免权,但法律规定的特殊情形除外,如申请人和资助者之间出于共同利益而对案情或证据的交流沟通。[2] 第三方资助者是仲裁协议之外的第三方,为申请人提供资金以交换一定比例的胜诉收益。资助者为申请人提供资金支持或专业法律服务,甚至还为申请人制定仲裁策略。在这个利益共同体中,申请人和资助者共享利益,并享有一定的特免权。尤其是在保险资助形式下,资助者保险人和被保险人共享责任,对主张的共同抗辩进行协作。保险人、被保险人和律师之间的保密信息受律师-委托人特免权的保护,且保险人和被保险人在共同利益原则下都是特免权的享有者。该种资助形式下保险人有义务为被保险人提供抗辩,即使案件胜诉可能性较小也不能撤出,而其他形式的第三方资助者仅仅是为申请人提供资金,其没有义务为胜诉可能性较小的案件提供资助。

投资仲裁庭决定是否适用共同利益原则的关键在于资助者和仲裁当事方是否享有共同的法律利益。[3] 而构成共同法律利益的因素主要包括资助者和受资助者对法律结果的共同利益和双方协调法律策略的共同利益。由于共同利益原则作为律师-委托人放弃特免权的例外,对共同利益原则的最佳解释将进一步推动实现律师-委托人特免权的政策目标,也避免了委

[1] United States *v.* Schwimmer, 892 F. 2d 237, 243-244 (2d Cir. 1989).

[2] Lisa Bench Nieuwveld & Victoria Shannon Sahini, *Third-Party Funding in International Arbitration*, 2nd ed., Kluwer Law International, 2017, p. 59.

[3] Jeffrey Schacknow, *Applying the Common Interest Doctrine to Third-Party Litigation Funding*, Emory Law Journal, Vol. 66, p. 1483-1485 (2017).

托人放弃特免权的担忧。共同利益原则的适用为无法提起投资仲裁请求的申请人提供了理论支撑,第三方资助者通过资助申请人的主张,与申请人共处于一个利益共同体中,其对案件的评估、制定的资助策略等信息享有特免权保护。若受资助者胜诉,资助者可获得一定比例的胜诉收益;若受资助者败诉,虽然资助者通常约定不承担不利费用,但越来越多的仲裁庭要求资助者以其资助数额为限承担赔偿责任。因此,在第三方资助仲裁的程序中,资助者和受资助者对仲裁结果享有共同利益,承担一定比例的共同责任,且积极协调仲裁策略。

(四)投资者与东道国的利益平衡原则

国际投资仲裁的高风险和高回报吸引了第三方资助者的参与。资助者为了获得利益的最大化,通常会对案件的管理、申请人律师的选择以及仲裁员的任命甚至和解决定等施加一定影响。资助者参与投资仲裁程序可能导致投资者和东道国利益的不平衡:首先,双方承担风险的不平衡。在 ISDS 之下,来自发达国家的投资者提出的投资主张很少被驳回,[1]在大多数情况下仲裁裁决中的数额由国家来负担。[2] 国际投资仲裁中申请人对仲裁员的直接决定权、国际投资仲裁裁决一裁终局的效力以及完善的承认执行机制等特性,使资助者在资助案件胜诉时可以获得可观的利润,投资回报率甚至高达原来的 7 倍,而风险则只是其投入的成本。[3] 资助者通常和投资者约定败诉时不承担不利费用,即使东道国胜诉也可能面临仲裁费用无法获得补偿的风险。因此,第三方资助被一些仲裁员视为“赌徒的天堂”(gambers' paradise)也不足为奇。[4] 其次,双方获得资助机会的不平衡。由于国家通常作为被诉方且很难提起反请求,资助者为了获得最大收益通常资助申请人一方。资助者为投资者提供资金支持在一定程度上导致了投资仲裁案件的增加,一些国家的骚扰性主张也在资助者的资助下被提起,国家不得不投

---

〔1〕 Richel Denae Thrasher, *The Regulation of Third Party Funding: Gathering Data for Future Analysis and Reform*, Boston College Law Review, Vol. 59, p. 5 (2018).

〔2〕 Ibid.

〔3〕 Frank J. Garcia & Kirrin Hough, *The Case Against Third-Party Funding in Investment Arbitration*, Columbia FDI Perspectives on topical foreign direct investment issues, No. 253, June 3, 2019.

〔4〕 Gavan Griffith draws this analogy in RSM Production Corporation *v.* St. Lucia, ICSID Case No. ARB/12/10.

入大量的人力和财力来应对。最后,裁决赔偿资金来源的不平衡。在ISDS之下,第三方资助者的利润来自败诉国及其公民,这与商事仲裁的资金来源存在根本区别。东道国的纳税人是败诉裁决的最终承担者,国家公共财政流向非ISDS体制内的受益者——私人资助者,甚至可能影响一国的国家政策或社会公共利益。而若申请人败诉,则其赔偿来源仅是其股东,影响较小。

虽然第三方资助者为贫困的申请人提供了接近正义的机会,且出于营利的目的过滤掉一部分骚扰性主张,但在ISDS体制之下,第三方资助者参与投资仲裁程序通常不是为了社会正义,而是为了将资金状况良好的申请人面临的仲裁风险降到最低,并通过资助投资主张获得相应收益。〔1〕第三方资助者的参与在一定程度上加剧了投资仲裁机制的合法性危机,且未在投资仲裁中发挥建设性作用。一些国家对第三方资助持怀疑态度,如阿根廷和阿联酋在2018年签订的BIT中禁止第三方资助,〔2〕从投资仲裁实践来看,第三方资助者的介入可能增加申请人滥用仲裁程序的可能或损害仲裁庭的管辖权,但仲裁庭仅在有证据证明资助者实际控制了仲裁程序、资助者和仲裁员存在利益冲突等情形时,才会认为存在阻碍仲裁程序的行为。为了维护自身的仲裁权利,被申请人国家通常要求仲裁庭作出费用担保令来确保仲裁程序的完整性。另外,国际投资仲裁庭的仲裁员多来自欧美等发达国家,倾向于保护投资者的利益,忽视了东道国的规制权和实际发展水平。一小部分人如未知的仲裁员,通过秘密的会议作出不公开的裁决,裁决结果可能损害一个国家的法律体系,挑战一个国家的规制权,迫使国家作出让步。〔3〕ICSID机制中“充分、及时和高效”的补偿原则以及较高的赔偿金额也超出发展中国家的承受能力。东道国在投资仲裁中承担着较大的压力。

---

〔1〕 Tara Santosuosso & Randall Scarlett, *Third-Party Funding in Investment Arbitration: Misappropriation of Access to Justice Rhetoric by Global Speculative Finance*, Boston College Law School Law and Justice in the Americas Working, Paper No. 8, 2018.

〔2〕 Agreement for the Reciprocal Promotion and Protection of Investments between the Argentine Republic and the United Arab Emirates, signed 16 April 2018, Art. 24: Third Party Funding.

〔3〕 赵骏、刘芸:《国际投资仲裁透明度改革及我国的应对》,载《浙江大学学报(人文社会科学版)》2014年第3期。

即便国际投资仲裁庭目前对第三方资助者参与仲裁程序的影响重视不够,但随着第三方资助者参与频度的提高,国际仲裁界对第三方资助的规制也将更为完善。目前已有越来越多的投资仲裁规则、区域贸易协定以及一些 BITs 对第三方资助问题进行了规定。第三方资助是一把双刃剑,既为有资金需求的申请人提供了获得公正救济的机会,也因其营利本质可能对仲裁程序造成影响。各国应对第三方资助予以重视,并采取相应的措施进行规制,以保护东道国的利益。例如,投资仲裁中的被申请人可要求受资助的申请人强制披露资助者的存在以及资助协议的相关条款,让当事方清晰资助者对案件的控制程度。同时,强制受资助者提供费用担保也可以迫使资助者减少资助骚扰性的投资仲裁请求。〔1〕

本章小结

第三方资助源于普通法上的“助讼和包揽诉讼”,并经历了一段时期的“非法”认定。随着国际社会对第三方资助的需求日益增加,一些国家和地区先后废除了助讼和包揽诉讼非法的规定。目前国际仲裁界对第三方资助的法律地位和基本内涵还未达成一致,各国或地区基于自身法律制度与文化的差异,对第三方资助形式的范围界定也存在差别。国际投资仲裁有其自身的特殊性,成为吸引第三方资助者投资的重要领域。第三方资助者参与国际投资仲裁程序不仅为处于经济困境的申请人提供了获得公正救济的机会,增加了仲裁的边际社会福利,还推动了国际社会对第三方资助的重视。但由于第三方资助者通常是出于营利的目的参与投资仲裁程序,我们须谨慎对待第三方资助带来的风险,维持投资者和东道国之间的利益平衡。随着第三方资助国际仲裁的实践日益普遍,一些国家和国际仲裁机构的仲裁规则以及区域贸易协定等已对第三方资助作出规定,并对第三方资助者参与投资仲裁程序可能引发的问题进行了规制。

---

〔1〕 Frank J. Garcia & Kirrin Hough, *The Case Against Third-Party Funding in Investment Arbitration*, Columbia FDI Perspectives on topical foreign direct investment issues, No. 253, June 3, 2019.

第二章　第三方资助国际投资仲裁的管辖权问题

投资仲裁庭的管辖权立基于投资者母国和投资东道国之间签订的BITs。在BITs之下，东道国在和另一缔约国不确定的投资者之间的投资纠纷发生之前，就表达了仲裁的同意。作为争议另一方的投资者提起投资仲裁须满足相应的管辖权条件。申请人对投资主张的转让或作为投资仲裁非当事方的资助者对仲裁程序的控制可能影响投资仲裁庭的管辖权。本章主要从两个方面阐述第三方资助给国际投资仲裁庭的管辖权带来的影响：首先，厘清管辖权、权限和可受理性这三个概念的区别与联系，帮助人们准确理解国际投资仲裁中的管辖权问题。其次，分析第三方资助对国际投资仲裁庭管辖权的影响。

第一节　国际投资仲裁中的管辖权

管辖权是一国在规定其权利义务以及管理自然人、法人的行为等方面的权力，又可分为诉讼管辖权和仲裁管辖权。诉讼管辖权是指一国或国际组织对某一特定的争端享有裁判的权力。确定适当的管辖法院是裁判案件的先决条件，也影响案件的法律适用，制约判决的承认和执行。而仲裁管辖权主要是仲裁机构或仲裁庭及仲裁员享有的据以裁判案件的依据。诉讼管辖权与仲裁管辖权主要存在以下区别：首先，当事人主观能动性的限制程度不同。诉讼管辖权中的协议管辖不得违反专属管辖的规定，而仲裁管辖权则不受此限制，当事人可任意选择仲裁机构、仲裁员或仲裁程序，不受诉讼专属管辖的约束。其次,管辖权的划分不同。诉讼管辖权存在两个阶段的场所化分析过程,从国际层面来说,要将国际管辖权分配到特定司法辖区,分配之后还须按照受诉法院所属国的内国法进行地域管辖和级别管辖的确定。而仲裁管辖权不存在上述场所化的区分,当事人选定的仲裁机构或人员是唯一能够有效裁判该争议的机构或人员,裁决一经作出即具有终局效力。[1] 仲裁更多地体现了当事方的意思自治,仲裁员的专业和高效以及仲裁的一裁终局等特性,使仲裁目前已是争议当事方较为偏爱的纠纷解决方式,尤其是在国际仲裁领域。

在国际投资仲裁中,提起投资仲裁请求的申请人必须是和东道国订有投资保护条约的缔约国国民,且在东道国有可受保护的投资。国家的同意是仲裁庭行使管辖权的基础,国家授予仲裁庭在纠纷发生之前或之后裁断案件的权力。投资仲裁庭行使管辖权通常会考虑投资主张的管辖权基础,分析仲裁主张是否具有可受理性。由于国际公约或投资仲裁规则对管辖权、权限和可受理性这三个术语未作区分,实践中三者的混用使人们对管辖权的理解存在偏差。为了更好地阐述国际投资仲裁中的管辖权问题,有必要厘清管辖权、权限与可受理性三者之间的关系,并在此基础上探讨投资仲裁庭行使管辖权须满足的要件。

一、投资仲裁中管辖权、权限和可受理性的区分

在国际投资仲裁中,因管辖权和可受理性的差别不明显且不固定,投资仲裁庭通常避免区分管辖权和可受理性。[2] 仲裁庭区分管辖权和可受理性的态度在泛美能源有限责任公司诉阿根廷案中有所体现。该案仲裁庭认为没有必要区分管辖权和可受理性,争议当事方可根据被申请人提出的六项异议提出其意见。[3] 同样地,在巴因迪尔公司(Bayindir)诉巴基斯坦案中,仲裁庭注意到巴基斯坦提出的可受理性异议,转而审查这些异议,而并未区

〔1〕 杜新丽主编:《国际私法》,中国人民大学出版社2015年版,第56~97页。

〔2〕 Michael Waibel, *Investment Arbitration: Jurisdiction and Admissibility*, Legal Studies Research Paper Series, University of Cambridge, Paper No. 9, 2014.

〔3〕 Pan American Energy LLC and BP Argentina Exploration Company *v.* Argentine Republic, ICSID Case No. ARB/03/13, Decision on Preliminary Objections on 27 July 2006, para. 54.

分仲裁庭的管辖权异议和主张的可受理性异议。[1]

虽然《ICSID 公约》和《ICSID 仲裁规则》并未提到可受理性，但 ICSID 仲裁庭逐渐意识到了可受理性问题，并在特定情况下驳回了申请人的主张。例如，在法国兴业银行诉菲律宾案中，仲裁庭注意到相关合同中的法院选择条款，即要求将因合同引起的所有纠纷诉至当地法院解决。仲裁庭最终认定这一合同条款影响的是主张的可受理性而非管辖权问题，[2] 只要没有用尽合同规定的纠纷解决程序，当事人将纠纷提交国际仲裁就使该主张不具有可受理性。[3] 因此，用尽当地救济规则通常来说是主张的可受理性问题而非严格意义上的管辖权问题。法国兴业银行诉菲律宾案仲裁庭的这一观点也被潘泰奇尼基承包工程公司诉阿尔巴尼亚案中的仲裁庭采纳。[4]

至于权限，投资仲裁庭更少涉及。正如他们避免处理《ICSID 公约》第 41 条和《ICSID 仲裁规则》第 41 条中“权限”（competence）这一模糊的概念一样。对《ICSID 公约》的主流评论认为，管辖权和权限这两个术语通常可互换使用。[5]《ICSID 公约》和《ICSID 仲裁规则》中的“权限”这一术语在仲裁实践中被颠倒了，仲裁庭通常不说自己的“权限”和中心的“管辖权”，而是说仲裁庭自己的“管辖权”，并就“管辖权”作出决定或裁决，而不是对“权限”作出任何决定。[6] 由于仲裁实践和学者多未明确区分这三个概念，仲裁庭也多对三者的区分持回避态度，理清管辖权、权限和可受理性有助于律师和仲裁员更好地理解三者的关系，从而明确各自的任务。

（一）管辖权与权限

菲茨莫里斯（Fitzmaurice）最早在其关于国际法院（International Court of

---

[1] Bayindir Insaat Turizm Ticaret Ve Sanayi AS *v.* Islamic Republic of Pakistan, ICSID Case No. ARB/03/29, Decision on Jurisdiction on 14 November 2005, para. 87.

[2] SGS Societe Generale de Surveillance SA *v.* Republic of the Philippines, ICSID Case No. ARB/02/06, Decision on Objections to Jurisdiction on 29 January 2004, paras. 149, 154.

[3] Ibid., para. 154.

[4] Pantechniki SA Contractors Engineers *v.* Republic of Albania, ICSID Case No. ARB/07/21, Award on 30 July 2009, paras. 50 – 68, 105.

[5] Veijo Heiskanen, *Ménage à trois? Jurisdiction, Admissibility and Competence in Investment Treaty Arbitration*, ICSID Review, Vol. 29, p. 231 (2014).

[6] Ibid., p. 233.

Justice,ICJ)程序的文章中对管辖权和权限进行了区分,其在科孚海峡案中赞同达克斯纳(Daxner)法官的不同意见,[1]认为区分管辖权和权限是有效的,ICJ有权限审理和决定法律问题,或根据条约设立仲裁庭以决定其是否有权限审理由该条约引起的关于法律解释和适用的争议。虽然管辖权和权限常被互换使用,但他们应当被限制在问题的特定方面且满足一定的条件,如ICJ行使管辖权须满足当事方同意或试图通过国际争端解决机构解决纠纷的声明等。[2] 同样地,在国际仲裁中,一方面,仲裁庭可能在广义的"领域"(field)意义上有管辖权,但在具体案件上没有权限。另一方面,缺乏"领域"意义上的管辖权,必然无权限决定特定案件。[3] 因此,管辖权是一个一般概念,指的是仲裁庭在时间、人身或物权方面的管辖"领域",而在特定案件中则是"权限"。这两个概念之间的关系是不对称的,因为权限要求先有管辖权的存在,而存在管辖权不一定就意味着仲裁庭有权限。

菲茨莫里斯的分析为区分《ICSID公约》第41条和《ICSID仲裁规则》第41条中"中心的管辖权"和"仲裁庭的权限"提供了借鉴。在《ICSID公约》起草时,投资仲裁作为一种建立在国家和外国投资者之间的公平投资合同基础上的模式,几乎不被认为是一种概念,也不是一种现存的实践。[4] 因此,公约的起草者没有区分管辖权和权限而直接认为中心享有广泛意义上的"管辖权"。一旦成员国批准该公约,视为它已同意中心在外国投资领域的管辖权。而仲裁庭的"权限"将由包含在相关的投资合同中的仲裁条款来确定。因此,ICSID管辖权的存在不足以确定在中心主持下运行的仲裁庭的

---

〔1〕 Corfu Channel (United Kingdom of Great Britain and Northern Ireland *v.* Albania) (Dissenting Opinion by Judge ad hoc Draxner) [1948] ICJ Report, p. 15, 33. 达克斯纳认为管辖权在国际法中有两个根本意义:(1)承认法院是一个为司法而设立的机关,拥有出庭的能力;(2)决定法院的权限,即赋予法院解决具体案件的权力。

〔2〕 Veijo Heiskanen, *Ménage à trois? Jurisdiction, Admissibility and Competence in Investment Treaty Arbitration*, ICSID Review, Vol. 29, p. 234 – 236 (2014).

〔3〕 Gerald Fitzmaurice, *The Law and Practice of the International Court of Justice: International Organizations and Tribunals*, The British Yearbook of International Law, Vol. 1, p. 29 (1952).

〔4〕 Veijo Heiskanen, *Ménage à trois? Jurisdiction, Admissibility and Competence in Investment Treaty Arbitration*, ICSID Review, Vol. 29, p. 367 (2014).

“权限”,需要在相关投资合同中作出进一步和更具体的规定。[1]

(二)管辖权与可受理性

在投资仲裁中,管辖权与可受理性的区分较管辖权与权限的区分更为常见。通常来说,管辖权是仲裁庭权力范围的体现,以国家对仲裁的同意为基础;可受理性是针对申请人提出的特定主张而言的,即主张能否被国际仲裁庭受理。对管辖权的理解分为三个方面:首先,投资条约规定仲裁庭管辖的时间范围是在条约生效之后终止之前的这个期间内;其次,仲裁庭的管辖权仅限于条约下的国家和另一缔约国的投资者之间引起的纠纷;最后,仲裁庭的管辖权仅限于条约规定下的投资。

可受理性的考量因素主要表现为以下方面:第一,投资仲裁请求提交国际仲裁庭之前未能按条约规定用尽当地救济,不满足提交国际仲裁解决的条件。若东道国法院存在拒绝司法的行为,则不受此限。[2] 投资条约中可能还包括要求外国投资者将纠纷正式通知东道国,当事方在提起国际仲裁之前须进行磋商,或投资者将纠纷诉至东道国法院,只有当特定期间内法院未能作出决定时才可诉至国际仲裁庭。第二,主张的受益人事实上为东道国国民,不符合《ICSID 公约》的国籍要求,即投资者须为另一缔约国国民。在美伊求偿案中,仲裁庭认为有效的国籍要求同时适用于管辖权和可受理性规则。[3] 尽管美伊求偿案下的法律框架的运行类似于双边投资条约,但在近年来的投资仲裁实践中,仲裁庭出于扩张管辖权的考虑,很少适用传统的关于投资主张的国籍要求,正如他们对管辖权或可受理性是否与通知要求、冷静期和国内诉讼要求相关等存在异议一样。[4] 第三,即便是投资条约下的投资,若其违反国际或跨国公共政策,也使该投资主张不具有可受理

---

[1] 依据《ICSID 公约》第 25 条第(1)款的规定,中心的管辖权需要当事方将纠纷提交中心的书面同意。因此,在特定情况下,即使东道国和投资者的母国是公约的缔约国,也不能充分确立仲裁庭的“权限”。

[2] Chevron Corporation (USA) and Texaco Petroleum Company (USA) *v.* The Republic of Ecuador, UNCITRAL, PCA Case No. 34877, Partial Award on the Merits on 30 March 2010, para. 321.

[3] Case No. A/18 (6 April 1984) 5 Iran-US CTR 251.

[4] TSA Spectrum de Argentina, SA *v.* Argentine Republic, ICSID Case No. ARB/05/5, Award on 19 December 2008, paras. 145 – 146; Yukos Universal Limited *v.* Russian Federation, UNCITRAL, PCA Case No. AA 227, Interim Award on Jurisdiction and Admissibility on 30 November 2009, paras. 411 – 417.

性。在帕拉马财团有限公司诉保加利亚案中,仲裁庭并未使用“可受理性”这一术语,其关于申请人是否有权受到《能源宪章条约》(Energy Charter Treaty,ECT)下的实质保护的决定,实际上是关于可受理性的决定。仲裁庭认为 ECT 下的实质保护不适用于违反保加利亚法律的投资,因此仲裁庭不能支持申请人的要求,也不能授予申请人在 ECT 下的实体保护。[1] 其他的投资仲裁庭也采纳了相似的分析路径,即认为投资要符合东道国法律,否则不符合管辖权和可受理性要求。[2]

管辖权和可受理性的概念结构都可以通过时间、人和事项三方面来分析,二者在法律条款下可能产生的结果实际上很难区分,在一定程度上表明这两个概念并不是真正的“对立”。相反,它们侧重于仲裁决策的不同方面:管辖权侧重的是国家同意仲裁的范围,而可受理性是关于主张和它的时间、人身及实体维度。可受理性与管辖权的关系类似于管辖权与权限的关系,可受理性依赖于具体的主张,比管辖权更为“精确”。

(三)可受理性与权限

仲裁实践中很少区分可受理性和权限,因为二者实际上是一个概念,反映了事物的两个方面:从仲裁庭的视角来说是权限,从主张的视角而言是可受理性。如果一个主张无论是时间、人身还是事项方面在国际法院或仲裁庭都不具有可受理性,那么就意味着国际法院或国际仲裁庭没有权限处理这一主张。正如海斯卡宁(Heiskanen)所说:“关于主张可否受理的决定是关于仲裁庭权限的决定——反之亦然。”[3] 具体而言,若主张没有用尽条约规定下的当地救济、不满足《ICSID 公约》下的国籍要求或投资违反国际公

---

〔1〕 Plama Consortium Limited *v.* Republic of El Salvador, ICSID Case No. ARB/03/24, Award on 27 August 2008, paras. 138 – 139, 144, 146.

〔2〕 Inceysa Vallisoletana SL *v.* Republic of El Salvador, ICSID Case No. ARB/03/26, Award on 2 August 2006, para. 257; World Duty Free Company Limited *v.* Republic of Kenya, ICSID Case No. ARB/00/7, Award on 4 October 2006, para. 157; Phoenix Action Ltd *v.* Czech Republic, ICSID Case No. ARB/06/5, Award on 15 April 2009, para. 101.

〔3〕 Veijo Heiskanen, *Ménage à trois? Jurisdiction, Admissibility and Competence in Investment Treaty Arbitration*, ICSID Review, Vol. 29, p. 231, 245 (2014).

共政策等,则仲裁庭就没有权限处理该类主张。[1]

综上所述,管辖权、权限和可受理性可以理解为两个概念:管辖权和权限/可受理性。从广义上说,管辖权可以等同为权限/可受理性。了解上述三个概念有助于我们理解《ICSID 公约》第 41 条和《ICSID 仲裁规则》第 41 条中的中心的"管辖权"和仲裁庭的"权限",公约和仲裁规则没有必要规定可受理性,因为当事人对主张可受理性的异议涵盖在权限中。因此,考察投资仲裁庭的管辖权也是判断仲裁庭的权限/主张的可受理性。鉴于管辖权、权限和可受理性这三个概念之间联系紧密且相互包含,投资仲裁实践中仲裁庭通常也未对这三个概念进行区分。为了与投资仲裁实践保持一致,避免读者理解上的困难,本文在表述中也统称为仲裁庭的"管辖权"。在国际仲裁机构之间竞争日趋激烈的背景下,投资仲裁庭近年来倾向于对当事人提交中心仲裁的要件进行扩张解释,以扩大自身的管辖权。

二、国际投资仲裁庭行使管辖权的标准

在国际投资仲裁中,《ICSID 公约》第 25 条规定:"中心的管辖权应扩大到一缔约国和另一缔约国国民之间任何直接由投资引起的法律纠纷,双方向中心提交由其解决纠纷的书面同意。"[2]根据《ICSID 公约》的规定,仲裁庭行使管辖权须满足以下四个要件。

其一,争端当事方将争议提交中心仲裁的同意。同意投资仲裁须经两个步骤:第一步,东道国向不特定投资者提供了将某种纠纷提交仲裁的常设要约。这一要约体现在两国之间缔结的国际公法条约中。第二步,投资者通过向东道国发送书面通知或通过对后者提交仲裁来宣布接受要约。[3]

其二,属物管辖方面,投资者在东道国领土内存在投资,即投资者在东

---

[1] Veijo Heiskanen, *Comment on Andrea Marco Steingruber's Remarks on Veijo Heiskanen's Note "Ménage à Trois? Jurisdiction, Admissibility and Competence in Investment Treaty Arbitration"*, ICSID Review-Foreign Investment Law Journal, Vol. 29, p. 243 – 245 (2014).

[2] ICSID, *Convention on the Settlement of Investment Disputes between States and Nationals of Other States*, ICSID, https://icsid.worldbank.org/en/Documents/icsiddocs/ICSID%20Convention%20English.pdf.

[3] Lucy Reed, Jan Paulsson & Nigel Blackaby, *Guide to ICSID Arbitration*, Kluwer Law International, 2010, p. 52 – 53.

道国领土内进行了投资活动。实践中,仲裁庭为了扩大管辖权通常对投资的定义进行扩张解释,如将投资者的投资与资产画等号,对东道国领土内这一要求进行灵活处理等。在联邦快递公司(Fedex)诉委内瑞拉案中,申请人在委内瑞拉领土外获得的委内瑞拉本票被仲裁庭扩大解释为投资。[1] 此外,仲裁庭还通过最惠国(Most Favored Nation,MFN)待遇条款、保护伞条款等规定扩张其管辖权。[2]

其三,属人管辖方面,申请人是拥有另一缔约国国籍的适格"投资者"。确定国籍的根据是一国的国籍法,属人原则是以国籍为标准而存在的。就投资者的国籍而言,其作为自然人时按照所属国籍国法来确定,而作为法人时则采用国籍与控制相结合的标准来认定。《ICSID 公约》规定,若双方缔约国同意将具有缔约国国籍而被外国投资者控制的法人视为外国投资者,则该法人即可享受《ICSID 公约》下寻求国际仲裁机构解决争议的权利。这是考虑到实践中出现的内国投资者被外国人控制时该法人的国籍归属,以及其可否援引 BIT 进行国际投资仲裁的问题。在东京托克莱斯(Tokios Tokeles)公司诉乌克兰案中,申请人是在立陶宛注册的公司,其根据立陶宛—乌克兰 BIT 提起投资仲裁。尽管申请人 99% 的股份由东道国乌克兰国民控制,仲裁庭依旧认为申请人拥有立陶宛身份,其对本案有管辖权。[3] 另外,根据《ICSID 公约》的规定,缔约国还可扩大至该国指派到中心的持续性的实体或机构。

其四,在属时管辖方面,存在有效且可适用的 BITs。大多数 BITs 中的投资者 - 国家纠纷解决条款都包含这一要求。通常来说争议发生时当事方援引的应为已生效的条约,但实践中仲裁庭往往对此类条款进行扩张解释,将条约生效前的纠纷也纳入其管辖范围。在扬德努尔诉埃及案中,申请人先将该争端诉至埃及国内法院,待投资条约生效后又将该争议提交 ICSID。仲裁庭认为申请人提交至埃及国内法院的争端被法院否决后,该争端即转

---

〔1〕 Fedex *v.* Venezuela, ICSID Case No. ARB/96/3, Decision on Jurisdiction, 11 June 1997, para. 41.

〔2〕 徐树:《国际投资仲裁庭管辖权扩张的路径、成因及应对》,载《清华法学》2017 年第 3 期。

〔3〕 Tokios Tokeles *v.* Ukraine, ICSID Case No. ARB/02/18, Decision on Jurisdiction, 29 April 2004, paras. 37 - 43.

为投资条约下的国际争端,仲裁庭对此案有管辖权。[1] 总之,仲裁庭通过对其管辖要件进行扩张解释从而扩大其管辖范围。

第二节 第三方资助对国际投资仲裁庭管辖权的影响

随着第三方资助在国际投资仲裁领域的兴起,第三方资助者也作为经济参与者进入仲裁程序资助有资金需求的当事人,在该方胜诉后获得一定的经济收益。资助者同时对受资助者的主张或抗辩进行一定程度的控制,甚至对受资助者任命仲裁员也会产生一定的影响。比如,一些母公司作为资助者可能以交换和解决定的否决权为要价来支付子公司的仲裁费用。上述事实可能使人们产生疑问:第三方资助者的参与是否会影响投资仲裁庭的管辖权?投资仲裁庭是否有权要求资助者承担责任?囿于仲裁协议的相对性,当协议之外的第三方资助者资助申请人提起投资仲裁时,被申请人国家可能认为申请人的主体不适格或申请人对主张没有控制权等,进而提起相应的管辖权异议。申请人则会提出被申请人无法证明在投资仲裁中应限制或禁止第三方资助的裁决或原则的抗辩。[2] BITs 中可能涉及第三方资助的是 PSI 机制,投资条约对投资者向缔约国转让主张或缔约国代位行使求偿权的明确承认,可能被视为对第三方资助的认可,PSI 这一形式的第三方资助也就有了合法性基础。正如范布姆(Van Boom)所言,"如果国际商业惯例和国际投资实践允许令人厌恶的政治风险保险公司通过代位参与其中而未被质疑,那么他们为何要对第三方资助提出异议呢?"[3] 鉴于目前并不存在任何特殊的规定或原则来预先决定第三方资助的管辖权问题,投资仲裁庭对第三方资助是否影响其管辖权的认定也不同。

---

〔1〕 Jan de Nul *v.* Egypt, ICSID Case No. ARB/04/13, Decision on Jurisdiction, 16 June 2006, paras. 108 – 129.

〔2〕 Teinver S. A., Transports de Cercanias S. A. and Autobuses Urbanos del Sur S. A. *v.* The Argentine Republic, ICSID Case No. ARB/09/1, Decision on Jurisdiction of 21 December 2012, para. 254.

〔3〕 Willem H. Van Boom, *Third-Party Financing in International Investment Arbitration*, Erasmus School of Law, p. 50 (2011).

一、第三方资助不影响投资仲裁庭管辖权的情形

投资者在第三方资助者的资助下依据投资条约提起仲裁请求，那么其对资助者的权利让与是否会对仲裁庭的管辖权造成影响？目前的国际投资仲裁规则以及 BITs 尚未涉及该问题，但我们可从投资仲裁实践中探知一二。

（一）转让主张不影响投资仲裁程序开始时确定的管辖权

第三方资助者的参与可能产生仲裁庭的管辖权争议，导致人们对申请人的主张属于事实上的转让还是法律上的转让产生争论。法律上的转让是指申请人将其主张转让给资助者，产生了法律上的权利转移。因此，资助者对申请人的主张进行资助时，申请人只能在资助者的事先授权和判断之后才能提出索赔。而事实上的转让是指资助者对仲裁主张进行全面控制或对主张享有不成比例的经济利益，资助者即使不是主张的所有者，但其已代替了名义上的申请人，成为仲裁主张背后的实际利益方。[1] 转让行为涉及主张的名义所有者、实际受益人和投资者的国籍等，是影响投资仲裁庭管辖权的因素。在国际法下，只有主张的实际所有者才能向投资仲裁庭提起仲裁请求，[2]这一原则已被西方石油公司诉厄瓜多尔案的撤销委员会确认。该案中，撤销委员会认为投资仲裁庭给予只占 40% 投资份额的申请人以 100% 的补偿裁决超出了其管辖权，而只能给予主张的实际受益人而非名义上的所有者这一权利。因此，申请人只能将其持有利益的这部分提交仲裁，而不包括第三方资助者持有的部分。[3] 资助者无法提起投资仲裁主张，因为其不是 BIT 下的适格投资者，申请人转让其对全部或部分主张的控制权可能导致仲裁庭失去管辖权。仲裁庭的最终裁决也应排除申请人转让部分的补

---

〔1〕 Aren Goldsmith & Lorenzo Melchionda, *Third Party Funding in International Arbitration: Everything You Ever Wanted To Know (But Were Afraid to Ask)*, International Business Law Journal, Vol. 2012, p. 53 – 69 (2012).

〔2〕 James Crawford, *Brownlie's Principles of Public International Law*, 8th ed., Oxford University Press, 2012, p. 704.

〔3〕 Occidental Petroleum Corporation and Occidental Exploration and Production Company *v.* Republic of Ecuador, ICSID Case No. ARB/06/11, Decision on Annulment of the Award dated 2 November 2015, paras. 262 – 268.

偿。在国际投资仲裁中,投资仲裁庭的管辖权还受制于投资者的国籍,而被转让主张的资助者可能无法满足国籍要求。但这一因素须发生在仲裁请求被提起之前,因为大多数国际投资仲裁庭已在投资仲裁实践中表明后续行为不影响仲裁庭的管辖权。〔1〕

在捷克斯洛文尼亚银行诉斯洛伐克案中,申请人捷克斯洛文尼亚银行在提起仲裁请求后将主张转让给其母国捷克。被申请人认为,转让解除了捷克斯洛文尼亚银行"因投资利益被侵害而导致的经济风险",使捷克成为真正的利益当事方,仲裁庭对此无管辖权。投资仲裁庭拒绝了被申请人的请求,认为决定一方是否进入国际司法程序是依据仲裁程序建立的日期。申请人提起仲裁程序的时间先于转让请求结束的时间,仲裁庭有权审理此案而不受其转让的法律效果的影响。〔2〕该案中,仲裁庭作出的裁决没有过多关注仲裁进行过程中的两个关键事实:首先,转让权利的时间;其次,投资者成为"真正利益相关方"与投资主张的关联性。就转让权利的时间而言,投资仲裁庭认为仲裁程序开始之后的权利转移不会影响管辖权,不应予以考虑。主张转让的两个时间点极为重要:资助协议签订的日期和权利转移生效的日期。这两个日期不必一致,因为资助协议可能明确规定资助者的利益在获得赔偿后实现。对于仲裁庭来说,关键日期是资助者的权利转移生效的时间。鉴于资助者和受资助者拥有决定其资助协议何时生效的自主权,被申请人可能认为资助者和受资助者为了使主张具有可受理性通常确立一个较晚的权利转移日期,因而存在滥用权利的空间。

至于第二个事实,如果接受投资者必须是真正的利益当事方这一观点,可能影响投资条约主张的可受理性。受资助的投资者在仲裁程序开始之前不再成为真正的利益当事方,可能不再是适格的投资者,而资助者作为投资主张的经济利益所有者,可能无法满足投资保护条约下的国籍要求。因此,资助者和受资助者都无法提起投资条约主张。本案的特殊之处在于转让主

〔1〕 例如,在泰因弗(Teinver)诉阿根廷案中,仲裁庭认为转让行为发生在申请人提起仲裁请求之后,不影响仲裁庭已经确立的管辖权。

〔2〕 Ceskoslovenska Obchodni Banka, A. S. *v.* The Slovak Republic, ICSID Case No. ARB/97/4, Decision of the Tribunal on Objections to Jurisdiction of 24 May 1999, paras. 28 – 31.

张的申请人和受让主张的捷克具有同一国籍且申请人对案件结果享有获得回报的权利。仲裁庭认为投资仲裁与国际公法上对主体的国籍要求不同,投资者是否是真正的利益当事方关联不大,且本案中申请人对案件结果保留了一定的经济利益,而不仅是条约主张名义上的所有者。

在捷克斯洛文尼亚银行诉斯洛伐克案中,转让主张的行为发生在仲裁程序开始之后,而阿孔基亚和维旺迪环球公司诉阿根廷案中的主张转让行为则是发生在仲裁程序确立之前。该案中法国通用水务公司(Companie Generale des Eaux)(随后改称为维旺迪环球公司)及其阿根廷附属公司阿孔基亚与阿根廷的一个省达成了供水服务的特许权协议,双方随后产生纠纷。法国通用水务公司取得了阿根廷附属公司的控制权,并以后者的名义向ICSID提起仲裁请求。由于该特许权协议包含有利于阿根廷行政法院的法院选择条款,被申请人对投资仲裁庭的管辖权提出了强烈的异议。被申请人认为阿孔基亚不能称为阿根廷—法国 BIT 下的法国投资者,因为其在特许权协议纠纷产生之后才被法国通用水务公司收购。第一个仲裁庭认为,法国通用水务公司在仲裁程序开始时就已经控制了阿根廷附属公司,后者是法国—阿根廷 BIT 和《ICSID 公约》第 25 条第(2)款(b)项下的法国投资者。[1] 撤销委员会和第二个仲裁庭也支持了第一个仲裁庭的结论。第二个仲裁庭参考了捷克斯洛文尼亚银行诉斯洛伐克案和 ICJ 的判例,认为管辖权一旦确立就不受后续事件的影响。这一原则尤其适用《ICSID 公约》第 25 条项下的国籍要求。[2]

此外,在大规模侵权案件中,一些投资者因资金困境通常将主张转让给有一定财力的机构或实体,由他们代位提起这类群体性诉求也不影响仲裁庭的管辖权。阿巴克拉特等人诉阿根廷案、安比恩特等公司诉阿根廷案和乔瓦尼等人诉阿根廷案都涉及群体性诉求转让的问题。在阿巴克拉特等人诉阿根廷案中,阿根廷主权债务重组后对其发行债券的支付存在违约行为,

---

〔1〕 Compania de Aguas del Aconquija S. A. and Compagine Generale des Eaux *v.* Argentine Republic, ICSID Case No. ARB/97/3, Award of 21 November 2000, para. 24.

〔2〕 Compania de Aguas del Aconquija S. A. and Compagine Generale des Eaux *v.* Argentine Republic, ICSID Case No. ARB/97/3, Decision on Jurisdiction of 14 November 2005, paras. 60 – 64.

将近6万人依据阿根廷—意大利 BIT 向 ICSID 仲裁庭提起仲裁请求。申请人授权一个由8家主要的意大利银行组成的工作小组代表他们进行仲裁程序。双方达成资助协议,工作小组承担仲裁的所有费用,申请人须放弃起诉意大利任何银行的权利,因为其在 ICSID 仲裁程序期间向工作小组出售了引起争议的阿根廷债券。该资助协议并未对主张的可受理性产生任何阻碍,申请人对权利的放弃和对案件控制权的转移建立在自由和同意的基础上,不存在强迫、欺诈或错误。另外,因案件申请人多达7000人,他们转移案件控制权也是必要和可理解的,况且若无资助者的资助,一部分申请人没有足够的经济能力提起投资仲裁请求。投资仲裁庭最终确认了该案件的管辖权,并认为第三方资助者支持群体性仲裁并未导致程序性障碍。[1] 同样地,在安比恩特等公司诉阿根廷案[2]以及乔瓦尼等人诉阿根廷案中也涉及群体性诉求,投资仲裁庭进一步明确了第三方资助者对被资助主张施加控制的影响,认为其对管辖权无碍。[3]

(二)诉讼资助协议的签订时间不影响投资仲裁庭的管辖权

在泰因弗公司诉阿根廷案中,申请人因阿根廷对其投资非法收归国有的行为,向 ICSID 仲裁庭提起仲裁请求。申请人泰因弗公司随后与第三方资助者伯福德资本公司达成诉讼资助协议,以转让部分胜诉收益为代价获得伯福德资本公司的资助。被申请人抗辩称申请人已不是利益的真正当事方,伯福德资本公司可能是该案中唯一的潜在受益方,但其不满足《ICSID公约》下的管辖权要求。因其不是阿根廷的投资者,也不是依赖申请人就可提起投资仲裁的西班牙公司,若允许伯福德资本公司从纠纷解决机制中受益也是对投资条约目的的违反。该案仲裁庭参考了捷克斯洛文尼亚银行诉斯洛伐克案和阿孔基亚和维旺迪环球公司诉阿根廷案中仲裁庭的做法,认为提起仲裁程序之后的权利转移不影响管辖权,于是拒绝了被申请人的异

---

〔1〕 Abaclat and Others *v.* The Argentine Republic, ICSID Case No. ARB/07/5, Decision on Jurisdiction and Admissibility of 4 August 2011, paras. 451, 457 - 466.

〔2〕 Ambiente Ufficio S. P. A. and Others *v.* The Argentine Republic, ICSID Case No. ARB/08/9, Decision on Jurisdiction and Admissibility of 8 February 2013, paras. 276 - 278.

〔3〕 Giovanni Alemanni and Others *v.* The Argentine Republic, ICSID Case No. ARB/07/8, Decision on Jurisdiction and Admissibility of 17 November 2014, para. 278.

议，但并未处理资助协议是否影响申请人的身份这一疑问。[1] 本案中申请人并未向资助者出售或转让主张，伯福德资本公司资助仲裁的回报是以胜诉收益为前提的。这种诉讼资助协议在投资仲裁中日益普遍，诉讼资助者为申请人投资者提供资金进行投资仲裁以换取一部分回报已成为投资者日渐青睐的选择，至今还未有投资仲裁裁决或决定认为第三方资助是非法的或不适当的。[2] 关于诉讼资助协议在仲裁程序开始之后达成是否影响仲裁庭管辖权的问题，本案仲裁庭已给出答案，可能会为以后的投资仲裁实践提供指导。

在洛克菲勒投资公司诉俄罗斯联邦案中，仲裁庭对申请人在提起仲裁请求之前达成资助协议是否影响仲裁庭的管辖权也予以明确确认。该案申请人在提起仲裁请求之前与艾略特国际公司（Elliott International）达成协议转让其在尤科斯中的全部份额，出让人和受让人都属于艾略特集团（Elliott Group）的一部分。被申请人认为在转让协议下全部份额的利益转移使申请人仅仅是名义上的所有者，申请人在提起投资仲裁程序时已不符合英国—苏维埃 BIT 下的适格投资者。仲裁庭分析后认为，对原本宽泛的投资者定义强加一个限制性解释不符合英国—苏维埃 BIT 对申请人的定义，也没有任何投资定义排除将经济利益转移给第三方资助者的“投资”。该案中的转让协议和泰因弗公司诉阿根廷案中的诉讼资助协议有类似之处，即第三方都对案件结果享有经济利益。因此，泰因弗公司诉阿根廷案中仲裁庭最终得出结论：资助协议即使在提起仲裁之前达成也不影响仲裁庭的管辖权。[3]

（三）申请人作为第三方资助下的壳公司不影响管辖权

在萨鲁卡投资公司诉捷克案中，被申请人认为申请人是野村证券（Nomura）的壳公司，真正的利益当事方野村证券不是条约下的适格投资

---

〔1〕 Teinver S. A., Transports de Cercanias S. A. and Autobuses Urbanos del Sur S. A. *v.* The Argentine Republic, ICSID Case No. ARB/09/1, Decision on Jurisdiction of 21 December 2012, paras. 239 – 241, 245, 246, 255 – 256.

〔2〕 Ibid., para. 254.

〔3〕 Ros Invest Co. UK Ltd. *v.* The Russian Federation, SCC Arbitration V (079/2005), Final Award of 12 September 2010, paras. 5, 35 – 36, 323, 341.

者，因此申请人不满足条约下的善意“投资者”要求。仲裁庭从条约术语本身的含义出发，指出法人有权获得条约保护，偏离这一结论需要在条约中明确表达，但尚无条约有此规定。尽管该案的实际背景是“刺破公司面纱”，但这一方式已被投资者和实际的利益当事方采纳，并能转为类似于泰因弗公司案中的诉讼资助协议。相关投资保护条约中包含的定义不应轻易地被相关经济活动所影响。因此，在评估资助协议的效果时，最好坚持投资保护条约的措辞，因为这符合《维也纳条约法公约》(Vienna Convention on the Law of Treaties，VCLT)第31条的规定。[1] 上述案例表明，如果投资条约中没有任何相反的规定，只要投资者仍然是所提主张的合法所有者，其将主张转让给第三方资助者不会影响投资仲裁庭的管辖权。[2]

(四)策略性资助不影响投资仲裁庭的管辖权

在证券交易公司等诉俄罗斯联邦案中，申请人的仲裁费用全部由梅纳泰普资助，资助者不要求受资助者在胜诉后偿还费用。仲裁庭注意到资助者对案件结果有间接的经济利益，其策略是试图创造一个对其有利的“先例”，即依据ECT向俄罗斯提出更大的索赔要求。[3] 被申请人认为申请人在这一索赔中没有股份，也不能决定法律顾问、专家的选择或其他的可替代策略。仲裁庭指出被申请人的异议不具有说服力，解释了申请人将会从胜诉的损害赔偿裁决中获益的事实，且申请人不存在滥用仲裁程序的行为。仲裁庭认为没有理由可以说明为何申请人无权根据BIT寻求他们可以获得的权利并接受第三方的协助，第三方资助者的动机与本案中的争议当事方无关。除了滥用条约之外，资助者的参与和动机与决定受资助者的主张是

---

〔1〕 VCLT第31条解释之通则：“一、条约应依其用语按其上下文并参照条约之目的及宗旨所具有之通常意义，善意解释之。二、就解释条约而言，上下文除指连同前言及附件在内之约文外，并应包括：(甲)全体当事国间因缔结条约所订与条约有关之任何协定；(乙)一个以上当事国因缔结条约所订并经其他当事国接受为条约有关文书之任何文书。三、应与上下文一并考虑者尚有：(甲)当事国嗣后所订关于条约之解释或其规定之适用之任何协定；(乙)嗣后在条约适用方面确定各当事国对条约解释之协定之任何惯例；(丙)适用于当事国间关系之任何有关国际法规则；(丁)倘经确定当事国有此原意，条约用语应使其具有特殊意义。”

〔2〕 Jonas von Goeler, *Third-Party Funding in International Arbitration and its Impact on Procedure*, Kluwer Law International, 2016, p. 233 – 234.

〔3〕 Quasar de Valores SICAV S. A. et al. *v.* The Russian Federation, SCC Arbitration No. 24/2007, Award of 20 July 2012, paras. 9, 31, 224.

否具有可受理性的法律问题无关。该案也被视为国际仲裁庭很好地处理第三方资助的一个强有力的例证。[1]

虽然上述洛克菲勒投资公司诉俄罗斯联邦案、萨鲁卡投资公司诉捷克案和证券交易公司等诉俄罗斯联邦案促进了仲裁庭立足条约语词来决定投资仲裁主张可受理性的自主路径，但依旧有裁决强调实际利益的所有者。例如，在康索尔齐奥集团(Consorzio Groupement)诉阿尔及利亚案中，仲裁庭认为意大利财团的主张不具有可受理性，因为该财团仅仅是名义上的所有者，在阿尔及利亚—意大利 BIT 下无权以自己的名义提起财团下两个个体公司享有的仲裁权利。该案关注的问题是被申请人和两个个体公司达成的投资合同的同意能否扩大到财团。[2] 这一情形和法国国际检验、估价、评估和控制局(Bureau Veritas, Inspection, Valuation, Assessment and Control, BIVAC)诉巴拉圭案相似。在该案中，当事方不同意相关投资合同由代表 BIVAC 的法国或荷兰公司签署，只有荷兰公司才是荷兰—乌拉圭 BIT 下的适格申请人。康索尔齐奥集团诉阿尔及利亚案和国际检验、估价、评估和控制局诉巴拉圭案对真正利益当事方采纳了限制性的态度，这发生在一个非常具体的事实背景下，即为了确定哪一组公司是相关投资合同的当事方。这些个案似乎不适合为诉讼资助情形提供一般指导。它们最多表明，若申请人不是投资主张的经济利益所有人，也不具备与投资有关的任何法律地位，则不是适格的投资者。诉讼资助者支持的投资者不太可能出现这种情况，因为受资助方通常会在投资仲裁请求中保留法律和经济利益。[3]

上述案例表明，第三方资助对投资仲裁庭的管辖权无影响。管辖权的确立始于投资仲裁程序开始时，资助协议的达成时间、申请人对案件控制权的转移以及申请人将经济利益转移给另一国籍的资助者都不影响投资主张的可受理性。但作为第三方资助的一种诉讼资助与其他形式的第三方资助

---

〔1〕 Antonio Crivellaro, *Third-Party Funding and "mass" Claims in Investment Arbitrations*, ICC Dossier, 2013, p. 137, 144.

〔2〕 Consorzio Groupement L. E. S. I. – DIPENTA *v.* Republique algerienne democratique et populaire, ICSID Case No. ARB/03/08, Award of 10 January 2005, paras. 37 – 41.

〔3〕 Jonas von Goeler, *Third-Party Funding in International Arbitration and its Impact on Procedure*, Kluwer Law International, 2016, p. 236 – 237.

存在差别,即诉讼资助之下申请人仍保有对投资主张的所有权,诉讼资助者仅对案件结果享有一定的经济利益。

二、第三方资助影响投资仲裁庭管辖权的情形

虽然一些投资仲裁庭通常认为第三方资助协议不影响其管辖权,但由于国际仲裁界目前对第三方资助是否影响投资仲裁程序还未达成一致,一些仲裁庭认为,若投资者母国与东道国签订的投资协定中对投资的定义和控制权有明确的规定,或者投资者存在滥用条约挑选行为、转让的投资主张超过其原本享有的权利,则会影响投资仲裁庭的管辖权。

(一)相关 BIT 中"投资"的定义和控制权归属

适格投资是投资仲裁庭确定其管辖权的依据。投资定义涵盖在各投资保护条约中且具有不同的保护范围。目前投资定义主要存在两种模式,一是以"资产"为基础的定义模式,二是以"企业"为基础的定义模式。前者以"包括但不限于"的方式将投资定义为投资者在另一缔约方领土内投入的"各种资产"。这种定义的好处是保护的范围广泛,既保护投资协定中列举的投资,也保护未列入投资协定中的投资,尤其是将来可能出现的投资类型。后者是穷尽列举式的以"企业"为基础的投资定义模式。2012 年签署的中国—加拿大 BIT 即是以"企业"为基础的投资定义的代表。这种穷尽列举式的投资定义类型明确而具体,既包括企业的直接投资也包括间接投资,既包括有形财产也包括无形财产及有关合同权利,充分保证了投资的广泛性。[1] 该种定义方式既有利于吸引外资又兼顾到东道国对外资的监管,防止 ICSID 仲裁庭对投资的宽泛定义而给投资者滥诉的机会。从目前世界范围内现存的投资协定来看,大多数的投资协定都采用了开放式的投资定义模式,几乎包含了国际投资实践的所有财产类型。[2] 投资定义的范围和特征不仅影响了仲裁庭的管辖权,也影响在第三方资助者参与下适格投资者的身份认定。

---

〔1〕 汤霞:《ICSID 仲裁中投资定义的扩张及其反思——兼论中国双重身份的应对》,载《南京大学法律评论》2017 年第 48 卷。

〔2〕 张庆麟:《论国际投资协定中"投资"的性质与扩大化的意义》,载《法学家》2011 年第 6 期。

投资协定中“投资”的语词对仲裁庭判定第三方资助者参与投资仲裁程序下的真正投资者具有重要作用。许多投资保护条约包含较为宽泛的投资定义，如“一缔约国的投资者直接或间接拥有或控制”的资产，[1]或者规定非穷尽列举形式的适格资产。[2] 但也有一些投资条约强调投资的某项特性，如韩国—阿联酋 BIT 第 1 条第(1)款规定，“投资”指缔约国的投资者在另一缔约国境内投资的任何资产，这一语词可能被解读为受让人即使与原始投资者具有相同的国籍，其以自己的名义在缔约国境内投资资产，仅凭转让或控制资产仍不足以成为真正的投资者，而必须要有投资行为的存在。[3] 在米蒂利诺斯控股公司诉塞尔维亚案中，申请人依据的希腊—南斯拉夫 BIT 第 1 条第(1)款包含的投资定义与韩国—阿联酋 BIT 类似，但仲裁庭认为核心定义在于“任何资产”作为“投资”的特征，而动词“投资”仅是语法上的要求，并未改变 BIT 中的宽泛定义。[4] 在渣打银行诉坦桑尼亚案中，仲裁庭对投资定义进行了一定限制，认为英国—坦桑尼亚 BIT 的文本表明，该条约保护投资者以某种积极的方式“制造”的投资，而不是被动地拥有所有权。[5] 本案中坦桑尼亚债务人从马来西亚银行获得贷款，这些贷款随后又转让给申请人位于我国香港特别行政区的附属子公司。申请人对坦桑尼亚债务人的债权的间接所有权表明其不构成 BIT 目的下的投资，仲裁庭遂拒绝了该请求。

此后的仲裁庭是否会采纳这一严格路径尚未可知。该案中仲裁庭区分直接和间接所有权的方式过于形式主义，若最初的投资者作为出让人将投资主张转让给作为受让人的第三方资助者，资助者则可获得比渣打银行诉

[1] E. g., Art. 1(1) Japan-Peru BIT 2009; Art. 1(1) Australia-Mexico BIT 2007; Art. 1 US-Uruguay BIT 2006.

[2] Lucy Reed, Jan Paulsson & Nigel Blackaby, *Guide to ICSID Arbitration*, Kluwer Law International, 2010, p. 65 - 66.

[3] Aren Goldsmith & Lorenzo Melchionda, *Third Party Funding in International Arbitration: Everything You Ever Wanted to Know (But Were Afraid to Ask)*, International Business Law Journal, Vol. 2012, p. 221, 231 (2012).

[4] Mytilineos Holdings SA *v.* The State Union of Serbia & Montenegro and Republic of Serbia, UNCITRAL Arbitration, Partial Award on Jurisdiction of 8 September 2006, paras. 126 - 136.

[5] Standard Chartered Bank *v.* The United Republic of Tanzania, ICSID Case No. ARB/10/12, Award of 2 November 2012, para. 222.

坦桑尼亚案中购买附属公司债权更为“直接”的所有权。况且从仲裁庭行使管辖权的要件来看,第三方资助者积极参与投资仲裁程序不应是仲裁庭决定投资者的主张是否具有可受理性的前提。[1] 虽然该案中仲裁庭的做法并不具有代表性,但投资仲裁当事方谨慎考虑各投资保护条约的语词是明智且必要的,至少知晓“投资”的条约定义是否明确地包含“拥有或控制”“直接或间接地”和“一缔约国的投资者”等要求。也有一些投资条约对投资定义进行了明确,如中国—乌兹别克斯坦 BIT 第 1 条第(1)款指出“投资”的特征和不被视为投资的债权形式。[2] 这种明确的规定在一定程度上避免了仲裁庭选择性援引先例进行扩张解释的风险。

另外,缔约国要明确“投资”的控制权归属问题。若非缔约国国民全额控制在缔约国境内注册成立的公司,且在该缔约国境内未从事实质性的经营活动,则该类壳公司不是适格投资者,仲裁庭应拒绝管辖。《日本—新加坡经济伙伴关系协定》第 72 条对此作出了明确规定。[3] 实践中,虽有仲裁庭认为第三方资助者参与投资仲裁程序下的壳公司不影响其管辖权,但随着国际社会对第三方资助的规制,这一问题也应予以规范。如果仲裁庭认为最初的申请人不再对主张享有所有权或现有的所有权不能满足“投资者”“国籍”或“投资”的定义和要求,其将完全拒绝该主张和申请人在仲裁程序中的身份。[4]

(二)存在滥用条约挑选和转让权利过限的行为

即使 BIT 中的投资定义明确也不意味着投资者可以自由转让其主张,仲裁庭须考虑投资者的转让是否存在条约挑选问题。条约挑选是指个人或法人为了获得其不能直接获得的条约利益,而选择其他对其有利的条约。

---

[1] Standard Chartered Bank *v.* United Republic of Tanzania, ICSID Case No. ARB/10/12, Award of 2 November 2012, paras. 206 – 225.

[2] 中华人民共和国商务部:《中华人民共和国政府和乌兹别克斯坦共和国政府关于促进和保护投资的协定》,载中华人民共和国商务部网,http://policy. mofcom. gov. cn/pact/pactContent. shtml?id = 2421,2022 年 9 月 29 日访问。

[3] JETRO, *Japan-Singapore Economic Partnership Agreement*, JETRO, https://ie. enterprisesg. gov. sg/ ~ /media/IE% 20Singapore/Files/FTA/Existing% 20FTA/Japan% 20Singapore% 20EPA/Legal% 20Text/Chapter% 208/Chapter2082020Investment. pdf.

[4] Willem H. Van Boom, *Third-Party Financing in International Investment Arbitration*, Erasmus School of Law, p. 52 (2011).

在投资仲裁实践中,投资者通常利用 MFN 条款来援引对其更优惠的条约。并非所有的条约挑选都能构成仲裁庭拒绝管辖的理由,当申请人滥用条约挑选时,仲裁庭才可拒绝管辖。滥用条约挑选的异议经常在投资仲裁案件中被提起,但极少成功。在 CME 公司诉捷克案中,一家德国的公司将其在捷克合营企业中受德国—捷克 BIT 保护的投资份额转让给荷兰 CME 公司,后者援引荷兰—捷克 BIT 提起投资仲裁。仲裁庭拒绝了被申请人的条约挑选异议,认为德国公司将其投资主张转让给在荷兰拥有合法地位的公司并不存在滥用条约挑选的迹象。[1] 在缺乏滥用的证明时,受资助者将其投资主张转让给资助者不能视为滥用条约挑选。

既然滥用条约挑选的情形很难满足,转让投资主张也不构成条约挑选,那是否意味着投资者在特定 BIT 下的条约权利可以自由地转让给另一 BIT 下的另一投资者呢?仲裁庭在依据荷兰法律成立的 CME 公司诉捷克案中对这一问题予以确认,原因在于,德国—捷克 BIT 和荷兰—捷克 BIT 在本质上提供了相似的保护。相反,若申请人先前受保护的 BIT 规定了比转让后援引的 BIT 更广范围的保护,受让人就不能享受出让人享有的超出后一 BIT 之外的条约保护权利。这也是对条约挑选和投资主张转让的限制。[2] 因此,投资者转让的权利不得超过其原本享有的权利。当东道国违反投资保护条约时,受让人在损害发生时须具有与投资者相同的国籍和 BIT 下的适格投资,且其转让的权利不能过限。这一原则的确立来自一个投资仲裁案件。某加拿大公司将其条约主张转让给一家美国公司,后者随后援引美国—斯里兰卡 BIT 提起仲裁。仲裁庭认为加拿大公司对斯里兰卡的投资主张在 ICSID 程序进行之前就存在程序障碍,此时加拿大还不是《ICSID 公约》的缔约国,[3] 该加拿大公司无权提起 ICSID 仲裁请求。这一缺陷不能因其将主张转让给《ICSID 公约》缔约国美国的公司而获得弥补。目前来看,

---

〔1〕 CME Czech Republic B. V. (The Netherlands) *v.* Czech Republic, UNCITRAL Arbitration, Partial Award of 13 September 2001, para. 396.

〔2〕 Jonas von Goeler, *Third-Party Funding in International Arbitration and its Impact on Procedure*, Kluwer Law International, 2016, p. 248 – 249.

〔3〕 加拿大于 2013 年 11 月 1 日交存加入《ICSID 公约》的批准书,2013 年 12 月 1 日该公约对其正式生效。

习惯国际法的国籍持续原则是否适用于投资仲裁，即投资者从受损害之日到提起仲裁请求甚至最终裁决作出时都具有同一国籍尚未明确，但主流观点认为国籍持续原则不适用于投资仲裁。[1] 投资仲裁庭在确定其管辖权时不考虑投资主张转让前后其所有者的国籍是否一致的做法，在一定程度上扩张了仲裁庭的管辖范围。

虽然投资者转让投资主张存在法律上的不确定性，但相关仲裁实践表明投资仲裁庭的管辖权不应因存在第三方资助的事实而受影响，多数仲裁庭也对这一问题予以确认。[2] 资助者获得纠纷结果的经济利益和对投资仲裁进行程序上的控制通常不会改变管辖权的归属。只要投资者对投资主张还保留一定的法律利益，申请人与资助者达成的资助协议并不构成滥用条约挑选的理由。

本章小结

在国际投资仲裁中，管辖权、权限和可受理性这三个术语联系紧密且相互包含，分别从不同的角度诠释投资仲裁庭的管辖权要义。国际投资仲裁庭行使管辖权须满足属物管辖、属人管辖、属时管辖以及当事方的同意这四个要件。从国际投资仲裁实践来看，仲裁庭倾向于扩张其管辖范围，通常不认为第三方资助者的参与对其管辖权造成影响。只有在相关 BIT 中对“投资”定义和控制权归属进行明确限制以及投资者存在滥用条约挑选和转让权利过限的行为时，仲裁庭才会考虑拒绝管辖。

---

〔1〕 Aren Goldsmith & Lorenzo Melchionda, *Third Party Funding in International Arbitration: Everything You Ever Wanted to Know (But Were Afraid to Ask)*, International Business Law Journal, Vol. 2012, p. 221, 231 (2012).

〔2〕 Jonas von Goeler, *Third-Party Funding in International Arbitration and its Impact on Procedure*, Kluwer Law International, 2016, p. 236.

第三章　第三方资助国际投资仲裁的披露问题

第三方资助运用于国际投资仲裁领域，为有资金需求的当事方提供了接近正义的机会，资助者对投资主张进行的严格审查也降低了非受资助方承担的经济风险。然而，任一事物的发展都有两面性，第三方资助虽存在诸多好处，但因国际投资仲裁的特殊性，资助者、律师和仲裁员之间往往存在千丝万缕的联系，可能使他们之间产生利益冲突，影响仲裁员的公正和独立，甚至导致仲裁庭作出的裁决无法得到承认执行。资助者出于营利目的的考虑，可能通过批量组合投资的方式资助胜诉可能性较小的案件，甚至教唆投资者提出远超实际价值的索赔，给东道国造成巨大的经济负担。为了防止投资者对投资主张的恶意转让，以及利用第三方资助提起骚扰性主张损害东道国的利益，国际社会有必要要求受资助的投资者对第三方资助者和资助协议进行适当披露。本章第一节主要探讨披露第三方资助的内外动因，第二节分析披露第三方资助的制度保障，为披露第三方资助提供正当性和合法性基础。

第一节　披露第三方资助的内外动因

国际投资仲裁中因涉及主权国家的参与，尤其是国家的特定义务通常由其政府和公民承担，对投资仲裁程序的公正和透明度有更高的要求。申请人和资助者的资助协议独立于仲裁协议和投资保护协定之外，投资仲裁庭对该资助协议之外的主体无管辖权。由于资助协议中通常包含保密条款,资助者和申请人也不愿披露资助协议,被申请人可能无从知晓第三方资助者的存在。[1] 国际投资仲裁领域的"重复仲裁员"现象极易导致资助者和仲裁员的利益冲突,危及仲裁程序的公正性和合法性。为了维护东道国的利益,有必要要求受资助者对第三方资助进行披露,确保第三方资助对投资仲裁当事方的影响和透明度需求之间的平衡。

一、披露第三方资助的自然正义要求

根据亚里士多德的解释,自然正义是对一开始就具有重要性的事物的规定,具体表现为外在的法律规定和内在的道德品质。而人作为外在行为选择和内在理智的统一体,选择善的行为也是人的道德品质的反映。[2] 自然正义内化于道德品质中,并通过某种行使特殊职能的人的行为来影响社会。例如,在国际投资仲裁领域中,仲裁员的行为对投资仲裁当事方以及国际社会都有较大影响。仲裁员可能集律师、法律顾问或者资助者于一身,头上戴着"多顶帽子",往往与第三方资助者存在于某种利益共同体中。[3] 仲裁员为了提高自身被再次委任的机会而表现出某种价值偏好,希望与第三方资助者建立良好的合作关系,以便资助者为其推荐更多的业务;第三方资助者为了获得更多利益,也倾向于向受资助者推荐与其有良好合作关系或胜诉率较高的律师事务所。鉴于国际仲裁领域存在的仲裁员身份混同现象,由少数国家组成的"仲裁员精英俱乐部"垄断了国际仲裁市场,被重复任命的精英仲裁员倾向于支持那些有强大经济实力的一方。[4] 仲裁员通常还作为律师为咨询者提供一系列法律服务,可能和第三方资助者存在联系。若其和第三方资助者存在工作关系,则另一方当事人可能质疑仲裁员的独立性和公正性,甚至质疑仲裁裁决的效力,使裁决在承认执行的过程中遇到障碍。在仲裁员这个"熟人社会"中,即便其与案件存在利害关

---

〔1〕 Eric De Brabandere, *Third Party Funding in International Investment Arbitration*, Grotius Centre Working Paper, 2012, p. 16.

〔2〕 高健康:《谁之正义?何种自然?——〈尼各马可伦理学〉第五卷第七章的自然正义》,载《现代哲学》2015 年第 3 期。

〔3〕 傅攀峰:《单边仲裁员委任机制的道德困境及其突围——以 Paulsson 的提议为核心》,载《当代法学》2017 年第 3 期。

〔4〕 徐树:《国际投资仲裁庭管辖权扩张的路径、成因及应对》,载《清华法学》2017 年第 3 期。

系而未申请回避,相关当事方质疑因仲裁员未回避而损害裁决结果公正性的主张也极少得到支持。[1] 第三方资助者可以通过干预受资助者对仲裁员的选任来选择符合自身利益要求的仲裁员,进而影响案件的裁判结果。

仲裁程序公正是保证仲裁裁决效力及其承认执行的前提,也是及时高效化解当事方争议的必备要件。而仲裁员作为仲裁程序的重要一环,其独立和公正对案件结果至关重要。投资仲裁中仲裁员的“旋转门”现象使当事方对仲裁员能否公正断案存在疑问。正如霍布斯所言,任何人不能做自己案件的法官。这也是自然正义原则的基本要求。这一原则要求仲裁员独立于仲裁当事方,不得与案件存在任何利害关系,否则仲裁员所作裁决的公正性将受到质疑。为了保障仲裁员和仲裁程序的独立和公正,仲裁员应披露其与案件存在利益冲突的情形。但由于第三方资助者参与投资仲裁程序的隐秘性,仲裁员和仲裁相对方可能很难发现第三方资助者的存在,也就无法将可能存在利益冲突的情形予以披露。因此,要求受资助的申请人披露第三方资助的相关细节极为必要。

二、国际仲裁制度自身的不完善

第三方资助国际投资仲裁的风险对仲裁程序和裁决结果的影响减损了被申请人东道国的利益,也损害了投资仲裁这一解纷方式的公正性。囿于国际投资仲裁中仲裁制度本身的不完善,有必要披露第三方资助来规制其风险。

(一)现有规范对披露第三方资助的重视不足

国际仲裁制度自身的不完善主要包括:现有规范对第三方资助的规制乏力;仲裁庭对第三方资助者无管辖权,无法要求其承担受资助者败诉时的费用责任;国际公约和相关软法对第三方资助者参与下的保密义务和披露义务无明确规定,受资助者可能通过特免权抗辩阻碍非受资助方的披露要求。

---

〔1〕 郭华春:《第三方资助国际投资仲裁之滥诉风险与防治》,载《国际经济法学刊》2014 年第 2 期。

因第三方资助在国际投资仲裁领域出现的时间并不长,国际社会对第三方资助的规制重视不够,现有规范不能充分解决国际投资仲裁中对第三方资助缺乏披露导致的利益冲突问题。第三方资助者不是仲裁协议的订立者,不直接参与仲裁程序,也不受现有规范的约束。通常来说,受资助者寻求第三方资助既不向仲裁庭也不向相对方披露的情形在第三方诉讼资助中尤为常见。资助者与受资助者签订的诉讼资助协议通常都包含保密条款以阻止受资助者披露资助者的存在、资助协议条款以及相关信息。[1] 同样地,保险、以胜诉为依据的风险代理或仲裁程序中其他形式的第三方资助也不存在披露义务。

2014 年修订的《IBA 利益冲突指南》是最早对第三方资助者参与国际仲裁程序引发利益冲突进行规范的软法性规范,其第 6(b)条规定了自然人和法人若与仲裁结果有直接经济利益时,仲裁员在审查利益冲突时将其等同于当事方。[2] 其第 7 条明确指出当事方和仲裁员的披露义务,即披露任何可能导致当事方、仲裁员、律师和相关第三方之间存在利益冲突的情形。[3] 该指南还规定了引起利益冲突的红色、橙色和绿色清单,为当事方和仲裁庭评估是否存在利益冲突情形提供了参考。但《IBA 利益冲突指南》缺乏法律强制力,当指南与当事方的自身利益相符时,当事方可能援引指南为其辩护;而当指南的规定与其自身利益相冲突时,当事方可能主张软法无强制约束力。例如,在 EDF 国际股份公司诉阿根廷案中,被申请人阿根廷根据指南

---

〔1〕 Jonas von Goeler, *Third-Party Funding in International Arbitration and its Impact on Procedure*, Kluwer Law International, 2016, p. 126.

〔2〕 General Standard 6 (b): Legal and natural persons with a direct economic interest in the outcome of the arbitration are equated to the parties for the purposes of a conflict of interest check. This is the case, for instance, with third-party funders and insurers.

〔3〕 2014 IBA Guidelines on Conflicts of Interest on International Arbitration, General Standard 7: The parties-and not only arbitrators-have the duty to disclose any relevant relationship existing among parties, arbitrators, lawyers and interested third parties. Thus, the parties are recommended to inform the other parties, the arbitrators and the arbitral institution of any known potential conflict of interest with one or more arbitrators. Both the parties and the arbitrators have an ongoing duty to investigate and check relevant information that is reasonably accessible to them with the purpose of identifying potential conflicts of interest. These are parallel and cooperative obligations upon the parties and arbitrators, not a burden imposed merely on the arbitrators.

的规定要求仲裁庭审查科勒(Kohler)仲裁员是否存在回避情形。[1] 而申请人认为指南并不适用于本案,即使适用本案,也不适用于仲裁员不适格的认定。[2] 本案中的当事方都是从自身利益出发来主张指南的适用与否,一定程度上体现了软法规制的无力。

《ICC 仲裁规则》第 23 条第(1)款(a)项虽有要求披露“与任一当事方或在仲裁程序中代表当事方的任何参与人”的姓名和接触细节的规定,但这仅指当事方和其律师的姓名和接触细节,而不包括资助者,且在仲裁程序规定中未有要求披露第三方资助者的规则。[3] 英国 2014 年修订的《诉讼资助者行为规范》发布了对资助行业的监管要求,[4] 但这一规范不具有约束力,且缺乏关于披露第三方资助的具体规定。国际社会目前对第三方资助者引发的利益冲突缺乏规制不是因为它不必要,而是其新奇和不确定的特征使然。

(二)仲裁费用分担不合理

就投资仲裁费用的负担而言,现有的仲裁制度并未规定仲裁协议外的第三方资助者承担胜诉方的仲裁费用。因第三方资助者不是仲裁协议的当事方,即使受资助方被裁定败诉,仲裁庭通常也不会让第三方资助者承担胜诉方的仲裁费用。对第三方资助者而言,其参与投资仲裁的风险较小,而其收益与案件持续时间呈正相关关系。[5] 为了延长投资仲裁程序的时间以便获得更多利益,资助者甚至授意申请人提起仲裁请求时漫天要价,并故意拖延仲裁程序。当贫弱的受资助者因败诉而无力承担胜诉方的仲裁费用时,非受资助一方极有可能被置于资助者“打了就跑”的仲裁风险中,无法获得相应的胜诉补偿。申请人通常不愿向仲裁庭披露资助协议的存在,不仅是因为披露第三方资助者的存在可能与费用分配有关联,也是为了防止仲裁

---

〔1〕 EDF International S. A., SAUR International S. A. and León Participaciones Argentinas S. A. *v*. Argentina Republic, ICSID Case No. ARB/03/23, Challenge Decision Regarding Professor Gabrielle Kaufmann-Kohler, 25 June of 2008, para. 25.

〔2〕 Ibid., para. 50.

〔3〕 ICC Arbitration Rules, Art. 23.

〔4〕 ALF Code of Conduct, http://associationoflitigationfunders.com/code-of-conduct/.

〔5〕 International Council for Commercial Arbitration, *Report of the ICCA-Queen Mary Task Force on Third-Party Funding in International Arbitration*, 2018, p. 27.

庭适用对其不利的费用分配方式。例如,仲裁庭可能认为申请人的费用有资助者的支援而放弃适用各自负担自己费用的原则,进而采用败诉者负担原则来分配费用,加重了申请人败诉时的费用责任。另外,申请人还担心被申请人可能因申请人披露了资助者而改变仲裁策略,故意增加申请人的费用或加剧申请人和其律师或资助者之间的紧张关系。[1]

(三)保密义务与披露义务之间缺乏协调

保密性是仲裁的特色,仲裁当事方须遵守保密义务。介入仲裁程序中的第三方资助者并非仲裁协议的当事方,受资助者向资助者透露案件细节违背保密义务。被申请人可能将第三方资助作为申请人无法承担案件费用的证据,并且担心作为非仲裁当事方的资助者参与仲裁程序对其保密信息构成威胁,资助者可能在其他的仲裁程序中利用从申请人处获得的保密信息来损害被申请人的利益,进而要求申请人突破保密条款对资助协议进行披露。而申请人则担忧其披露第三方资助者和资助协议可能影响案件中的其他程序性问题,往往以履行保密义务为由不主动披露。随着第三方资助在国际仲裁中的日益合法化,受资助者在向资助者披露与仲裁相关的信息以获得资助者的资金支持方面存在合法的利益。受资助者对仲裁相关信息的保密义务和向资助者披露这种信息的披露义务,在本质上都是合同义务,“保密”与“披露”之间的冲突难以平衡和协调。现有的仲裁法和仲裁规则的规定几乎都规定了相应的保密义务的例外,[2]即披露在必要时应当依法进行,以保障仲裁程序的公正性和当事方的合法利益。然而,国际公约、相关国际软法等对第三方资助仲裁所涉及的保密与披露义务并无明确规定,实践中也缺乏关于第三方资助的权威裁决。国际投资仲裁庭在处理第三方资助协议的披露时通常要求当事方出示证据证明披露的必要性。即便涉及第三方资助协议,被申请人也没有理由要求仲裁庭命令对方出示对其自身利益不利的材料。此外,被申请人还需证明其披露要求具有关联性和重要

---

[1] Marc J. Goldstein, *Should the Real Parties in Interest Have to Stand Up? – Thoughts About A Disclosure Regime for Third-Party Funding in International Arbitration*, Transnational Dispute Management, Vol. 8, p. 5 – 7 (2011).

[2] E. g., LCIA Rules, Art. 30(1); Swiss Rules of International Arbitration, Art. 44(1); Hong Kong Arbitration Ordinance 2011, s. 18(2)(a)(i); Scottish Arbitration Act 2010, Rule 26(1)(d).

性,并对申请人的特免权进行抗辩。[1] 因此,在缺乏相关仲裁规则授权的情况下,被申请人承担较重的举证责任,其要求申请人披露资助协议的请求通常无法得到仲裁庭的支持。

三、仲裁当事方在实践中对第三方资助的滥用

如前所述,国际投资仲裁案件高昂的仲裁费用均由当事方承担。费用问题成为当事方行使救济权的主要障碍。第三方资助者为仲裁当事方提供了资金支持,受资助者只需在胜诉时按约定数额给第三方资助者支付胜诉回报,即使败诉其也无须返还资助费用。这一做法大大降低了申请人面临的仲裁风险,为经济困难的申请人提供了获得公正救济的机会,第三方资助者也可获得相应的投资收益。第三方资助者的初衷是好的,但当事方在利益的驱使下也可能利用国际仲裁领域对这一事项的监管空白,滥用第三方资助提起无价值的骚扰性主张,导致东道国承担大量本不必要的仲裁费用,甚至使其在胜诉时无法获得仲裁费用的偿还。由于第三方资助者的参与可能导致国际投资仲裁案件数量的增加,东道国迫于仲裁的压力可能改变其国家公共政策,进而影响其对投资者侵害东道国社会利益行为的规制。第三方资助者为投资者提供的资金和丰富的经验、专业知识、内幕信息和资源等,反而会加剧投资者与国家之间业已存在的不平衡的权力格局。[2] 鉴于此,即便投资主张缺乏明确的说服力和法律依据,国家出于降低成本的考虑可能会决定与投资者和解而不是对投资主张进行抗辩。比如,国家决定放宽其对环境的规制权以支持投资者的利益。因此,第三方资助可以将不断演变的权力格局及和解结果向有利于投资者的方向转移,即使这种不平衡的格局可能已经严重扭曲。投资者滥用第三方资助可能会损害一国的社会利益,因此,一些国家对第三方资助者资助投资仲裁程序表达了不满。[3]

---

〔1〕 Jonas von Goeler, *Third-Party Funding in International Arbitration and its Impact on Procedure*, Kluwer Law International, 2016, p. 137.

〔2〕 Lise Johnson, Lisa Sachs & Jeffrey Sachs, *Investor-State Dispute Settlement, Public Interest, and U. S. Domestic Law*, CCSI Policy Paper, p. 7 – 15 (2015).

〔3〕 Working Group Ⅲ 35th Session, *Audio Recordings*, ICMS (April 25, 2018), https://icms.unov.org/CarbonWeb/public/uncitral/speakerslog/a2ad492b – 22e9 – 497c – 93c8 – 4be3130e9978.

第二节 披露第三方资助的制度保障

由于第三方资助者的参与给投资者和国家争议解决机制带来了不平衡,为了防范投资者利用第三方资助滥诉以及资助者和仲裁员或其他仲裁参与人可能产生的利益冲突,披露第三方资助存在一定的程序利益。要求受资助者对第三方资助进行披露是投资仲裁庭保持仲裁程序完整性和善意仲裁的特有权力,仲裁机构也可在仲裁规则中明确披露要求。[1] 目前国际上已出现要求受资助的申请人强制披露资助者的存在和资助协议相关条款的规定。

一、披露第三方资助的制度基础

披露第三方资助有助于预防潜在的利益冲突,保障仲裁程序的公正。为了平衡仲裁当事方之间的利益,仲裁庭要求受资助者披露第三方资助者的存在和资助协议的相关条款。这有助于仲裁庭进一步评估第三方资助者的参与对仲裁程序的影响,并采取相应措施抑制资助者对骚扰性主张的资助。

(一)披露的方式

国际上主要仲裁机构的仲裁规则多规定的是仲裁员的披露义务,[2] 我国的仲裁机构也通常在其仲裁规则中明确仲裁员披露相关信息的要求,[3] 对第三方资助者参与下受资助者的披露却很少涉及。目前,国际仲裁中对第三方资助的披露存在两种方式:一种是自愿披露,即受资助的当事人主动向仲裁员和仲裁机构披露第三方资助协议的存在和资助者的身份,并在第三方资助协议达成或资助者提供资助时予以披露。另一种是仲裁员和仲裁

---

[1] Derric Yeoh, *Third Party Funding in International Arbitration: A Slippery Slope or Levelling the Playing Field?*, Journal of International Arbitration, Vol. 33, p. 121 (2016).

[2] 如《ICC 仲裁规则》第 11 条第(2)款、《LCIA 仲裁规则》第 5 条第 3 款、《AAA 国际仲裁规则》第 7 条第(1)款、《国际争议解决中心仲裁规则》第 5 条第 2 款以及《UNCITRAL 仲裁规则》第 9 条。

[3] 如《CIETAC 仲裁规则》第 31 条、《BIAC 仲裁规则》第 21 条以及《深圳国际仲裁院 2019 年仲裁规则》第 32 条等。

机构在被选择和任命的过程中,有明确的权力要求当事方披露是否接受了第三方资助者的资助。如果存在资助,则受资助者须披露资助者的身份。[1] 这两种方式的差别在于仲裁庭是否被授予要求披露的权力还是披露属于当事方意思自治的范畴。[2]

有学者认为,由于第三方资助的定义存在不确定性,"第三方资助"和"诉讼资助"有时被互换使用。"诉讼资助",通常也被称为"诉讼融资""商事主张资助""事后资助"等。只要这种不确定性存在,基于定义的披露规则或实践也就缺乏根据,对受资助者强加披露第三方资助的义务也是不切实际和不必要的。[3] 仲裁庭要求受资助者披露是对仲裁程序极不必要的质疑,也对仲裁实践本身产生了不好的影响。无论仲裁员与资助者之间是否存在潜在的利益冲突,确立强制披露义务都忽视了这种义务的经济后果,没有预见到其实际影响。披露可能导致"游击战术"的增加,因为当事方通常会尽力寻找投资者的信息,试图"揭开公司的层层面纱",直到找到真正的受益人。这一行为不可避免地导致仲裁程序的迟延。[4]

工作组一致认为,仲裁庭要求受资助者披露第三方资助者的身份对仲裁员分析是否存在潜在的利益冲突极为必要。[5] 笔者赞同工作组的看法,因为资助者往往是秘密参与仲裁程序,仲裁员和非受资助者很难发现资助者的存在,无法知晓是否存在利益冲突,甚至可能存在仲裁员与资助者处于一个利益共同体中的情况。因此,仲裁员的公正性和独立性难以保证,对非受资助者来说也极为不利。即使强制披露第三方资助者可能导致仲裁成本

---

〔1〕《CIETAC 国际投资争端仲裁规则(试行)》第 27 条、《BIAC 国际投资仲裁规则》第 39 条以及《ICSID 仲裁规则修改建议稿(三)》第 14 条等都规定了受资助者的强制披露义务。

〔2〕 Napoleão Casado Filho, *The Duty of Disclosure and Conflicts of Interest of TPF in Arbitration*, Kluwer Arbitration Blog, http://arbitrationblog.kluwerarbitration.com/2017/12/23/duty-disclosure-conflicts-interest-tpf-arbitration/.

〔3〕 Jonas von Goeler, *Third-Party Funding in International Arbitration and its Impact on Procedure*, Kluwer Law International, 2016, p. 150 – 151.

〔4〕 Napoleão Casado Filho, *The Duty of Disclosure and Conflicts of Interest of TPF in Arbitration*, Kluwer Arbitration Blog, http://arbitrationblog.kluwerarbitration.com/2017/12/23/duty-disclosure-conflicts-interest-tpf-arbitration/.

〔5〕 International Council for Commercial Arbitration, *Report of the ICCA-Queen Mary Task Force on Third-Party Funding in International Arbitration*, 2018, p. 78.

的增加,但相较于存在利益冲突情形时裁决被撤销或被拒绝承认执行的后果而言,要求受资助者在仲裁程序初始阶段披露是最为经济的做法。

(二)披露的依据

第三方资助有其复杂性,任何自愿的和非强制的规则都不足以解决第三方资助带来的利益冲突问题。为了规范第三方资助者参与国际投资仲裁程序给东道国造成的负面影响,平衡投资者的接近正义权利和东道国的国家利益,国际社会须对该新实践引发的问题制定相应的法律规范。2014 年《IBA 利益冲突指南》是最早明确规定第三方资助强制披露的规范,列明了影响仲裁员独立和公正的红色、橙色和绿色清单,要求根据利益冲突的严重程度进行披露。[1] 该指南也成为投资仲裁庭衡量第三方资助者的参与是否存在利益冲突的重要参考。一些区域贸易协定也开始重视第三方资助的披露问题,如欧盟在其拟定的 TTIP 投资章草案第 8 条专门规定了受资助者的强制披露义务,即其应在提起仲裁请求时或提起仲裁请求后达成资助协议时向对方当事人和仲裁庭披露第三方资助者。[2] 虽然 TTIP 目前处于停滞状态,但欧盟的做法体现了当今世界较大的经济体对披露第三方资助的态度。2016 年修订的 CETA 中也包含了要求披露第三方资助的条款,欧盟在此后的自由贸易协定谈判中也将延续其对第三方资助的披露立场。[3]

从实践来看,投资者通常选择的 ICC、SIAC 、HKIAC 等国际仲裁机构的仲裁规则近年来都对第三方资助的披露问题进行了规定,ICSID 也在其仲裁规则修改建议稿中对第三方资助的披露等问题进行了讨论。比如,ICC 于

---

〔1〕《IBA 利益冲突指南》明确了披露的重要性,并且在一般标准的第 6(b)条中予以说明,在评估仲裁程序中是否有利益冲突时,一个在裁决中与案件有直接利益关系的实体应该被视同为当事人主体。一般标准的第 7(a)条表明,为了评估仲裁员的利益冲突问题,应当强制披露第三方资助者的身份:一方当事人应告知仲裁员、仲裁庭、其他当事人、仲裁机构或其他仲裁员指定机构(如果有),该当事人(或其所属集团的另一公司)与仲裁员之间的任何直接或间接关系。当事人应在仲裁程序开始之前主动履行告知义务,或在知悉该等关系后即予告知。

〔2〕 European Commission, *Text of the Proposal on Investment-TTIP Negotiations*, European Commission, http://trade.ec.europa.eu/doclib/docs/2015/september/tradoc_153807.pdf.

〔3〕 Marius Nicolae Lliescu, *A Trend Towards Mandatory Disclosure of Third Party Funding? Recent Developments and Positive Impact*, Kluwer Arbitration Blog, http://arbitrationblog.kluwerarbitration.com/2016/05/02/a-trend-towards-mandatory-disclosure-of-third-party-funding-recent-developments-and-positive-impact/.

2017年3月1日颁布的《仲裁当事人和仲裁庭行为指导》第24条规定,任何实体与仲裁纠纷或与仲裁裁决中一方的赔偿义务有直接关系的,应当予以披露。从该条规定来看,披露范围涵盖了第三方资助者。[1] ICC的做法为仲裁员审理第三方资助案件时要求受资助的当事方履行披露义务提供了依据。这在处理国际仲裁中第三方资助引发的利益冲突问题方面迈出了一大步。2017年1月1日生效的《SIAC投资仲裁规则》更进一步明确了披露第三方资助者的身份、资助协议、资助者的收益及是否承担不利费用等要求。[2] 2018年11月1日正式生效的《HKIAC机构仲裁规则》明确规定了受资助者披露资助协议的存在、资助者的身份以及后续变化的信息的义务。受资助者也被允许向资助者披露与仲裁有关的信息。[3] 该规定为申请人寻求第三方资助提供了依据。2022年《ICSID仲裁规则》要求受资助者披露第三方资助以避免利益冲突。修订专家认为如果缺乏披露,资助者和仲裁员潜在的利益冲突可能影响投资者 - 国家争端解决机制的完整性,并引发对方当事人对程序迟延的质疑。[4]

我国内地的知名仲裁机构也对投资仲裁中的第三方资助问题进行了回应。2017年10月1日生效的《CIETAC国际投资争端仲裁规则(试行)》第27条规定了受资助者的披露义务、披露内容和时间。[5] 2019年《BIAC国际投资仲裁规则》不仅明确了受资助者的披露义务,还规定了其不履行披露义务时可能承担的费用责任。[6] 国际上主要仲裁机构的仲裁规则相继对第三方资助作出规定并要求受资助者进行披露,在一定程度上有利于解决第三

---

[1] Note to Parties and Arbitral Tribunals on the Conduct of the Arbitration Under the ICC Rules of Arbitration, Art. 24. Relationships between arbitrators, as well as relationships with any entity having a direct economic interest in the dispute or an obligation to indemnify a party for the award, should also be considered in the circumstances of each case.

[2] International Arbitration Rules of the Singapore International Arbitration Centre, 1st ed., 1 January 2017, Art. 24.

[3] New HKIAC Administered Arbitration Rules to come into force on 1 November 2018, HKIAC, http://www.hkiac.org/news/2018 – administered-arbitration-rules – 1 – november.

[4] ICSID Rules and Regulations Amendment-Working Papers, ICSID, https://icsid.worldbank.org/resources/rules-amendments.

[5] 《CIETAC国际投资争端仲裁规则(试行)》第27条。

[6] 《BIAC投资仲裁规则》第39条。

方资助者参与投资仲裁程序引发利益冲突的弊端。

除了区域贸易协定、知名仲裁机构的仲裁规则对第三方资助的披露问题予以规定外，我国香港特别行政区律政司于 2018 年 12 月 3 日公布了《2018 年〈2017 年仲裁及调解法例(第三方资助)(修订)条例〉(生效日期)公告》。[1] 该条例第 3 条于 2019 年 2 月 1 日开始生效，即第三方资助仅适用于仲裁领域。根据该条例的授权，律政司在 2018 年 12 月 7 日公布《第三方资助仲裁实务守则》，与上述条例同日生效。《第三方资助仲裁实务守则》第 2 条第(10)款规定了受资助者披露第三方资助仲裁的信息。[2] 新加坡仲裁员协会为了贯彻 2017 年《民法(修正)法案》和《民法(第三方资助)规则 2017》，便利第三方资助在仲裁地位于新加坡的国际仲裁和相关的调解程序中的适用，于 2017 年 5 月 18 日通过了《第三方资助者指引》。该指引第 8 条第(1)款规定，如果仲裁庭或法院适用的规则或法令要求向仲裁庭或法院披露有关资助的任何信息，则资助者应配合受资助者及其法律参与者的披露。[3] 我国香港特别行政区和新加坡通过软法和硬法相结合的方式对第三方资助进行规制，要求受资助者披露资助相关信息，在一定程度上降低了争议当事方面临的仲裁程序风险。

(三)披露的内容

披露的内容具体可以从披露的主体、时间和范围等方面来阐述。首先，强制披露的主体为受资助者。受资助的申请人有义务在仲裁程序中就第三方资助问题向仲裁庭披露，以便仲裁员评估其是否与资助者存在利益冲突。而且对申请人的披露免除其关于保密的违约责任。[4] 仲裁员也有义务披露其与第三方资助者是否存在关联。在 ISDS 领域，《ICSID 仲裁规则》和《UNCITRAL 仲裁规则》以及其他相关机构的仲裁规则强调了仲裁员的独立和公正原则，要求仲裁员对其公正性和独立性的相关问题进行披露，防止依

---

〔1〕《2018 年〈2017 年仲裁及调解法例(第三方资助)(修订)条例〉(生效日期)公告》，载香港特别行政区律政司网，https://www.legco.gov.hk/yr18-19/cn/subleg/negative/2018ln260-c.pdf.

〔2〕 Code of Practice for Third Party Funding of Arbitration, Art. 2.10.

〔3〕 SIARB Guidelines for Third Party Funding, Art. 8.1.

〔4〕 Burcu Osmanoglu, *Third-Party Funding in International Commercial Arbitration and Arbitrator Conflict of Interest*, Journal of International Arbitration, Vol. 32, p. 326 (2015).

赖和偏见,并在出现影响其独立和公正的情形时予以回避。[1] 其次,强制披露的时间应在相关主体订立资助协议、仲裁庭组成之前。如果在较晚的阶段才披露,则可能造成仲裁庭的根本改变和作出裁决的时间延迟。EVIPA 第 3.37 条第(1)款和第(2)款规定了受资助者应当在提交仲裁时,或者在提交仲裁后达成资助协议或捐赠时,毫不迟延地向仲裁庭和对方当事人披露。最后,披露的范围。关于披露的范围在实践中还未达成一致。有学者认为,受资助者应当披露包括资助协议的特定细节,如资助数额、资助者的潜在回报、资助者对案件的控制程度以及所有这些事实对利益冲突的影响程度等。[2] 不同仲裁机构的仲裁规则对披露的范围要求也不同,如 2022 年《ICSID 仲裁规则》第 14 条仅要求披露资助者的名称、附属机构或代表人,而《BIAC 国际投资仲裁规则》第 39 条不仅要求受资助者披露资助者的基本信息,还要求其披露资助者与仲裁员是否存在利益冲突以及资助者是否承担受资助者败诉时的不利费用等,并规定了受资助者不履行披露义务时仲裁庭可通过费用分配来对未履行义务方进行惩罚。《CIETAC 国际投资争端仲裁规则(试行)》第 27 条也对受资助者的不披露规定了类似的惩罚措施。EVIPA 则只要求披露资助协议的存在和性质以及资助者的名称和地址。

虽然相当一部分仲裁规则、区域贸易协定和投资保护协定等对于受资助者不履行披露义务缺乏相应的惩罚机制,但是国际社会越来越意识到披露第三方资助的重要性。在英国这个第三方资助发展程度较快的国家,法院通常运用仲裁费用分担制度来解决强制披露问题的做法,也为仲裁机构处理此类案件提供了参考。在里程碑式的阿尔金诉博查德案中,英国上诉法院直接支持了法官对第三方资助者作出的不利缴付讼费令,以惩罚他们的不披露行为。[3] 英国法院 2014 年关于神剑风险投资公司诉德州基石公司的裁决也对资助者敲响了警钟,即资助者对争议当事方的资助要尽到合

---

〔1〕 Report of Working Group Ⅲ (Investor-State Dispute Settlement Reform) on the Work of its Thirty-Fifth Session, 2018, p. 9 – 13.

〔2〕 Marie Stoyanov & Olga Owczarek, *Third-Party Funding in International Arbitration: Is it Time for Some Soft Rules?*, BCDR International Arbitration Review, p. 189 (2015).

〔3〕 Arkin *v.* Borchard Lines Ltd. & Others, [2005] EWCA Civ. 655.

理谨慎义务,否则将承担仲裁费用责任。[1]

虽然第三方资助者通常不愿暴露其参与了仲裁程序,也抵制对第三方资助的强制披露,但披露第三方资助不仅有助于仲裁相对方和仲裁庭评估资助者是否应适当承担仲裁的风险,也可以减轻或消除被申请人的疑虑。首先,对仲裁参与方来说,披露第三方资助增加了仲裁程序的透明度,也有助于增强人们在广泛意义上对 ISDS 讨论的透明度;其次,规范第三方资助促进了人们对第三方资助行业合法性和开放性的接受度;最后,较早地披露第三方资助也减轻了仲裁当事方对仲裁员或仲裁裁决的质疑,避免裁决无法被承认执行。[2]

二、受资助者的披露义务与特免权抗辩

披露是介于透明度和保密性之间的副产品,是一个充满争议的概念。相当一部分争议当事方因保密需要而选择仲裁来解决争议。但是,也有人认为,透明度是未来保证仲裁这种独特的争议解决机制顺畅进行的唯一途径。[3] 开放性和透明度以及披露仲裁中的利益冲突等理念从仲裁产生之日就已存在。即便仲裁中有国家一方的参与,保密性也应被限制在最低限度内。[4] 实践中,申请人通常担忧其披露第三方资助者和资助协议可能影响案件中的其他程序性问题,往往选择不主动披露。被申请人也担心资助者参与仲裁程序可能对其保密信息构成威胁。为了保护仲裁当事方的利益,仲裁庭应当要求资助者对所涉争议的信息与文件遵守保密义务,并受其与仲裁当事方之间签订的保密条款的约束。当涉及较高程度的敏感信息时,仲裁协议双方应建立一个双方共同允许获得仲裁相关信息的人员清单,并由仲裁庭以发布保密令(Confidentiality Order)的方式予以认可。第三方资

[1] Excalibur Ventures LLC *v.* Texas Keystone Inc. & Others, [2014] EWHC 3436.

[2] Marius Nicolae Iliescu, *A Trend Towards Mandatory Disclosure of Third Party Funding? Recent Developments and Positive Impact*, Kluwer Arbitration Blog, http://arbitrationblog.kluwerarbitration.com/2016/05/02/a-trend-towards-mandatory-disclosure-of-third-party-funding-recent-developments-and-positive-impact/.

[3] Jose-Miguel Judice, *Some Notes About Third-Party Funding: A Work in Progress*, Kluwer Law International, 2018, p. 67.

[4] Ibid., p. 68.

助者也须签订保守秘密的书面保证。通常来说,仲裁庭也会要求当事方签订保证书,并采取合理的措施以确保其带入仲裁程序中的资助者遵守保密义务。[1] 当这些保密信息影响仲裁程序的正常进行时,仲裁庭有权要求当事方予以披露。但当事方可以提起特免权抗辩,即证明所要披露的信息属于特免权的范围,进而拒绝提供该信息。

(一)特免权的表现形式

特免权是保护当事方避免披露对其不利信息的制度。实践中第三方资助主要涉及3种特免权信息:第一种是受资助者在资助者的尽职调查阶段可能提供给后者的特免权信息,以便第三方资助者决定是否资助。一旦第三方资助者同意资助一方提起仲裁请求,那么该当事人及其法律顾问就共享在仲裁程序中向资助者提交的文件信息。第二种是资助协议本身或协议中的特殊规定,目前这类信息是否构成特免权尚存争议。第三种是资助者制造并持有的特殊文件,如资助者对案件的评估、与资助案件有关的文件、根据案件阶段与独立的法律顾问分享的法律意见等。前两种信息在国际仲裁中可以通过强制披露的方式要求受资助者提供,而第三种因资助者不是仲裁程序当事方而无法要求其披露。[2]

(二)特免权的认定依据

在主要的国际规则或标准缺失的情况下,仲裁员通常根据冲突法指向的国内法来决定是否存在特免权。一些学者认为,在确定特免权的准据法时可以考虑当事方的合意,并根据争议所涉的国内法或冲突法来分析。[3] 还有一些学者指出,目前出现了特免权规则国际化的趋势,除了传统的冲突

---

〔1〕 Jonas von Goeler, *Show Me Your Case and I'll Show You the Money-How to Balance Conflicts between Third-Party Funding and Confidentiality in Arbitration Proceedings*, Kluwer Arbitration Blog, http://arbitrationblog. kluwerarbitration. com/2016/07/21/show-case-ill-show-money-balance-conflicts-third-party-funding-aand-confidentiality-iin-arbitration-proceedings/.

〔2〕 International Council for Commercial Arbitration, Report of the ICCA-Queen Mary Task Force on Third-Party Funding in International Arbitration, 2018, p. 118 – 119.

〔3〕 K. P. Berger, *Evidentiary Privileges: Best Practice Standards versus/and Arbitration Discretion*, Arbitration of International Law, Vol. 22, p. 501, 514 – 515 (2006).

法因素外，仲裁庭的选择也应符合当事方的合法期待。[1] 上述基本预设在《国际律师协会国际商事仲裁取证规则》（以下简称《IBA 取证规则》）中有所体现。该取证规则第 9 条第（2）款（b）项授权仲裁员"决定适用的法律或道德规则，造成法律障碍或形成特免权，而排除披露证据或任何文件"。[2] 根据这一规定，仲裁庭首先决定特免权问题适用何种法律，然后适用该法来决定相关信息是否受制于特免权。然而，各国对特免权的范围规定不甚一致，甚至未明确规定受资助者给予第三方资助者的文件是否构成特免权放弃。《IBA 取证规则》第 9 条第（3）款规定了仲裁庭可采取适当措施保护证据的保密性，如仲裁庭应考虑保护为获得法律建议的保密交流，受资助者和资助者共享的信息不应被要求披露；仲裁庭应在当事方要求适用不同的特免权规则时保持公平公正。但这一取证规则对仲裁庭不具有约束力，通常只作为参考。仲裁庭在证据的可采性上享有最终决定权。[3]

（三）披露义务与特免权的协调

受资助者须向仲裁员或仲裁机构披露资助者的存在，以避免第三方资助者的参与影响仲裁程序。但受资助者可以通过特免权抗辩拒绝披露与资助有关的信息，从而保护自身利益。因此，仲裁庭在要求受资助者披露资助协议时应考虑所披露信息是否属于特免权信息而免于披露，在决定是否披露时应考虑双方之间的利益平衡：一方面，应避免仲裁相对方通过披露资助协议内容，如资助者的控制权、资助者提供的预算或者各方财务状况的具体计算方法、资助者的回报、终止权利、和解条款或类似的事实，在案件的案情、策略或预算等方面获得不应有的优势；另一方面，应要求受资助者披露资助者和资助协议的相关内容，以避免利益冲突或仲裁相对方不必要的举证迟延。但受资助者自愿披露资助协议的存在不能被视为其放弃了特免权

---

[1] P. Shaughnessy, *Dealing with Privileges in International Commercial Arbitration*, in *Scandinavian Studies: Procedural Law*, Vol. 792, p. 257 (2009); M Wirth, ed., *Best Practices in International Arbitration*, ASA Swiss Arbitration Association Special Series, Vol. 26, p. 502 (2006).

[2] 《IBA 取证规则》第 9 条第（2）款（b）项："根据仲裁庭决定适用的法律或道德规则，造成法律障碍或形成法律特权。"

[3] E. g. UNCITRAL Model Law (2006), Art. 19; UNCITRAL Rules (2010), Art. 27; ICC Arbitration Rules (2017), Art. 22; LCIA Rules (2014), Art. 22.

保护，只有在披露实际发生时才意味着其放弃了特免权保护。[1]

三、完善第三方资助披露制度的辅助措施

强制披露并非解决第三方资助者参与仲裁程序而导致的利益冲突的唯一方式。完善国际仲裁相关制度以规范仲裁参与方的行为，也是减少利益冲突的发生和降低第三方资助投资仲裁风险的有效方式。

（一）完善仲裁员选任制度

仲裁员作为投资仲裁程序的重要一环，其独立和公正对案件结果至关重要。公正性要求仲裁员在裁判案件时对当事方的诉求不偏不倚，只依据案件事实和相关法律作出裁决。[2] 独立性是指仲裁员与争议当事方之间不存在身份上的连带关系和经济上的利害关系。[3]《UNCITRAL 国际商事仲裁示范法》第 12 条、《UNCITRAL 仲裁规则》第 9 条以及《SCC 仲裁规则》第 17 条等都对仲裁员的独立性和公正性作出了规定。《ICSID 仲裁规则》第 6 条第（2）款规定了仲裁员在组庭之前须签署声明其在过去及现在与当事人间的关系，以免影响其裁决的独立和公正。[4]《投资者—国家争端解决改革报告》也要求仲裁员在其公正性和独立性受到质疑时进行披露，以防止依赖和偏见，并在出现影响其独立和公正的情形时予以回避。[5]

针对仲裁员的身份混同问题，为了减少当事方对仲裁员公正性和独立性的质疑，仲裁机构应建立仲裁员名册数据库，对名册内的仲裁员进行严格考察和筛选，并定期更新。该数据库应包含仲裁员的基本情况、办案经历、专长以及信誉等信息，以供当事方选择最适合自己案件的仲裁员。在国际投资仲裁中，因投资争议的标的额较大，甚至可能影响主权国家的社会公共

---

〔1〕 Jonas von Goeler, *Third-Party Funding in International Arbitration and its Impact on Procedure*, Kluwer Law International, 2016, p. 202 – 204.

〔2〕 Tibor Vardy, John J. Barcelo Ⅲ & Arthur T. von Mehren, *International Commercial Arbitration*, West Group, 2003, p. 131 – 132.

〔3〕［英］艾伦・雷德芬、马丁・亨特：《国际商事仲裁法律与实践》，林一飞、宋连斌译，北京大学出版社 2006 年版，第 215 页。

〔4〕 ICSID Arbitration Rules, Art. 6. 2.

〔5〕 United Nations General Assembly, Report of Working Group Ⅲ（Investor-State Dispute Settlement Reform）on the Work of its Thirty-Fifth Session, A/CN. 9/935, 23 – 27 April 2018.

利益,因此在赋予当事方选任仲裁员的权利的同时,也要防止仲裁程序之外的第三方资助者对仲裁员选任的干预,避免仲裁员的代理人化或仲裁员与第三方资助者间存在的特殊关系而损害仲裁裁决的公正。通过规范仲裁员的选任制度,提高仲裁员的专业素质,不仅可在一定程度上减少利益冲突的发生,也可以降低因仲裁员自身偏见或能力等原因而导致的裁决被撤销或拒绝承认执行的风险。

(二)变革国际投资仲裁制度中的费用负担方式

在国际投资仲裁领域中,败诉方承担胜诉方的费用或当事双方按照比例各自承担部分仲裁费用已是普遍做法,几乎未有仲裁庭让仲裁协议以外的第三方承担仲裁费用的实践。因第三方资助者不是仲裁协议的当事方,即使其资助骚扰性的主张也不承担责任。在第三方资助者参与投资仲裁程序的情况下,当前的仲裁费用负担规则使仲裁无法实现当事方间的利益平衡。为了对受资助者和资助者的行为进行规制,改变国际仲裁制度中的仲裁费用负担方式以缓解这一失衡状态着实必要。仲裁庭在分配费用时应考虑第三方资助的存在和受资助者是否披露的事实。当受资助者主动披露时,仲裁庭在分配仲裁费用时可不考虑第三方资助的因素;若申请人不披露而导致资助者与仲裁员的利益冲突,仲裁庭可根据第三方资助者对案件的控制程度来决定是否将其作为共同当事人参与仲裁,要求资助者承担费用责任。[1] 仲裁庭通过调整仲裁费用的分配方式来迫使受资助者对第三方资助进行披露,进而减少资助者参与仲裁程序产生的利益冲突问题,消除非受资助方对受资助者败诉时“打了就跑”的担忧。

(三)有条件借鉴仲裁费用的保证金制度

为了防范受资助者利用第三方资助滥诉,实践中,根据申请人是否有不遵守费用裁决的不良记录或故意隐瞒第三方资助者、资助者不承担不利费

---

〔1〕 Wenhua Shan and SRIICL, *Comments on the ICSID Rules Amendments*, ICSID (Dec. 2008), https://icsid.worldbank.org/en/amendments/Documents/Wenhua%20Shan_SRIICL_Comments_02.03.19.pdf.

用等[1]可能使仲裁庭作出的裁决无法得到执行的情形，仲裁庭可以要求申请人在提起仲裁请求或仲裁程序进行的过程中提供仲裁费用担保。虽然申请人因经济困难或出于分配仲裁风险的考虑而寻求第三方资助，但此举能使申请人和第三方资助者事先对案件的价值进行衡量，避免提起骚扰性主张。在 RSM 制造公司诉圣卢西亚案中，[2]申请人承认存在第三方资助情形，仲裁庭要求申请人 RSM 制造公司提供保证金，以保证仲裁裁决的可执行性，防止申请人在败诉时无法偿付被申请人的损失，谨防第三方资助成为"赌徒的天堂"。[3] 仲裁庭可以将受资助者披露资助协议作为是否要求受资助者提供保证金的考量因素。如果受资助者主动向仲裁庭披露第三方资助者的存在，仲裁庭出于公平的考虑，根据申请人的信誉、财务状况以及资助者同意支付任何费用裁决的保证等事实，可能免除其提供费用担保的义务；[4]否则一旦被仲裁庭发现申请人存在第三方资助情形并影响到非受资助方获得费用补偿的结果时，其提供费用担保的义务是不可避免的。通常而言，仲裁庭作出费用担保令的趋势较为明确时，申请人对第三方资助的披露意识也越强。受资助的申请人和资助者不予合作时，仲裁庭就有理由认为申请人存在阻碍投资仲裁程序的行为，进而要求其提供费用担保。

本章小结

第三方资助者参与国际投资仲裁可能对仲裁程序或裁决结果产生一定影响。第三方资助者为仲裁申请人提供了获得接近正义和重新分配风险的机会，但因第三方资助者不是仲裁协议的当事方，其参与仲裁程序可能会造

---

〔1〕 RSM Production Corporation *v.* Saint Lucia, ICSID Case No. ARB/12/10, Decision on Saint Lucia's Request for Security for Costs with Assenting and Dissenting Reasons, August 13, 2014; Luis Garcia Armas *v.* Venezuela and Manuel Garcia Armas et al. *v.* Venezuela, ICSID AF Case No. ARB (AF)/16/1, July 7, 2017.

〔2〕 RSM Production Corporation *v.* Saint Lucia, ICSID Case No. ARB/12/10, Decision on Saint Lucia's Request for Security for Costs with Assenting and Dissenting Reasons, August 13, 2014.

〔3〕 RSM Production Corporation *v.* Saint Lucia, ICSID Case No. ARB/12/10, Decision on Saint Lucia's Request for Security for Costs with Assenting and Dissenting Reasons, August 13, 2014, assenting reasons of Gavan Griffith, para. 13.

〔4〕 International Council for Commercial Arbitration, *Report of the ICCA-Queen Mary Task Force on Third-Party Funding in International Arbitration*, 2018, p. 179 – 180.

成其与仲裁员的利益冲突,并引发当事方对仲裁员的公正性和独立性以及裁决结果的质疑。究其原因,国际投资仲裁制度自身的不完善是主要方面,实践中仲裁员的身份混同以及当事方对第三方资助的滥用也加剧了这种利益冲突。为了应对第三方资助带来的挑战,国际仲裁界日益倾向于要求受资助者披露资助者的存在。一些国际仲裁中心的仲裁规则、区域贸易协定以及我国香港特别行政区和新加坡的法律规范等都对披露第三方资助作出规定。即使受资助者享有特免权抗辩,也仅限制在特定范围内。完善第三方资助的披露规则还须通过一系列举措规范仲裁参与人的行为,如规范仲裁员选任制度、变革仲裁费用负担规则以及有条件地引入仲裁费用担保制度等。

第四章 第三方资助国际投资仲裁的仲裁费用问题

近年来,第三方资助国际投资仲裁案件数量呈上升趋势。据统计,仅在2016年,至少有40%的投资仲裁主张获得了第三方资助。[1] 第三方资助对投资仲裁庭的费用决定尤其是费用分配和费用担保的影响日渐凸显。投资仲裁庭也面临如何应对争议一方利用第三方资助给仲裁费用带来冲击的难题。如若申请人在提起投资仲裁请求时寻求了第三方资助,当申请人胜诉时,其是否有权就资助者的资助费用要求败诉方偿还并决定偿还的范围;若申请人败诉,仲裁庭可否直接对资助者作出不利费用令?被申请人可否以其胜诉时获得费用偿还的可能性为由要求仲裁庭对申请人作出费用担保令?国际仲裁界目前对上述问题还未达成一致意见,但相关仲裁实践中仲裁庭的做法一定程度上表明了其对上述问题的态度。本章第一节分析第三方资助者资助投资仲裁程序下仲裁庭对当事方的仲裁费用如何分配以及胜诉方可获得偿还的范围;第二节探讨第三方资助下投资仲裁庭是否有权作出费用担保令以及在满足相应条件时作出费用担保令的必要性标准。

第一节 第三方资助国际投资仲裁的仲裁费用分配

国际投资仲裁的巨额仲裁费用,已成为阻碍当事方选择这一争议解决

---

〔1〕 Ondrej Svoboda & Jan Kunstyr, *Third Party to Pick up the Bill? Cost Issues Relating to Third Party Funding in Investment Arbitration*, Czech Yearbook of Public & Private International Law, Vol. 7, p. 428 (2016).

方式的最大障碍。从投资仲裁实践来看,随着时间的推进,当事方和仲裁员的费用日益增加。根据2014年马修·霍奇森(Matthew Hoddgson)的分析,截至2012年的176个投资仲裁裁决中,申请人的平均费用达3,145,000美元,被申请人的费用达2,286,000美元,平均的仲裁庭费用也高达746,000美元。[1] 马修·霍奇森在2017年的研究中进一步指出,投资仲裁案件的平均仲裁庭费用已从2012年年底的746,000美元增加到1,118,000美元,增幅近50%。数额巨大的投资仲裁费用对各国尤其是财政资源有限的国家影响巨大,过度增长的费用也越来越受到国际社会的关注。[2] UNCITRAL第三工作组近年来也对ISDS仲裁冗长的仲裁程序和高昂的仲裁费用表示关切。

在国际投资仲裁中,当事方无法自动获得仲裁费用的偿还,仲裁费用的分配还需要根据相关仲裁规则的规定和仲裁庭行使自由裁量权来确定。投资仲裁庭对仲裁费用的分配对投资者和国家的争议解决结果将产生重要影响,但实践中仲裁庭并未对这一问题予以高度关注。投资者就其请求提起投资仲裁之前,通常会评估可能产生的仲裁费用数额以及仲裁庭将如何分配这些费用。仲裁庭在作出费用裁决之前首先应确定哪一方应支付费用,然后应解决哪些费用是根据案件结果来分配的,胜诉方的哪些费用可从败诉方处获得偿还。第三方资助者资助投资仲裁程序不仅可能影响仲裁程序,甚至还影响仲裁费用的责任承担。在第三方资助者参与的情况下,仲裁费用的类型和数额是否发生变化尤其值得关注。因国际投资仲裁规则对费用分配鲜有规定,实践中仲裁庭在分配费用时也没有明确的指导,对仲裁费用分配的做法也不同。鉴于国际投资仲裁的仲裁费用对争议当事方而言数目不菲,为了增强投资仲裁费用的可预见性,明确第三方资助是否影响仲裁费用分配极为必要。

---

[1] Matthew Hodgson, *Counting the Costs of Investment Treaty Arbitration*, Global Arbitration Online News (Mar. 24, 2014), http://www.allenovery.com/SiteCollectionDocuments/Counting_the_costs_of_investment_treaty.pdf.

[2] Secretariat of UNCITRAL, *Possible Reform of Investor-State Dispute Settlement (ISDS)—Cost and Duration*, October 29 – November 2, 2018, A/CN.9/WG.III/WP.153, p.3.

一、国际投资仲裁中仲裁庭分配仲裁费用的原则及标准

投资仲裁费用是指当事方产生的与投资仲裁程序有关的所有费用，即各方当事人应支付仲裁庭和仲裁机构产生的与仲裁程序有关费用的预付金数额。2022 年《ICSID 仲裁规则》第 52 条规定了仲裁庭分配费用和当事方提交费用说明的要求，即"第一，在不影响支付仲裁费用的最后决定的情况下，除非双方另有协议，仲裁庭可决定：（1）在仲裁的任何阶段，每一当事方应支付仲裁庭的费用和开支以及使用中心设施的费用；（2）仲裁程序任何阶段产生的有关费用应由当事一方全部或部分承担。第二，仲裁程序终止后，每一方应当向仲裁庭提交仲裁程序中产生的合理费用的说明，秘书长应当向仲裁庭提交每一方向中心支付的所有费用以及仲裁程序产生的费用，仲裁庭在作出裁决之前，可要求当事各方和秘书长提供有关仲裁程序费用的文件。"[1]这些费用由当事方预先支付，仲裁庭在分配当事方的仲裁费用之前会要求当事方提交一份费用说明，在充分考虑当事方在仲裁程序中的行为、争议焦点的复杂性以及所请求费用的合理性等因素后，在最终裁决中根据相应的费用分配原则对仲裁程序产生的费用进行分配。[2]

（一）投资仲裁庭分配仲裁费用的原则

投资仲裁庭在确定当事方之间的费用分配时，不仅应分析当事方产生的费用是否合理，也应考虑是否需要对引发过多费用的一方进行规制。[3]考察《ICSID 公约》的起草历史可探知公约的起草者在考虑费用分配时的立场变化。《ICSID 公约》草案第一稿第 61 条采取了当事方各自负担自己费用的方式，申请人提起骚扰性主张或存在恶意时，仲裁庭分配费用应考虑这些因素适当调整费用分配，但这些规定在最终版本的第 61 条第（2）款中被排除了。最初版本尽管依据的是各自负担自己费用的原则，也考虑到败诉者负担原则，但被认为不符合仲裁的"友好特征"，且对弱小国家不利。为平

---

〔1〕 2022 ICSID Arbitration Rules, Art. 52.

〔2〕 2006 ICSID Arbitration Rules, Regulation 14, Direct Costs of Individual Proceedings.

〔3〕 Matthew Hodgson & Elizabeth Evans, *Chapter* 17, *Allocation of Costs in ICSID Arbitrations*, in Crina Baltag, ICSID Convention after 50 Years: Unsettled Issues, Kluwer Law International, 2016, p. 453 – 454.

衡各方的利益,公约最终作了妥协,赋予仲裁庭分配仲裁费用的自由裁量权。[1]

近年来,国际投资仲裁实践中仲裁庭通常通过三种方式来分配费用:第一种是各自负担自己费用的原则,这种费用分配方式也是美国国内诉讼以及国际法院审理案件的默认立场。第二种是败诉方负担胜诉方费用的原则,当事一方在其胜诉时通常应收回其支付的合理费用。商事仲裁中也多采用这一原则来分配费用。[2] 第三种是以影响因素为依据的相对成功原则,即根据申请人的主张和被申请人抗辩成功的程度按比例分配。根据《ICSID 公约》第 61 条第(2)款的规定,仲裁员拥有决定适当转移费用的自由裁量权。[3]

1. 各方承担自己费用原则

各方负担自己费用的原则表明不存在任何费用分配以支持或反对任一方。这也是《国际法院规约》第 64 条和一般国际法之下的默认方法。[4] 该原则强调争议当事方各自承担自己进行仲裁程序产生的费用,任何一方试图通过案件结果向另一方转移费用的意图会阻碍当事方实现其合法的法律权利,如投资者简单地决定不提起仲裁请求,或者东道国出于担心承担不利费用裁决而不对主张进行抗辩等。2006 年之前,各自负担自己费用的原则是国际投资仲裁中传统的费用分配方式,65% 的仲裁庭拒绝调整当事方之间的仲裁费用。在西门子公司诉阿根廷案中,多明戈 · 热内卢(Domingo Janeiro)教授认为申请人既没有在所有的主张中获胜,也不存在例外情形,遂表达了其主张当事方各自负担自己费用的观点。[5] 在阿拉斯代尔 · 罗斯 · 安德森等诉哥斯达黎加案中,仲裁庭认为投资仲裁中大多数仲裁庭认

---

[1] Matthew Hodgson & Elizabeth Evans, *Chapter 17, Allocation of Costs in ICSID Arbitrations*, in Crina Baltag, ICSID Convention after 50 Years: Unsettled Issues, Kluwer Law International, 2016, p. 460 - 461.

[2] Matthew Hodgson, *Counting the Costs of Investment Treaty Arbitration*, Global Arbitration Online News (Mar. 24, 2014), http://www.allenovery.com/SiteCollectionDocuments/Counting_the_costs_of_investment_treaty.pdf.

[3] ICSID Convention Art. 61(2).

[4] 《国际法院规约》第 64 条规定:"除法院另有裁定外,诉讼费用由各造当事国自行担负。"

[5] Siemens A. G. *v.* the Argentine Republic, ICSID Case No. ARB/02/8, Separate Opinion from Professor Domingo Bello Janeiro of 30 January 2007, para. 6.

为各方应承担自己的费用，一小部分投资仲裁案件采纳的败诉者负担原则，背离了先前已确立的存在例外情形时才适用该原则的做法，如程序性不端行为、存在骚扰性主张、滥用投资条约或国际投资保护机制等。[1] 然而，从2006年开始，这一数据下降到51%，败诉者负担原则和相对成功原则的适用比例上升。[2]

2. 败诉者负担原则

败诉者负担的费用分配方式表明，一方在仲裁中成功地对其主张进行抗辩，应就其由此产生的仲裁费用获得偿还。相应地，败诉方应承担胜诉方的相关费用。败诉者负担原则的适用可能会鼓励各方尽早解决争议，以避免任何不利的费用决定。2010年《UNCITRAL仲裁规则》第42条中规定，仲裁费用原则上应由败诉的当事人承担，仲裁庭应在最终裁决或其认为适当的任何其他裁决中，确定一方因费用分配决定可能必须向另一方支付的数额。[3] 这一分配方式也已被一部分仲裁庭采用。在利巴南科控股有限公司诉土耳其案中，仲裁庭采用了此种费用分配方式，并认为败诉者负担的目的是补偿胜诉方必要的法律费用，挫败无价值的主张和过度仲裁的行为。[4]

3. 相对成功原则

相对成功原则表明费用应根据各方在仲裁中主张的相对成功来分配。这一原则被视为败诉者负担原则的一个变种，是上述两种路径的折中，也获得了一部分仲裁庭的支持。首先，在这一原则的指导下，仲裁庭首先适用败诉者负担原则作为起点，然后对费用分配方式进行调整；其次，仲裁庭以争点（issue-by-issue）为依据来考虑各自胜诉的诉求。但因案件的复杂程度不同，很难直接确定各方的胜诉情况，所以需要一个更为严格的费用时间表，展示各方法律代理人花费的所有时间、任何支出以及额外产生费用的细节。

---

〔1〕 Alasdair Ross Anderson et al. *v.* Republic of Costa Rica, ICSID Case No. ARB(AF)/07/3, Award of 19 May 2010, paras. 62–63.

〔2〕 Matthew Hodgson & Elizabeth Evans, *Chapter* 17, *Allocation of Costs in ICSID Arbitrations*, in Crina Baltag, ICSID Convention after 50 Years: Unsettled Issues, Kluwer Law International, 2016, p. 458–459.

〔3〕 2010 UNCITRAL Arbitration Rules, Art. 42.

〔4〕 Libananco Holdings Co. Limited *v.* Republic of Turkey, ICSID Case No. ARB/06/8, Award of 2 September 2011, para. 563.

实践中相对成功原则和败诉者负担原则可能会导致不同的结果。通常来说，一方可能希望仲裁庭适用相对成功原则对费用进行局部调整，因为当事一方可能仅在所提投资主张的某些方面胜诉。[1] 这一费用分配方式之所以受仲裁庭欢迎，可能是因为仲裁庭按各自负担自己费用或败诉者负担原则裁决所有的费用容易产生异议，尤其是败诉方在仲裁程序中表现合理，或者胜诉方存在不端行为时，败诉方完全负担胜诉方的费用有失公允。因而，越来越多的仲裁庭在分配仲裁费用时会考虑争议当事方的行为和各自胜诉的情况，适当调整各自承担的仲裁费用。例如，在 PSEG 全球有限公司和北美煤炭公司诉土耳其案中，仲裁庭分析了当事方各自胜诉的部分，出于公平的考虑，裁决被申请人承担65%的仲裁费用，申请人承担35%的仲裁费用。[2]

目前，这 3 种费用分配原则在国际投资仲裁中交替使用，但近年来仲裁庭倾向于根据案件结果适当调整仲裁费用。根据马修 · 霍奇森在 2017 年的研究数据，2013 年以前，56%的仲裁庭要求当事各方自己承担仲裁费用，10%的仲裁庭完全调整了仲裁费用，34%的仲裁庭对仲裁费用进行了部分调整。自 2012 年年底以来，只有 36%的仲裁庭要求各方承担其各自的仲裁费用，7%的仲裁庭命令败诉一方支付全部仲裁费用，57%的仲裁庭调整了当事方对仲裁费用的分担比例。马修 · 霍奇森的研究进一步指出，自 2013 年以来，61%的 ICSID 仲裁庭已调整仲裁费用的分配，而高达 69%的 UNCITRAL 仲裁庭调整仲裁费用的比例。[3] 上述数据表明投资仲裁庭日益倾向于适用相对成功原则来分配仲裁费用。不管适用何种费用分配原则，费用分配的最终目的都是使当事方能有效地控制时间和成本，营造一个公平的、运行良好的程序来满足当事方的期待。

---

〔1〕 Matthew Hodgson, *Cost Allocation in ICSID Arbitration: Theory and (mis) application*, Columbia FDI Perspective No. 152, p. 2 (2015).

〔2〕 PSEG Global Inc. and Konya Ilgin Elektrik Uretim ve Ticaret Limited Sirketi *v.* Republic of Turkry, ICSID Case No. ARB/02/5, Award of 19 January 2007, para. 352.

〔3〕 Matthew Hodgson & Alastair Campbell, *Damages and Costs in Investment Arbitration Revisited*, Global Arbitration Review (Dec. 14, 2017), http://www.allenovery.com/SiteCollectionDocuments/14-12-17_Damages_and_costs_in_investment_treaty_arbitration_revisited_.pdf.

(二)投资仲裁庭分配仲裁费用的考量因素

《ICSID 公约》第 61 条第(2)款规定了仲裁费用的两种分配方式:第一种是争议当事方协商确定仲裁费用分配。通常情况下,争议双方并未被禁止在仲裁协议中明确约定费用分配,许多国内法也支持当事方的此类约定,但不得违反仲裁地法的强制性规定或与之相关的强行法。[1] 若当事方在仲裁协议中选定了仲裁机构的仲裁规则,则仲裁庭会适用该仲裁规则关于费用分配的规定。第二种是仲裁庭行使自由裁量权来确定。[2] 其他仲裁规则也规定了仲裁员在费用分配上的自由裁量权,如 2021 年《ICC 仲裁规则》第 38 条第(5)款规定仲裁员可考虑相关情形自主决定。仲裁庭在分配费用时出于公平的考虑,通常会考察当事双方之间的差异,包括当事方聘请法律顾问的费用、案件的复杂性和重要性、紧急程度以及当事方之间的地位,如跨国公司与小公司。[3] 仲裁庭也意在通过费用分配来鼓励仲裁程序的高效进行,惩罚任一方的不合理行为。[4]

考察 ICSID 近年来的仲裁实践,仲裁庭通常要求当事方各自承担自己的律师费用,同时也会根据当事方各自胜诉的部分并考虑当事方的态度和合作程度来分配其他仲裁费用,[5] 即便一方负担的费用明显地高于另一方也是合理的。国际常设仲裁法院(Permanent Court of Abitration, PCA)处理的投资仲裁案件中,仲裁庭多适用败诉者负担原则来分配律师的费用,但仅要求败诉方承担胜诉方律师的一部分合理费用。[6] 不同的投资仲裁庭根据

---

〔1〕 如《英国 1996 年仲裁法案》第 60 章和《香港特别行政区仲裁法令》第 74(8)章都规定当事方的此类协议要在纠纷发生之后才有效。

〔2〕 ICSID Convention, Art. 61(2): In the case of arbitration proceedings the Tribunal shall, except as the parties otherwise agree, assess the expenses incurred by the parties in connection with the proceedings, and shall decide how and by whom those expenses, the fees and expenses of the members of the Tribunal and the charges for the use of the facilities of the Centre shall be paid. Such decision shall form part of the award.

〔3〕 ICC, *Decisions on Costs in International Arbitration*, offprint from ICC Dispute Resolution Bulletin, 2015, p. 6.

〔4〕 如过度的文件要求,过度的交叉审查,延迟策略,夸大主张,不遵守程序令和程序时间表等。

〔5〕 Jeenny Power, *Chapter V: Investment Arbitration-Summaries of ICSID Awards on Costs*, *Austrian Yearbook on International Arbitration*, p. 353 – 429 (2010).

〔6〕 ICC, *Decisions on Costs in International Arbitration*, offprint from ICC Dispute Resolution Bulletin, 2015, p. 37.

具体案情采取不同的费用分配原则。通常而言,投资仲裁庭分配费用时主要考虑仲裁主张的法律根据和当事方要求的仲裁费用是否存在合理性。

1. 仲裁主张具有明显的法律根据

一些投资仲裁庭根据2022年《ICSID仲裁规则》第41条要求的仲裁主张须具有法律根据来行使自由裁量权分配费用。[1] 截至2021年3月,申请人根据2022年《ICSID仲裁规则》第41条提出早期驳回程序的案件大概有40起。[2] 这些请求中,有7个裁决完全支持反对意见并全面审理该案件;4个裁决部分支持反对意见并驳回部分请求,26个裁决驳回该项请求,还有3个案件中的请求至今仍悬而未决。[3] 以韩国安城住房株式会社诉中国案(以下简称安城案)为例,仲裁庭认为申请人提出的投资主张没有法律根据,超出了三年的时间限制意味着该主张无法被提起,驳回了申请人的仲裁请求,并认为中国不应承担其在仲裁初始阶段运用2022年《ICSID仲裁规则》第41条成功抗辩的合理费用。[4] 仲裁庭也可通过该条规定来惩罚提起无法律根据的主张的当事方及其代理人的不端行为。例如,在弗拉迪斯拉夫·金等诉乌兹别克斯坦案中,由于被申请人的律师复制了包含保密信息的政府文件,违反了律师的职业操守,仲裁庭认为主张没有法律根据并要求被申请人承担申请人全部的专家费用。仲裁庭驳回仲裁请求和要求败诉方承担大部分或全部仲裁费用的义务,已经成为对败诉方的"制裁"。仲裁当事方应积极利用2022年《ICSID仲裁规则》第41条,在节省时间和

---

〔1〕 2022 ICSID Arbitration Rules, Art. 41.

〔2〕 Trans-Global Petroleum, Inc. *v.* Jordan, Brandes Investment Partners, LP *v.* Venezuela, Global Trading *v.* Ukraine, RSM Prod. Corp. *v.* Grenada, MOL Hungarian Oil & Gas Co. Plc. *v.* Croatia, Ansung Co. *v.* China, Accession Mezzanine *v.* Hungary, Emmis *v.* Hungary, Pan American Energy *v.* Bolivia, Vattenfall AB *v.* Germany, PNG *v.* Papua New Guinea, Venoklim *v.* Venezuela, Railroad *v.* Guatemala, Rafat *v.* Indonesia, Pac Rim *v.* El Salvador, Elsamex *v.* Honduras, and so on. More details see Decisions on Manifest Lack of Legal Merit, https://icsid.worldbank.org/cases/content/tables-of-decisions/manifest-lack-of-legal-merit.

〔3〕 ICSID, *In Focus: Objections that A Claim Manifestly Lacks Legal Merit* [*ICSID Convention Arbitration Rule* 41(5)] (March 2021), https://icsid.worldbank.org/sites/default/files/publications/In%20Focus%20-%20Rule%2041.5_final%284.1%29.pdf.

〔4〕 Ansung Housing Co., Ltd. *v.* People's Republic of China, ICSID Csae No. ARB/14/25, Award on 9 May 2017, para. 159.

费用与保证仲裁的正当程序之间取得平衡。[1]

2. 当事方的仲裁费用要求存在合理性

国际投资仲裁中仲裁庭尚未对合理性达成一致,仲裁庭在确定当事方主张的合理性时可以参考商事仲裁中的考量因素,准确界定合理性的标准。尽管目前可适用的仲裁法或仲裁规则规定胜诉方有权获得合理费用的偿还,但实践中的仲裁裁决表明仲裁庭在考虑费用负担时至少在一定程度上参照了当事方的胜诉或败诉比例。在安城案中,仲裁庭在仔细考虑了案件情况之后,认为就被申请人根据2022年《ICSID仲裁规则》第41条提出的异议和为期一天的听证会而言,其要求的法律费用是不成比例的,因此裁定申请人承担被申请人75%的费用数额。[2] 在全球贸易资源公司诉乌克兰案中,仲裁庭认为当事双方的抗辩都存在合理性,仲裁庭采纳了各自负担自己费用原则来分配仲裁费用。[3] 然而,在一些涉及大规模侵权、反请求以及多重主体的复杂案件中,当事方最初主张的诉求和仲裁庭最终支持的往往不一致,所以很难直接确定胜诉多少。[4] 仲裁庭主要从以下因素考虑胜诉方的成功部分:(1)若申请人或被申请人在核心诉求、初始主张或结果方面成功,则其有权获得全部的合理费用;(2)在争点的基础上根据相对的成功和失败来分配费用;(3)根据最初主张的损害赔偿金额或争议财产的价值分配。

仲裁庭在确定当事方的胜诉部分之后,还要考虑当事方产生的费用和其仲裁行为是否合理。首先,评估双方产生费用的实质和合理性。合理性是大多数仲裁规则分配费用的考量标准,然而国际仲裁机构或国内仲裁法对合理性都未给出明确的定义,通常是评估费用是否与争议财产的金额或

[1] Shiyu Wang, *The Ansung Tribunal Gives its Views on Allocation of Costs under ICSID Arbitration Rule* 41(5), Kluwer Arbitration Blog, http://arbitrationblog.kluwerarbitration.com/2017/05/16/reserved-for-april-6-ansung-v-prc-icsid-rule-415-costs-allocation-shiyu-wang/.

[2] Ansung Housing Co., Ltd. *v.* People's Republic of China, ICSID Csae No. ARB/14/25, Award on 9 May 2017, para. 163.

[3] Global Trading Resource Corp. and Globex International, Inc. *v.* Ukraine, ICSID Case No. ARB/09/11, Award on 1 December 2010, para. 59.

[4] ICC, *Decisions on Costs in International Arbitration*, offprint from ICC Dispute Resolution Bulletin, 2015, p. 11.

价值成比例,或者费用是否成比例合理地发生。合理性的判断包括但不限于以下因素:(1)律师的收费在数额和程度上是否合理;(2)所涉争议的法律代表的法律资格、专家团队或成员的参与以及资历等是否合理;(3)各仲裁阶段时间花费是否合理;(4)考察合理性的一般指标而非单独因素本身所产生的费用之间的差异。[1] 其次,考虑当事方进行仲裁时的行为。双方是否导致仲裁程序任何不必要的延长和复杂性、导致仲裁成本的增加以及提起仲裁是否善意。若当事方存在拖延仲裁程序、不适当提交证据以及隐瞒事实和法律等行为时,仲裁庭可通过费用转移的方式对恶意当事方进行惩罚,以保证仲裁的公正和高效。[2]

二、第三方资助费用作为投资仲裁费用的依据及偿还范围

除了上述传统的仲裁费用以外,由于近年来第三方资助投资仲裁日盛,人们就第三方资助费用是否构成仲裁费用产生了争论。申请人依靠第三方资助者的资金提起投资仲裁,胜诉后给予资助者的补偿通常高于资助者提供的法律服务价值或资助数额,一般是资助费用的 3 倍或胜诉收益的 30%。[3] 申请人胜诉后有权从败诉方处获得合理费用的偿还,即已经明确胜诉方可就其支出的仲裁费用获得偿还,但是否包括支付给第三方资助者的费用还存在争议。事实上,资助协议很少将资助收益仅限于仲裁费用,资助者通常要求获得胜诉收益份额来作为其资助风险的交换。当第三方资助者参与仲裁案件且受资助的申请人最终胜诉时,申请人获得偿还的数额仅限于资助者为其资助的仲裁费用,还是仲裁费用和支付给资助者的收益及案件评估费之和?若被申请人胜诉并遭受了抗辩费用的损失,资助者是否受制于仲裁庭作出的费用裁决?从仲裁实践来看,第三方资助者的参与不仅影响被申请人败诉时的费用责任,也会影响其胜诉时获得偿还的可能

---

〔1〕 ICC, *Decisions on Costs in International Arbitration*, offprint from ICC Dispute Resolution Bulletin, 2015, p. 12.

〔2〕 Ibid., p. 25.

〔3〕 Lisa Bench Nieuwveld & Victoria Shannon Sahini, *Third-Party Funding in International Arbitration*, 2nd ed., Kluwer Law International, 2017, p. 33.

性。[1] 仲裁庭在确定第三方资助费用是否属于仲裁费用时，需考虑该费用是否由提起仲裁引起的，是否可支付和合理的，且未给另一方当事人带来不公正和不平等的对待。若仲裁庭将该费用认定为申请人进行投资仲裁程序的必要费用时，还须根据具体情况分析第三方资助费用中的胜诉回报费用和案件评估费用，准确厘清败诉方应偿还的范围，确保争议当事方之间的利益平衡。

（一）第三方资助费用作为投资仲裁费用的依据

关于受资助者胜诉时实际由第三方资助者支付的费用是否构成仲裁费用并是否有权要求仲裁相对方补偿的问题，2017 年 3 月生效的《ICC 仲裁规则》第 38 条第（1）款规定，仲裁费用包括仲裁庭指定的专家的费用和开支，以及当事方为仲裁所产生的合理的法律费用和其他费用。[2] 从该规定来看，这些费用包括非当事方参与仲裁的相关成本，当然也包括第三方资助费用。2017 年《SIAC 投资仲裁规则》第 33 条第（2）款（c）项规定仲裁费用还包括仲裁庭任命专家的费用和仲裁庭要求的其他合理的援助费用。[3] 2018 年《HKIAC 机构仲裁规则》第 34 条第（1）款（d）项认为当事方产生的仲裁费用包括法律代理和协助产生的费用，[4] 2010 年《UNCITRAL 仲裁规则》第 40 条第（2）款（c）项规定了专家意见和仲裁庭要求的其他援助的合理费用涵盖在仲裁费用之中。[5] 因此，第三方资助费用可以作为援助或协助仲裁产生费用的一部分。除了上述常被当事方选择的国际仲裁中心仲裁规则之

[1] Jonas von Goeler, *Third-Party Funding in International Arbitration and its Impact on Procedure*, Kluwer Law International, 2016, p. 367 – 368.

[2] ICC Arbitration Rules, Art. 38. 1: The costs of the arbitration shall include the fees and expenses of the arbitrators and the ICC administrative expenses fixed by the court, in accordance with the scales in force at the time of the commencement of the arbitration, as well as the fees and expenses of any experts appointed by the arbitral tribunal and the reasonable legal and other costs incurred by the parties for the arbitration.

[3] SIAC Investment Arbitration Rules, Art. 33. 2 (c): The costs of any expert appointed by the Tribunal and of any other assistance reasonably required by the Tribunal.

[4] 2018 年《HKIAC 机构仲裁规则》第 34 条第（1）款（d）项规定："仲裁费用包括法律代理和其他协助所产生的合理费用，包括任何证人和专家的收费和开支。"

[5] UNCITRAL Arbitration Rules, Art. 40. 2. c: The reasonable costs of expert advice and of other assistance required by the arbitral tribunal.

外,2016 年《澳大利亚国际商事仲裁中心仲裁规则》第 44 条(e)款[1]以及 2021 年《瑞士国际仲裁规则》第 38 条(e)款[2]等也有类似规定。尽管不同的仲裁规则用语不同,他们对仲裁费用的规定相对宽泛,并未排除第三方资助者支付的相关费用。

实践中仲裁庭在行使自由裁量权时也对这一问题进行了阐释。通常情况下仲裁庭认为败诉的被申请人应补偿资助者资助申请人的仲裁费用,但还会考虑资助者和受资助者在资助协议中的约定,避免给败诉的被申请人造成额外负担。例如,在证券交易公司等诉俄罗斯联邦案中,仲裁庭认为资助者资助的目的是获得有利的判例,是不同于典型第三方资助的策略性资助,资助协议中约定申请人胜诉时无须偿还这部分资助费用。即使受资助者胜诉,被申请人也无须向资助者偿还费用。[3] 若仲裁庭裁定被申请人补偿申请人的这部分费用,则可能为申请人带来意外之财,这也与仲裁费用裁决补偿受损方的目的相悖。[4]

(二)第三方资助费用作为仲裁费用的偿还范围

申请人胜诉时的补偿范围除了包括资助者资助申请人进行仲裁程序的费用之外,资助协议中约定的申请人胜诉时给予资助者的回报,以及申请人为寻求资助向资助者支付的案件评估费用是否属于仲裁费用,学者间莫衷一是。就资助者的胜诉回报是否属于仲裁费用而言,一小部分学者出于恢复原状的考虑,认为被申请人的违约行为使得处于资金困境的申请人不得不寻求第三方资助且要在胜诉时支付相应比例的回报,受资助者有权请求将合同关系恢复到双方正常履行合同的情形之下。[5] 在埃萨尔诉诺斯科特

---

〔1〕《澳大利亚国际商事仲裁中心仲裁规则》第 44 条(e)款规定:"仲裁费用包括胜诉方在仲裁中直接发生的律师费和其他费用,例如内部法务人员费用(如此类费用的追索在案件进行中被提出而且仅以仲裁庭认为合理的金额为准)。"

〔2〕Swiss Rules of International Arbitration, Art. 38. e: The legal and other costs incurred in connection with the arbitration, if such costs were claimed during the arbitral proceedings, and the arbitral tribunal determines that the amount of such costs is reasonable.

〔3〕Quasar de Valores SICAV S. A. et al. *v.* The Russian Federation, SCC Case No. 24/2007, Award of 20 July 2012, para. 223.

〔4〕Jonas von Goeler, *Third-Party Funding in International Arbitration and its Impact on Procedure*, Kluwer Law International, 2016, p. 385.

〔5〕E. g. Ashley Pigott, Martino Giaquinto, Thomas H. Webster.

案中,英国高等法院确认了仲裁庭作出的要求被申请人补偿申请人支出的偿还第三方资助者的费用,驳回了埃萨尔的撤销仲裁裁决申请。[1] 本案中仲裁庭认为申请人诺斯科特寻求第三方资助是迫于被申请人埃萨尔的不正当手段,且回报金额符合正常市场利率。若认为仲裁庭无权裁决被申请人承担该部分费用,则是对申请人接近正义的阻碍。

大多数学者认为,受资助者给予资助者的回报是当事方之间意思自治的结果,而非因被申请人违约造成的直接和必然损失,所以不属于仲裁费用范围。[2] 笔者认同大多数学者的观点,认为申请人寻求第三方资助多是一种个人选择或者仲裁策略,通过让渡一部分金钱收益来获得资助者在仲裁策略或法律服务方面的指导,并根据案件风险的大小来决定资助者在胜诉时获得的回报。目前第三方资助在国际仲裁领域适用较为普遍,若将申请人为了自身利益最大化而选择资助的代价转嫁给被申请人,对未受资助的被申请人来说是不公平的,甚至可能造成申请人在每一个案件中都选择第三方资助,不仅使仲裁程序变得拖延,也使当事方的仲裁成本增加。

关于第三方资助案件评估费用由谁承担存在不同的方式:第一,由于申请人处于资金困境,资助者通常自己承担案件评估费用,再将这部分费用涵盖到胜诉时的收益中予以偿还。若资助者自愿支付案件评估费,那么受资助者无偿还义务。第二,受资助者预付部分或全部案件评估费用。通常来说,案件评估费用是受资助者的个人选择而产生的费用,其主要目的是获得资助者的资助,不应受到补偿。申请人出于资金状况困难或分担风险的考虑而寻求第三方资助已成为国际仲裁中的普遍实践,且资助协议多是保密的,被申请人甚至无从知晓第三方资助者的存在,若要求其承担该费用也有失公允。但若申请人的资金状况困难是被申请人的不当行为造成的,申请人只能通过第三方资助者的资助才能提起仲裁,如国际投资仲裁中投资者因东道国的征收行为而损失巨大,不得不借助第三方资助提起一个费用高昂的投资者 - 国家仲裁,此时受资助的申请人就可向被申请人要求补偿其因寻求第三方资助而支付的案件评估费用。此种情形之下,申请人支出的

---

[1] [2016] EWHC2361(comm).

[2] E. g. Bernard Hanotiau, Jeff Waincymer, Michael W. Buhler.

案件评估费用也须符合仲裁相对方的合理预期,即此部分费用应处于一个理性人合理预见的范围之内。

三、第三方资助下投资仲裁庭分配仲裁费用存在问题及改进之策

在国际投资仲裁领域,投资仲裁规则通常未明确仲裁庭分配费用的原则,而是赋予仲裁庭自由裁量权来决定。因此,实践中费用分配的方式因依赖于仲裁地或仲裁员的法律背景和意见而存在差异。这一现象也表明了为何费用分配有时被描述为"不一致"、"不可预见"或"没有明显理由"。[1] 投资仲裁实践表明,第三方资助者参与投资仲裁程序可能增加滥诉,损害东道国利益。投资仲裁庭有必要通过费用分配对第三方资助者和受资助者的不当行为进行规制。

(一)存在问题

由于国际投资仲裁中尚不存在费用分配的统一原则,当事方无法预测仲裁庭如何分配仲裁费用以及是否将第三方资助作为费用分配的考虑因素。仲裁费用的履行通常在仲裁庭作出裁决之后,即使当事方不履行,仲裁庭因裁决业已作出而解散,无法对当事方的不履行行为形成有效制约,也没有要求仲裁程序之外的第三方资助者承担费用责任。上述问题使得第三方资助下仲裁庭的费用分配存在不确定性,被申请人胜诉时的权益无法得到保障。

1. 透明度和可预测性不足

国际投资仲裁因其耗时较长、争议标的额大、案情复杂影响巨大等特性,使得当事方在仲裁费用的承担上面临不小的压力。尤其是第三方资助者参与仲裁程序具有私密性,仲裁相对人对此无从知晓,二者甚至会产生利益冲突而使裁决最终无法被承认执行。在资助者的资助下,申请人可能故意拖延仲裁程序或采用与其自身实力不符的仲裁策略而增加费用,以达到拖垮被申请人迫使其让步的目的。而透明度的缺乏使当事方难以预测仲裁庭作出的费用裁决的范围和结果,如败诉方是否要承担胜诉方因第三方资

[1] Luis Fernando Rodriguez, *Allocating Costs to Foster Efficiency and Fairness*, Kluwer Arbitration, Vol. 40, p. 147 (2018).

助而产生的费用，资助协议约定的胜诉收益是否都由败诉者承担等，进而导致当事方如何要价以及如何控制仲裁程序费用具有不确定性。

仲裁员的不同背景和经验使其裁决复杂案件时易受其先前经验或自身专业训练的影响，这也是 ICSID 仲裁中与费用分配有关的决定无法更好地实践和具有不确定性的重要原因。若仲裁员和第三方资助者存在某种商业联系或利益共同体中，则其可能选择最有利于资助者的费用分配原则。在仲裁规则缺乏指导的情况下，仲裁员的背景和既往经验极有可能影响他们的费用分配决定。

2. 费用支付的困难

有利的费用裁决是当事方获得仲裁费用偿还的前提，费用裁决得到有效的执行才是最终的保障。若被申请人胜诉，因仲裁庭对资助者无管辖权，无法要求其承担被申请人的费用责任。资助者在资助协议中约定不承担费用责任也为其“打了就跑”提供了盾牌。若申请人胜诉，被请求执行地的法院可能以公共政策为由不予执行。由此，胜诉方虽然获得胜诉裁决，但能在多大程度上执行仍是未知数。

根据朱迪思·吉尔（Judith Gill）和马修·霍奇森对国际仲裁领域当事一方获得有利裁决的 56 个案件的研究，仅有 52% 的胜诉申请人完全获得了仲裁费用的偿还，而 19% 的胜诉者并未获得任何支付。另外，相似比例的胜诉被申请人完全获得了费用偿还，而 37% 的胜诉被申请人未从败诉者处获得任何偿还。[1] 在获得胜诉费用裁决的当事人中，分别占 18% 的申请人和被申请人为了获得支付仍须诉诸执行程序。在这些已决争议的数据中，71% 的胜诉申请人获得自愿偿还，而只有 46% 的胜诉被申请人获得自愿偿还。更多的当事方被迫向当地法院提起执行费用裁决请求，这可能导致更多的费用和更大的诉讼风险。在一些司法辖区如美国已有相当一部分执行 ICSID 费用裁决的请求被提起，即使执行地法院判决败诉方履行 ICSID 仲裁裁决，胜诉方向执行地法院申请执行该裁决产生的费用将是无法获得偿还的。[2]

---

〔1〕 Judith Gill Qc & Matthew Hodgson, *Costs Awards-Who Pays?*, Global Arbitration Review (Sep. 15, 2015), https://globalarbitrationreview.com/costs-awards-who-pays.

〔2〕 Ibid.

胜诉方获得仲裁费用偿还的困难,导致了当事方发起或抗辩投资仲裁程序的不确定性。被申请人国家认为对其提起投资仲裁的一些申请人通常是既无意图也没做好承担不利费用裁决的壳公司。鉴于申请人缺乏资产,被申请人国家在这种情况下通常不选择进入费用裁决的执行阶段,且这一步通常也是无效果的。相当一部分骚扰性主张的提起使被申请人即使有充分的信心胜诉,也需要国家耗费大量的时间和金钱来进行抗辩。即使胜诉也可能无法就仲裁费用获得补偿。投资仲裁的这一缺陷也为东道国所诟病。[1]

(二)改进之策

相关国际公约或主要仲裁机构的仲裁规则就仲裁费用分配赋予了仲裁员处理纠纷的灵活性,但这也导致仲裁庭最终采取何种方式分配费用的不确定性。为了降低这种不确定性,有必要重新审查仲裁员的裁量权是否合理。针对投资仲裁中费用分配存在的问题,首先应明确费用分配规则以增强可预测性,其次要规范第三方资助者的参与,明确其承担不利费用的责任。

1. 明确国际投资仲裁费用分配的适用规则

国际投资仲裁中不一致的费用分配规定使得仲裁庭在实践中的做法大相径庭,也增加了仲裁当事方预先评估仲裁费用的困难。近年来,一些区域贸易协定通过采用更加合理和明确的费用分配规定来改变这一现状。欧盟和加拿大 2016 年签订的 CETA 第 8.39 条第(5)款引进了败诉者负担原则,并赋予了仲裁庭根据投资主张的胜诉情况来调整仲裁费用的自由裁量权。[2] 这种费用分配方式有助于维持当事方之间地位的对称性,减少第三方资助者资助的骚扰性主张的提起。欧盟和新加坡 2018 年达成的投资保护协定中的投资保护章第 3.21 条[3]和 TTIP 投资章第 28 条第(4)款[4]在

---

〔1〕 Matthew Hodgson & Elizabeth Evans, *Chapter* 17, *Allocation of Costs in ICSID Arbitrations*, in Crina Baltag, ICSID Convention after 50 Years: Unsettled Issues, Kluwer Law International, 2016, p. 456.

〔2〕 CETA, Art. 8.39(5).

〔3〕 EU-Singapore Investment Protection Agreement, Art. 3.21.

〔4〕 Transatlantic Trade and Investment Partnership Trade in Services, Investment and E-Commerce, Art. 28.4.

费用分配上的规定与 CETA 类似,同样是出于维护投资者和东道国之间利益平衡的考量,惩罚败诉方。CPTPP 虽未对费用分配作出规定,但其第 9.23 条第(6)款规定了仲裁庭在考虑申请人的主张或被申请人的异议是否无关紧要并给双方提供合理的陈述意见的机会的情况下,可在仲裁程序期间作出费用令。[1] 这一规定,一方面,可以抑制当事方的拖延策略;另一方面,可迫使当事方自动执行该费用令,否则当事方就可能因违反费用令而给仲裁庭留下不好印象,进而影响仲裁庭的费用分配。尽管并非所有的区域贸易协定都对费用分配进行规定,但目前的改变表明了国际社会对国际投资仲裁机制的改革。

除此之外,国际上主要仲裁机构的仲裁规则和一些国家/地区的仲裁立法也明确规定了仲裁庭分配费用的原则。2010 年《UNCITRAL 仲裁规则》采纳败诉者负担作为默示原则对所有类型的费用进行分配,同时赋予仲裁庭在其认为适当的情况下采用相对成功原则的自由裁量权。这也为选择《UNCITRAL 仲裁规则》的投资仲裁案件指明了费用分配的方向。2017 年《SIAC 投资仲裁规则》第 35 条明确规定了第三方资助下的费用分配问题,即败诉方要承担胜诉方的部分或全部法律费用和其他费用。[2] 为了解决被申请人胜诉时的仲裁费用无法获得偿还的问题,贸仲委香港仲裁中心颁布的《第三方资助仲裁指引》第 2 条第(8)款专门规定了第三方资助者的责任划分问题,即申请人败诉时资助者承担胜诉方的仲裁费用、保险费、仲裁费用保证金及其他费用。[3] 这为仲裁庭确定资助者的责任承担提供了依据,也将吸引更多的投资者选择该仲裁机构解决投资争议。此外,仲裁庭分配费用的自由裁量权还应受到仲裁协议、国内法和机构仲裁规则的约束,适用的费用分配原则应具有一致性。如我国香港特别行政区 2019 年 2 月 1 日生效的《第三方资助仲裁实务守则》第 2 条第(12)款明确规定资助者应对受资助者负有法律责任,即资助者要承担不利费用、为取得费用保险而支付的保

---

〔1〕 Comprehensive and Progressive Agreement for Trans-Pacific Partnership Text and Resources, Art. 9.23(6).

〔2〕 Singapore International Arbitration Centre Investment Arbitration Rules, Art. 35.

〔3〕 China International Economic and Trade Arbitration Commission Hong Kong Arbitration Center, Guidelines for Third Party Funding for Arbitration, Art. 2.8.

险费、提供费用担保以及承担任何其他法律责任。[1] 这一规定极大地明确了资助者参与仲裁程序的费用承担问题,有利于维持投资者和东道国之间的利益平衡。

实践中,仲裁庭在仲裁程序开始时就应向当事方明确其如何分配仲裁费用,在尽可能早的阶段和当事方进行对话并达成关于费用偿还范围、费用的内容、时间和顺序的一致意见。当事双方也可约定提起仲裁请求的一方在请求失败时是否承担另一方的仲裁费用。上述举措的最终目标是确保律师采取的仲裁策略遵循诚信原则,激励当事双方持续评估他们的仲裁策略的可接受性。这一行动已在大多数仲裁机构仲裁规则中获得支持,如《ICC仲裁规则》、《LCIA 仲裁规则》以及《UNCITRAL 仲裁规则》。[2] 因此,仲裁庭在早期阶段解决费用分配问题可以规范当事方的行为,提高仲裁效率,提升仲裁员作出的费用决定的可预见性和统一性。

2. 落实费用分配的惩罚和指导功能

费用分配是仲裁庭行使自由裁量权的重要表现,也是规范仲裁当事方行为的必要方式。仲裁庭可以通过费用分配惩罚恶意拖延或阻碍仲裁程序的一方,也可以考虑当事方的积极行为,适当减轻其承担的费用义务。由于国际投资仲裁体系的碎片化,全球统一的费用分配规定很难达成,但仲裁庭依然可以发挥费用裁决的惩罚性和指导性功能,具体如下:

第一,费用分配决定应当用来抵制不端行为。从目前的实践来看,投资仲裁庭的费用分配通常是最终裁决的一部分,仲裁员通常在最终裁决作出时才对仲裁费用进行分配。许多投资仲裁庭自动适用"各自负担自己费用"原则分配仲裁费用的做法,抑制了他们通过费用分配鼓励当事方合理行为以及仲裁庭更有效监管仲裁程序的积极性。其实,费用分配可以作为挫败当事方不端行为的手段,惩罚当事方滥用仲裁程序的行为。若委托人知晓其律师的策略失败,他将会承担自己和对方当事人直至仲裁程序结束的仲裁费用,故而其会对所采仲裁策略再三考虑;若受资助者不向对方当事人和

---

〔1〕 Code of Practice for Third Party Funding of Arbitration, Art. 2. 12.

〔2〕 E. g. , Art. 37 of the ICC Rules, Art. 28 of the LCIA Arbitration Rules, Art. 42 of the PCA Arbitration Rules, Art. 42 of the UNCITRAL Arbitration Rules, among others.

仲裁庭披露资助协议而导致利益冲突,则受资助者要承担加重责任的做法也可能使其尽早披露。仲裁庭可预先通知当事方关于费用分配的适用原则和当事方的不端行为对费用分配的影响,既要对当事方的不端行为起到威慑作用,也要保障惩罚措施的合理性。当事方及其律师应准确且系统地记录其具体动议的费用和报酬,不得恶意增加费用。除此之外,费用裁决也不必包含所有费用;根据特定情形,胜诉方出现不端行为时也可能承担一部分费用。[1]

有趣的是,要求仲裁庭通过费用分配对阻碍仲裁程序者作出惩罚的呼声更多地来自仲裁实践者。伦敦玛丽女王大学和伟凯律师事务所的案例报告表明:"费用分配是仲裁最糟糕的特征,因为其对阻碍仲裁程序的一方缺乏有效惩罚。"[2]仲裁庭应行使自由裁量权作出费用裁决,并对当事方的不端行为进行惩罚。这也是降低仲裁费用和避免仲裁程序迟延的一个可行方式。据统计,2013 年之前,胜诉的申请人获得费用偿还的可能性高于胜诉的被申请人。53% 的胜诉申请人获得了调整费用的裁决,高于 38% 的胜诉被申请人。从 2013 年开始,约有 65% 的申请人获得了调整费用的裁决,63% 的胜诉被申请人在同时期获得了调整费用裁决。[3] 这在一定程度上表明了仲裁庭日渐倾向于惩罚提起骚扰性主张的申请人。例如,在全球绿色能源公司诉巴拿马案中,仲裁庭认为申请人滥用仲裁程序,批评了申请人的"傲慢态度",并认为申请人诉状的"时断时续"可能增加了被申请人的成本。因此,仲裁庭裁定,申请人应承担被申请人的法律费用(与被申请人被驳回的申请有关的费用除外)。[4]

第二,费用裁决应当理由充分且为当事方的费用问题提供有意义的指

---

〔1〕 Luis Fernando Rodriguez, *Allocating Costs to Foster Efficiency and Fairness*, Kluwer Arbitration, Vol. 40, p. 152 (2018).

〔2〕 Queen Mary and white & Case, 2015 *International Arbitration Survey*: *Improvements and Innovations in International Arbitration*, p. 7 (2015).

〔3〕 Matthew Hodgson & Alastair Campbell, *Damages and Costs in Investment Arbitration Revisited*, Global Arbitration Review (Dec. 14, 2017), http://www.allenovery.com/SiteCollectionDocuments/14-12-17_Damages_and_costs_in_investment_treaty_arbitration_revisited_.pdf.

〔4〕 Transglobal Green Energy, LLC and Transglobal Green Panama, S. A. *v.* Republic of Panama, ICSID Case No. ARB/13/28, Award of the Tribunal, June 2, 2016, paras. 126-127.

导。目前,国际社会通常认为仲裁庭作出的费用裁决过于随意且缺乏可预测性,更忽视说服力。[1] 在大多数仲裁规则之下,仲裁庭要求当事方在听证阶段提交费用意见,并对对方所提仲裁费用的合理性进行质疑。仲裁庭首先应决定哪些是仲裁费用并决定费用总额,其次应评估哪些费用是合理的,最后应根据当事双方的费用意见,决定如何分配并给出理由。仲裁庭作出的有理据的费用裁决是对仲裁程序公正性和正当性的重要监督和平衡,可以避免争议当事方在执行阶段对费用分配再产生争议。[2] 随着第三方资助者参与国际投资仲裁的日益普遍,投资仲裁庭在第三方资助者参与仲裁程序的费用分配问题上的实践应具有指导意义,尤其是明晰第三方资助费用作为仲裁费用的偿还范围,增强仲裁费用分配的可预见性和指导性。

3. 提高费用支付的执行率

获得胜诉裁决仅是胜诉方的第一步,败诉方的履行仍是胜诉方实现诉权的保证。为了规范仲裁当事方的行为、保障被申请人胜诉时获得补偿的可能,要求相关方提供费用担保或临时费用支付颇为必要。

(1) 费用担保

费用担保令要求一方向仲裁机构缴纳一定费用或提供债券或担保作为对方费用的担保,在投资仲裁中费用担保令一般对提起仲裁请求的申请人作出,在东道国提起反诉时也可对东道国作出。费用担保可以保障被申请人在胜诉时获得补偿,加重了申请人的费用责任,一定程度上可以抑制骚扰性主张的提起。例如,在 RSM 制造公司诉圣卢西亚案中,仲裁庭中的多数仲裁员根据《ICSID 公约》第 47 条和 2022 年《ICSID 仲裁规则》第 53 条要求申请人在 30 日内提交费用担保。格里菲斯(Griffith)仲裁员认为该案中第三方资助者作为合营公司来分享胜诉收益,而败诉后却不承担责任,这就犹如"赌徒的天堂",对获得胜诉的被申请人极为不利。而仲裁员多数意见认

---

〔1〕 Luis Fernando Rodriguez, *Allocating Costs to Foster Efficiency and Fairness*, Kluwer Arbitration, Vol. 40, p. 154 (2018).

〔2〕 Ibid., p. 156 – 157 (2018).

为申请人先前不支付的历史是其作出费用担保令的主要考量因素。[1] 在利巴南科控股有限公司诉土耳其案中，仲裁庭明确表示只有在最极端的情况下，即任何一方的基本利益都面临无法弥补的损害的危险时，应作出费用担保令。[2] 虽然投资仲裁庭极少作出费用担保令，但近年来第三方资助者的参与日盛，仲裁庭降低费用担保必要性标准和要求申请人提供担保的趋势，一定程度上表明了仲裁庭对第三方资助的规制。[3]

（2）临时费用支付

ICSID 可以参考 CPTPP 的做法，在仲裁程序期间作出临时费用令，这可能是规范当事方行为的最迅速有效的方式。ICSID 仲裁庭通常在最终裁决发布时才解决费用问题，此时可能距仲裁庭首次发出仲裁通知已有几年。然而，仲裁庭的终局裁决作出意味着其任期届满，也就无法对败诉方的拖延支付或不支付施加压力。相反，若费用令在仲裁进行期间作出，仲裁庭也可考虑下一步将采取的行动，如中止程序直至费用支付获得履行。近年来，ICSID 仲裁庭也通过作出临时费用令来惩罚被申请人的拖延仲裁策略。例如，在法维安卡公司诉委内瑞拉案中，仲裁庭认为，被申请人再次提出的仲裁员回避申请“完全没有法律理由”，并决定“被申请人应当对和这一请求有关的费用和仲裁庭将在裁决中作出的费用令负责”。[4] 临时费用令的及时作出也有助于仲裁庭对当事方的相对实力有一个更好的了解，进而成为鼓励当事方合作尽早解决纠纷的有效工具。当然，任何临时费用决定不应影响仲裁庭最终费用裁决的作出，且不与《ICSID 公约》第 61 条对仲裁费用的

---

〔1〕 RSM Production Corporation *v.* St Lucia, ICSID Case No. ARB/12/10, Decision on Saint Lucia's Request for Security for Costs dated 13 August 2014, paras. 48 – 55.

〔2〕 Libananco Holdings Co. Limited *v.* Republic of Turkey, ICSID Case No. ARB/06/8, Decision on Preliminary Issues of 23 June 2008, para. 59.

〔3〕 Alexander G. Leventhal, *Towards an Exceptio Fundati? Assessing a (Potentially) Emerging Exception for Third Party Funding in Investment Treaty Decisions on Security for Costs in the Wake of Armas v. Venezuela*, Kluwer Arbitration Blog (Sep. 18, 2018), http://arbitrationblog.kluwerarbitration.com/2018/09/18/assessing-a-potentially-emerging-exception-for-third-party-funding-in-investment-treaty-decisions-on-security-for-costs-in-the-wake-of-armas-v-venezuela/.

〔4〕 Fábrica de Vidrios Los Andes, C. A. and Owens-Illinois de Venezuela, C. A. *v.* Bolivarian Republic of Venezuela, ICSID Case No. ARB/12/21, Reasoned Decision on the Proposal for Disqualification of Arbitrator L. Yves Fortier, Q. C. of 28 March 2016, para. 58.

规定相冲突。[1]

4. 根据资助者对案件的控制程度决定其当事人身份

在投资仲裁中,仲裁庭的属人管辖原则将其管辖对象仅限于东道国和具有另一缔约国国籍的适格投资者,以及具有东道国国籍而被外国投资者控制的法人,而将资助者加入费用裁决之中不太现实。资助者即使和投资者具有同一国籍,其在案件结果中的利益也和“投资”有差别,不能因为其向投资者提供资助就认为资助者默示同意投资仲裁庭的管辖。因此,资助者主体的不适格是其作为投资仲裁程序当事方的阻却事由。鉴于投资仲裁庭对第三方资助者缺乏管辖权,若处于经济困境的申请人败诉而资助者不承担不利费用,那么被申请人即使胜诉也无法获得费用补偿,对被申请人来说其胜诉权益无法获得保障。

为了解决被申请人胜诉时的受偿问题,投资仲裁庭可参考英国上诉法院在阿尔金诉博查德案中仲裁庭有权决定何方以及在何种程度上承担费用的做法。本案中,非当事方不仅资助还实际控制诉讼程序或尽可能从中获益,如果受资助方败诉,那么资助者对案件享有控制权时则要对胜诉方的费用承担无限责任;资助者对案件无控制时以其资助额为限承担责任。[2] 佛罗里达三区上诉法院在阿布-格扎拉诉查尔案中也采取了相似的做法,即资助者实际控制了诉讼,因此要作为共同当事人承担责任。[3] 上述案件表明资助者若意图从案件结果中获得更多的收益,将会对案件进行更多的控制,他们也应承担更多的不利费用责任。[4] 《荷兰仲裁机构仲裁规则》第37条第(1)款赋予了非受资助者可以要求第三方资助者作为共同当事方承担赔偿责任的权利,从而对非受资助者胜诉时的利益予以保障。[5]

---

[1] ICSID Convention, Art. 61.

[2] Arkin *v.* Borchard Lines Ltd. & Ors, English Court of Appeal, Judgment of 16 May 2005, [2005] EWCA Civ. 655.

[3] Abu-Ghazaleh *v.* Chaul, Florida Third District Court of Appeal, Decision of 2 December 2009, Nos. 3D07-3128, 3D07-3130, 36 So. 3d 691.

[4] Jonas von Goeler, *Third-Party Funding in International Arbitration and its Impact on Procedure*, Kluwer Law International, 2016, p. 417-418.

[5] Netherlands Arbitration Institute Arbitration Rules, Art. 37. 1.

资助者作为共同当事人主要基于默示同意仲裁、“禁反言”和“刺破公司面纱”、管辖权等理论,但不管根据哪种理论考虑,都要以资助者实质参与仲裁程序为前提。而资助协议中明确规定的资助者不承担不利费用的规定意味着不可能存在默示同意。就“禁反言”和“刺破公司面纱”理论而言,仲裁庭在第三方资助者参与投资仲裁的情况下,都要求资助者和受资助者遵循“禁反言”原则,当提起仲裁请求的申请人是个壳公司时,仲裁庭通常会要求申请人披露实际受益人。

在以后的仲裁实践中,仲裁庭可能会扩大管辖权,适用非签字方原则(non-signatory doctrine)对资助者行使管辖权。在此种情形下,作为资助者的个人或实体即使没有签署仲裁协议,也可以作为一方当事人加入。如果资助者与仲裁协议当事方的关系或行为,或在仲裁程序中资助者表现出如同案件当事人的行为,如对律师施加较大的控制、参加听证或与仲裁庭直接沟通,那么仲裁庭就可能将资助者作为非签字方当事人,进而对其行使管辖权。在一些第三方资助友好型司法辖区,败诉方负担原则的适用可能使仲裁庭对第三方资助者作出不利费用裁决或要求资助者提供费用担保。[1] 从最终实效来看,无论商事仲裁还是投资仲裁,将第三方资助者作为费用裁决的共同当事人将是一个史无前例和非凡的举措。

第二节 第三方资助国际投资仲裁的仲裁费用担保

费用担保最初源于国内法中的诉讼费用担保(*caution judicatum solvi*)概念,在国际仲裁领域为仲裁程序的被申请人有权在满足相应条件时,请求仲裁庭命令提出仲裁请求的申请人交纳相应数量的保证金,用来保障被申请人在胜诉时不会因申请人败诉无力补偿其仲裁费用而遭受损失。[2] 投资仲裁庭在分配仲裁费用时往往采用不同的费用分配原则,如 2006 年以前仲裁庭多采用各自负担自己仲裁费用的分配方式,极少出现仲裁程序的被申

---

〔1〕 Lisa Bench Nieuwveld & Victoria Shannon Sahini, *Third-Party Funding in International Arbitration*, 2nd ed., Kluwer Law International, 2017, p. 270.

〔2〕 Otto Sandrock, *The Cautio Judicatum Solvi in Arbitration Proceedings*, Journal of International Arbitration, Vol. 14, p. 17 (1997).

请人要求申请人提供费用担保的情形;2006 年以后仲裁庭倾向于采用败诉者负担原则以及相对成功原则对争议双方的仲裁费用进行调整,[1] 被申请人的费用担保请求也相继出现。第三方资助可以为处于资金困境或意图分担风险的申请人提供资金支持,以满足被申请人的费用担保请求。由于资助者的营利本性,资助者为了获得高额回报通常会要求申请人夸大索赔,提出远超实际价值的赔偿,被申请人不得不投入大量的人力、财力来抗辩。实践中,第三方资助者资助案件,而后因胜诉可能性较小而不资助的事例时有出现,导致被申请人胜诉时无法就仲裁费用获得补偿,进而遭受巨大损失。[2] 为了避免申请人利用第三方资助提起骚扰性主张或资助者为了获得最大利益而诱导投资者漫天要价,仲裁庭在被申请人有证据证明申请人利用第三方资助滥诉时,可要求申请人提供费用担保,减轻被申请人对其胜诉时仲裁费用不能得到补偿的担忧。

一、国际投资仲裁庭作出费用担保令的权力和标准

《ICSID 公约》和 ICSID、UNCITRAL 等机构的仲裁规则对仲裁庭作出临时措施进行了授权。当投资仲裁案件进行过程中出现了一方经济状况严重恶化或其他导致另一方胜诉时无法获得费用补偿的情形时,仲裁庭可作出费用担保令来保障胜诉方的利益。但因费用担保对处于经济困境的当事方来说影响较大,仲裁庭在行使这一权力时须满足相应的标准。

(一)国际投资仲裁庭作出费用担保令的权力

在国际投资仲裁中,ICSID 仲裁是投资争议当事方通常采用的争议解决方式,但因《ICSID 公约》和《ICSID 仲裁规则》在临时措施中没有明确规定费用担保令,ICSID 仲裁庭作出费用担保令的权力经历了一个发展过程。除了 ICSID 机制之外,投资争议当事方还可能选择常设投资仲裁庭或其他国际仲裁机构,适用《UNCITRAL 仲裁规则》或其他仲裁机构指定之仲裁规则。

---

[1] Siemens A. G. *v.* the Argentine Republic, ICSID Case No. ARB/02/8, Separate Opinion from Professor Domingo Bello Janeiro of 30 January 2007, para. 6.

[2] 例如, S&T Oil Equipment & Machinery Ltd. *v.* Romania, ICSID Case No. ARB/07/13; Ambiente Ufficio S. P. A. & ors. *v.* Argentine Republic, ICSID Case No. ARB/08/9。

鉴于诸类仲裁规则的临时措施涵盖费用担保令,仲裁庭在适用时不存在争议。

1. 国际投资仲裁庭作出费用担保令的权力来源

费用担保令是仲裁庭维持争议双方之间利益平衡的重要工具,被申请人认为其权益受到损害时,通常会向仲裁庭提起费用担保请求。在 ICSID 仲裁中,ICSID 仲裁庭通常根据《ICSID 公约》和《ICSID 仲裁规则》的相关规定来决定是否行使这一权力。《ICSID 公约》第 47 条规定:"除非当事各方另有协议,如果仲裁庭认为有必要,可建议为维护任何一方的利益而应采取的任何具体措施。"〔1〕2022 年《ICSID 仲裁规则》第 47 条第(1)款规定:"在仲裁程序进行的任何时候,当事一方可请求仲裁庭作出临时措施以保护其权利。请求书应当载明当事方要求采取的措施及满足这些措施的情形。"〔2〕《ICSID 公约》和《ICSID 仲裁规则》都指出了仲裁庭有作出临时措施的权力,但费用担保令是否属于临时措施的范围尚不明确。大多数仲裁庭认为其可根据《ICSID 公约》第 47 条和 2022 年《ICSID 仲裁规则》第 47 条第(1)款作出费用担保令,因为上述规定虽未明确规定费用担保令,但也未排除仲裁庭行使裁量权来作出这一临时措施。〔3〕 上述规定用语较为宽泛,包含了仲裁庭可作出的"任何临时措施"(any provisional measures)。仲裁庭在仔细衡量当事方的利益后,可在特定情形下作出保护利益受损害一方权利的费用担保令。〔4〕 在 RSM 制造公司诉圣卢西亚案中,投资仲裁庭认为《ICSID 公约》第 47 条临时措施的一般条款应包含费用担保令。〔5〕 该公约起草于 1965 年,当时费用担保问题还不常见,因此没有规定费用担保问题,但是仲裁庭要求申请人支付费用担保是仲裁庭维持仲裁程序完整性的固有权力,仲裁庭在适当情形下行使这一权力既未违背公约的目的和宗旨,也未

〔1〕 ICSID Convention, Art. 47.

〔2〕 ICSID Arbitration Rules, Art. 39. 1.

〔3〕 例如,Libananco *v.* Turkey, Maffezini *v.* Spain, Commerce Group *v.* El Salvador, Victor *v.* Chile, RSM *v.* Grenada 等案的仲裁庭认为,当例外情形满足时,其可作出费用担保令。

〔4〕 RSM Production Corporation *v.* Saint Lucia, ICSID Case No. ARB/12/10, Decision on Saint Lucia's Request for Security for Costs with Assenting and Dissenting Reasons of 13 August 2014, para. 54.

〔5〕 例如,在 RSM Production Corporation *v.* Saint Lucia 中,仲裁庭认为,《ICSID 公约》第 47 条的临时措施包含费用担保令。

阻碍投资者和国家间的争议解决。[1] 而《UNCITRAL 仲裁规则》第 26 条[2]和《LCIA 仲裁规则》第 25 条第(2)款[3]等明确规定了仲裁庭有权作出费用担保令这一临时措施,仲裁庭在作出费用担保令时不存在争议,但须行使自由裁量权来个案判断这一措施是否必要和适当。

为了进一步明确仲裁庭作出费用担保令的权力,一些双边投资协定和仲裁机构仲裁规则也在其条文中对仲裁庭的此项权力进行了规定。例如,伊朗 - 斯洛伐克 BIT 第 21 条第(6)款中明确规定了仲裁庭命令申请人提供费用担保的情形,即仲裁庭有合理的理由怀疑申请人没有能力承担费用裁决或由于其他原因认为确有必要。[4] 2022 年《ICSID 仲裁规则》第 53 条明确规定仲裁庭作出费用担保令之权力和条件,如当事方提出费用担保要求应满足特定情形、提交书面或口头意见书的时间限制等条件。仲裁庭在决定是否作出费用担保令时应考虑当事方承担不利费用的能力、履行不利费用的意愿、提供费用担保对当事方提起请求或反请求的能力的影响以及当事方的行为,并要求当事方在费用担保令作出后及时披露任何事实上的变化,仲裁庭可根据情形变化自动或应一方当事人的请求修改或撤销其费用担保令。[5] 2018 年《HKIAC 机构仲裁规则》第 24 条也明确指出仲裁庭可以作出费用担保令。[6] 上述规定为仲裁庭行使费用担保令这一权力提供了明确的依据,一方面可以规范申请人的行为,另一方面也保障了被申请人胜诉后获得费用补偿的机会。

---

〔1〕 RSM Production Corporation *v.* Saint Lucia, ICSID Case No. ARB/12/10, Decision on Saint Lucia's Request for Security for Costs with Assenting and Dissenting Reasons of 13 August 2014, paras. 55 – 56.

〔2〕 不管是 1976 年的《ICSID 仲裁规则》还是此后修订的《UNCITRAL 仲裁规则》,都在第 26 条明确规定了仲裁庭有作出费用担保令的权力。See http://www.uncitral.org/uncitral/en/uncitral_texts/arbitration/2010Arbitration_rules.html.

〔3〕 LCIA Arbitration Rules, Art. 25.2.

〔4〕 UNCTAD, *Agreement between the Slovak Republic and the Islamic Republic of Iran for the Protection and Reciprocal Protection of Investments*, http://investmentpolicyhub.unctad.org/Download/TreatyFile/3601.

〔5〕 2022 ICSID Arbitration Rules, Art. 53.

〔6〕 2018 HKIAC Administered Arbitration Rules, Art. 24.

2. 国际投资仲裁庭对费用担保令这一权力的行使

投资仲裁庭对费用担保令这一权力的行使经历了一个发展变化过程。投资仲裁庭最初认为作出费用担保令会阻碍申请人提出有价值的主张，对原本就处于经济困境的申请人来说扼杀了其获得正义的机会，通常不轻易行使这项权力。例如，在国际投资仲裁实践中第一个提出费用担保请求的马菲齐尼诉西班牙王国案中，仲裁庭认为，临时措施建议仅是为了保护被申请人的胜诉期待，如果仲裁庭这样做就相当于对申请人的案件进行了预先裁决，遂拒绝了被申请人的请求。[1]

仲裁庭在此后的案件中，对其可否作出费用担保令的态度发生了变化，认为虽然《ICSID 公约》第 47 条缺乏对费用担保的明确规定，且费用担保要求有使申请人经济状况恶化的风险等，但当有证据证明申请人存在破产或资不抵债等情形时，仲裁庭并未排除其作出费用担保令的可能性。例如，在佩伦科厄瓜多尔有限公司诉厄瓜多尔案中，仲裁庭赞同被申请人的费用担保请求，命令申请人提供费用担保金或对申请人采取司法行动。[2] 在维克多・佩・卡萨多和阿连德基金会主席诉智利案、[3] 利巴南科控股有限公司诉土耳其案、[4] RSM 制造公司诉格林纳达案等中，[5] 仲裁庭都明确其有作出费用担保令的权力，并根据案件的不同情形，重点考虑被申请人意图保护的权利，决定是否行使费用担保令这一权力。

(二) 国际投资仲裁庭作出费用担保令的标准

截至 2021 年 6 月，国际投资仲裁中可查询的涉及费用担保问题的案件

---

[1] Emillo Agustin Maffezini *v.* Kingdom of Spain, ICSID Case No. ARB/97/7, Decision on Request for Provisional Measures on October 28, 1999, paras. 18, 20 – 21.

[2] Perenco Ecuador Limited *v.* Republic of Ecuador and Empresa Estatal Petroleos del Ecuador, ICSID Case No. ARB/08/16, Decision on Provisional Measures, May 8, 2009, para. 63.

[3] Victor Pey Casado and President Allende Foundation *v.* Republic of Chile, ICSID Case No. ARB/98/2, Decision on provisional measures of 25 September 2001.

[4] Libananco Holdings Co. Limited *v.* Republic of Turkey, ICSID Case No. ARB/06/8, Decision on preliminary issues of 23 June 2008.

[5] RSM Production Corporation *v.* Grenada, ICSID Case No. ARB/05/14, Decision on security for costs of 14 October 2010.

大致有21个。[1] 通过归纳分析这些案件可以发现,国际投资仲裁庭是否作出费用担保令通常从以下标准来判断:(1)仲裁庭存在管辖权;(2)被申请人要求保护的权利是合理的;(3)与投资争议存在联系;(4)存在紧迫情形;(5)费用担保措施是必要的。仲裁庭在实践中对前3项标准已经明晰,如根据《ICSID公约》的规定,仲裁庭行使管辖权的条件包括当事方将争议提交国际仲裁的同意、投资者在东道国领土内有投资、申请人是拥有另一缔约国国籍的适格投资者、存在有效且可适用的双边投资协定等。[2]

至于被申请人要求保护的权利的合理性以及与投资争议存在联系等标准是仲裁庭根据案件事实即可判断的,通常来说提出费用担保请求的一方有很大的胜诉可能性,且仲裁庭对该胜诉可能性的裁定不影响其作出后续裁定的裁量权。紧迫性要求也在仲裁庭的实践中予以确认,即时间流逝只会使利益受损一方的权利遭受无法弥补的损害威胁。在百沃特高夫(坦桑尼亚)有限公司诉坦桑尼亚案中,仲裁庭认为紧急程度取决于各种情况,如果一方能够证明损害可能在裁决作出之前就产生,则可满足所要求的紧急程度,仲裁庭有必要在裁决作出前的某一时刻作出费用担保令。[3] 在基硼砂和非金属矿物公司诉玻利维亚案中,申请费用担保令的一方认为临时措施有助于防止争议双方矛盾的激化,保护仲裁庭的管辖权和仲裁程序的完整性。[4] 仲裁庭同意了上述意见,认为如果采取费用担保令是为了保护仲裁程序的完整性,尤其是有利于获取证据和保护证据的完整性,那么这些情

---

[1] 截至2021年6月30日,国际投资仲裁中涉及费用担保的案件主要包括 Maffezini *v.* Spain, Pey Casado *v.* Chile, Libananco *v.* Turkey, RSM Production et al. *v.* Granada, Burimi S. R. L. *v.* Albania, RSM Production Corporation *v.* Saint Lucia, Quiborax S. A. *v.* Bolivia, Ceskoslovenska obchodni banka, A. S. *v.* Slovak Republic, Commerce Group *v.* El Salvador, Europe Cement *v.* Turkey, Sempra *v.* Argentina, Mitchell *v.* Congo, Manuel García Armas et al. *v.* Venezuela and Luis García Armas *v.* Venezuela, Gustav Hamester *v.* Republic of Ghana, Eurogas *v.* Slovakia, Sehil *v.* Turkmenistan, South American Silver Limited *v.* Bolivia, Guaracachi *v.* Bolivia, Eskosol *v.* ItalianRepublic, AS PNB Banka *v.* Republic of Latvia 等。

[2] Tokios Tokeles *v.* Ukraine, ICSID Case No. ARB/02/18, Jan de Nul *v.* Egypt, ICSID Case No. ARB/04/13.

[3] Biwater Gauff (Tanzania) Ltd. *v.* United Republic of Tanzania, ICSID Case No. ARB/05/22, Procedure Order No. 1 of 31 March 2006, para. 76.

[4] Quiborax S. A. and Non-Metallic Minerals S. A. *v.* Plurinational State of Bolivia, ICSID Case No. ARB/06/2, Decision on provisional measures of 26 February 2010, paras. 66 – 69.

形是紧急的。[1]

必要性标准的证明相对其他标准来说较为复杂，被申请人提起费用担保请求须满足一定的必要性条件。[2] 相关国际投资仲裁规则尚未规定仲裁庭行使费用担保令之权力的情形，《UNCITRAL 国际商事仲裁示范法》第17A 条规定："如果不下令采取临时措施，就有可能造成损害赔偿裁决不能充分弥补的损害，且这种损害远远超过因采取临时措施而对被采取措施的当事方可能造成的损失。"[3] 投资仲裁庭在评估必要性标准时借鉴了上述规定，通常衡量双方的利益，仅在被申请人要避免的损害"明显超过"申请人对其造成的损害时才作出费用担保令。[4]

必要性的考量主要通过仲裁庭行使自由裁量权来确定，但不同的仲裁庭对投资仲裁实践中较为普遍的第三方资助，是否构成仲裁庭作出费用担保令的必要条件问题上，尚未达成一致做法。被申请人通常认为第三方资助者是仲裁协议的非签署方，那么根据合同相对性原则，仲裁庭对资助者无管辖权，也无法要求资助者承担费用担保义务。若被申请人胜诉，受资助的申请人因其自身经济状况无力承担被申请人的费用责任，而资助者为了其自身利益最大化通常会在资助协议中约定不承担不利费用，被申请人可能承担着无法获得仲裁费用偿还的风险。鉴于此，投资仲裁庭若不命令申请人提供费用担保，对有较大胜诉可能的被申请人来说是不公平的。

在第三方资助者参与下投资仲裁庭第一次作出费用担保令的 RSM 制造公司诉圣卢西亚案中，仲裁庭主张其本身有作出费用担保令的权力，且其

[1] Quiborax S. A. and Non-Metallic Minerals S. A. *v.* Plurinational State of Bolivia, ICSID Case No. ARB/06/2, Decision on provisional measures of 26 February 2010, para. 153.

[2] Ceskoslovenska obchodini banka, a. s. *v.* Slovak Republic, ICSID Case No. ARB/97/4, Procedural Order No. 3 of 5 November 1998, p. 2.

[3] UNCITRAL, *UNCITRAL Model Law on International Commercial Arbitration*, 1985, With Amendments as adopted in 2006, https://www. uncitral. org/pdf/english/texts/arbitration/ml-arb/07 - 86998_Ebook. pdf.

[4] Burimi SRL and Eagle Games SH. A. *v.* Republic of Albania, ICSID Case No. ARB/11/18, Procedural Order No. 2 of 3 May 2012, para. 35.

作出费用担保令是为了保护仲裁程序的完整性。[1] 虽然该案撤销委员会在2019年4月29日作出的撤销决定中认可了仲裁庭作出的费用担保令,[2]但由于该案件具有特殊性,如申请人对先前裁决不支付的历史、未能支付预先费用以及申请人是依靠第三方资助提起仲裁的事实等,[3]难以表明仲裁庭作出费用担保令是因为第三方资助者的存在。因此,第三方资助是否满足仲裁庭作出费用担保令的必要性标准还不明确。为了兼顾争议双方的利益,规范第三方资助者的参与,仲裁庭应慎重考虑第三方资助是否满足其作出费用担保令的必要性标准。

二、第三方资助者参与下仲裁庭作出费用担保令的必要性标准

第三方资助者资助国际投资仲裁案件已成为普遍实践。据统计,仅2013年提起ICSID仲裁请求的案件中,至少2/3的申请人获得了资助。[4]其中不乏利用第三方资助提起骚扰性主张的申请人。被申请人为了保障其胜诉后获得费用补偿的权利,通常会请求仲裁庭作出费用担保令,在第三方资助者参与仲裁程序时要求申请人提供费用担保。鉴于国际投资仲裁主体的不对等性,仲裁庭在作出费用担保令时通常采用较高的标准,只有在确有必要时才会作出这一临时措施,尽量维持争议双方之间的利益平衡。由于在2016年在PCA登记的曼努埃尔·阿马斯诉委内瑞拉案[5]以及在ICSID登记的路易斯·阿马斯诉委内瑞拉案[6]两个平行程序案(以下简称阿马斯案)中,常设投资仲裁庭作出费用担保令时采用了不同于以往的必要性标准,本部分主要探讨阿马斯案之前仲裁庭在第三方资助参

[1] RSM Production Corporation *v.* Saint Lucia, ICSID Case No. ARB/12/10, Decision on Saint Lucia's Request for Security for Costs of 13 August 2014, para. 76.

[2] RSM Production Corporation *v.* Saint Lucia, ICSID Case No. ARB/12/10, Decision on Annulment on 29 April 2019, paras. 179, 192, 212.

[3] RSM Production Corporation *v.* Saint Lucia, ICSID Case No. ARB/12/10, Decision on Saint Lucia's Request for Security for Costs of 13 August 2014, para. 86.

[4] Jonas von Goeler, *Third-Party Funding in International Arbitration and its Impact on Procedure*, Kluwer Law International, 2016, p. 80.

[5] Manuel García Armas and others *v.* Venezuela, PCA Case No. 2016 – 08.

[6] Luis García Armas *v.* Bolivarian Republic of Venezuela, ICSID AF Case No. ARB (AF)/16/1.

与下作出费用担保令的考量因素，考察仲裁庭对费用担保令必要性要件的认定。

(一)申请人经济状况的恶化

在国际投资仲裁中，仲裁程序进行之时申请人并未遭受任何经济恶化，被申请人通常也不会提起费用担保请求。只有当申请人在这一期间经济出现困难，且可能无法承担被申请人胜诉时的仲裁费用时，被申请人才能提出费用担保请求来保护其胜诉权益。被申请人若要求仲裁庭作出费用担保令，则须证明目前的情形与当事方最初进行仲裁程序时存在根本上的改变，仲裁庭若不作出费用担保令则对被申请人不公平。对于“根本变化情形”的理解可从以下两方面进行：首先，申请人的资金状况困难将会减损他承担不利费用的能力，如申请人的公司持续性的商业静止和收支平衡表上显示的明显负债及没有流动资产等；其次，申请人的资产不足以承担不利费用裁决。主要包括以下情形：(1)申请人是一个拥有有限资产的控股公司或壳公司；(2)申请人在寻求资助之前就难以预付仲裁机构的费用；(3)申请人不能支付仲裁费用，并通过寻求第三方资助来延长仲裁程序。

上述表明申请人经济状况恶化的情形在实践中多得以确认，但仲裁当事方对第三方资助仲裁程序是否表明申请人经济困难还存在争议。目前，第三方资助的资金已被当事方广泛地使用来分配风险和保持资金流动，申请人获得第三方资助通常不被认为是其资金事实上的恶化，[1]也不意味着他滥用第三方资助来提起仲裁，资助协议本身不是仲裁庭作出费用担保令的必要条件。因为在国际投资仲裁中，投资者可能因国家的不法行为而受损，其为获得救济而不得不利用第三方资助提起投资者-国家仲裁。尤其是在涉及大规模群体性诉求的投资仲裁案件中，[2]处于弱势地位的申请人利用第三方资助提起投资仲裁，以寻求接近正义的机会。这些案件的仲裁

---

〔1〕 International Council for Commercial Arbitration, Report of the ICCA-Queen Mary Task Force on Third-Party Funding in International Arbitration, 2018, p. 171.

〔2〕 Abaclat and Others *v.* Argentine Republic, ICSID Case No. ARB/07/5; Ambiente Ufficio S. P. A. and Others *v.* Argentine Republic, ICSID Case No. ARB/08/9; Giovanni Alemanni and Others *v.* Argentine Republic, ICSID Case No. ARB/07/8.

庭认为第三方资助者的介入并未影响仲裁庭的管辖权,且无证据表明申请人利用第三方资助是对仲裁程序的滥用。

同样地,在瓜拉卡奇美国公司诉玻利维亚案中,仲裁庭认为,尽管申请人接受了第三方资助,但这无法表明其无力承担被申请人胜诉时的不利费用。被申请人提供的证据没有达到高度盖然性标准,仲裁庭遂驳回了被申请人的费用担保请求。〔1〕在欧洲天然气公司诉斯洛伐克案〔2〕和南美银业有限公司诉玻利维亚案中,〔3〕仲裁庭进一步指出,申请人的资金困境和已成为普遍实践的第三方资助并不必然构成被申请人要求仲裁庭作出费用担保令的例外情形。〔4〕由此,被申请人单纯地将存在第三方资助作为要求仲裁庭作出费用担保令的理由无法形成仲裁员的内心确信,仲裁庭还须考虑仲裁当事方的行为是否规范。

(二)仲裁当事方存在阻碍仲裁程序的不诚信行为

为了使申请人能够获得公正救济的机会,投资仲裁庭倾向于采纳一个较严格的标准,即除了申请人的经济困难之外,还要考虑其主观上的恶意。当申请人占有证据拒不提供,被申请人因无法获得相应文件而难以举证时,〔5〕为了保障被申请人的利益,仲裁庭有必要对申请人恶意阻碍仲裁程序的行为进行规制。同时,被申请人也应规范其仲裁行为,避免因其先前行为而影响此后的权利救济。

1. 申请人拒绝提供资产证明文件

当面临申请人无力偿付的风险时,被申请人为了保证其胜诉时的利益,通常会寻求相关资金文件来证明是否有必要向仲裁庭要求申请人提供担

---

〔1〕 Guaracachi America, Inc. and Rurelec Plc. *v.* The Plurinational State of Bolivia, UNCITRAL, PCA Case No. 2011 - 17, Procedure Order No. 14 (11 March 2014), paras. 6 - 7.

〔2〕 Eurogas Inc. and Belmont Resources Inc. *v.* Slovak Republic, ICSID Case No. ARB/14/14, Procedural Order No. 3 (23 June 2015).

〔3〕 South American Silver Limited *v.* The Plurinational State of Bolivia, PCA Case No. 2013 - 15, Procedural Order No. 10 (11 January 2016), para. 27.

〔4〕 这两个仲裁庭都认为第三方资助并不是仲裁庭作出费用担保的例外情形,且在这两个案件中被申请人未能证明受资助的申请人在目前的或其他的仲裁程序中存在不履行不利费用裁决的表现。

〔5〕 Bernhard Berger, *Arbitration Practice: Security for Costs: Trends and Developments in Swiss Arbitral Case Law*, Kluwer Arbitration, Vol. 28, p. 12 - 13 (2010).

保。申请人可能会认为被申请人提出披露第三方资助者和资助协议的要求是非法审查,也是对仲裁程序的阻碍,进而拒绝提供。但若申请人面临破产并遭受破产管理或第三方投资者的收购程序,一方面以保密为由拒绝向被申请人披露相关文件,而另一方面却向潜在的投资者披露私密和特免权信息,这在仲裁庭看来是不适当的。仲裁庭会优先考虑申请人先前在其他仲裁程序或法院诉讼中的相关行为,包括申请人现在和过去的财务记录,如申请人在过去寻求银行资助方面屡次失败的事实,及其目前在支付债权人的账目时存在懈怠行为等。当这些信息无法获得或仲裁庭要求披露而申请人对此予以保留时,仲裁庭有权对申请人的逃避行为进行不利推定。[1] 在曼努埃尔·阿马斯诉委内瑞拉案中,PCA 于 2018 年 6 月 20 日作出关于费用担保的第 9 号程序令,认为申请人拒绝就第三方资助进行合理解释且占有相关证据而不提供的行为是恶意的,并结合其他情形要求申请人提供费用担保。[2]

2. 被申请人存在"不洁之手"

被申请人应当在其提出费用担保申请之前有充分的善意来支付其应负担的仲裁管理费用。被申请人若因其费用担保请求在先前的案件中被拒绝,就在后案中拒绝履行预先支付仲裁费用的合同和法定义务,则仲裁庭可能认为其存在"不洁之手"(unclean hands)而剥夺其提起费用担保请求的权利。此外,被申请人也应当尽早提出费用担保请求,以使申请人有充足的时间应对。若被申请人的费用担保请求在听证结束之后才提出,则有阻碍诉请之嫌。这也是雷内尔诉海湾石油国际公司案中仲裁庭的主要考虑因素。该案中,仲裁庭认为担保请求的提起不应有任何不合理的迟延,遂拒绝了被申请人迟延提出的费用担保申请。[3]

(三)资助者在资助协议中约定不承担不利费用

不利费用主要指申请人败诉时要承担的被申请人的仲裁费用和其他

---

〔1〕 Weixia Gu, *Security for Costs in International Commercial Arbitration*, Journal of International Arbitration, Vol. 22, p. 190 (2005).

〔2〕 Manuel García Armas et al. *v.* Bolivarian Republic of Venezuela, PCA Case No. 2016 - 08.

〔3〕 Regia Autonoma de Electricitate Renel *v.* Gulf Petroleum International Ltd. [1996] 1 Lloyd's Rep. 67, paras. 72, 73.

损失。资助者是否同意资助申请人将要承担的不利费用，在哪种程度以及何种条件下可以终止资助协议，都将影响被申请人胜诉时获得费用补偿的结果。大部分专业的资助者在签订资助协议时会明确规定他们承担不利费用的情形、时间以及资助的存续期间等。资助者为了获得最大的回报，通常在资助协议中约定其不承担申请人败诉时的不利费用，且其可以随时终止资助协议。由于资助者的非当事人身份，当申请人无力承担被申请人胜诉时的仲裁费用时，被申请人即使胜诉也无法从资助者处获得补偿。资助者为了降低损失而随时终止资助协议的做法，使得申请人因无资金来源而不得不终止仲裁程序，而被申请人也不得不面临高昂的仲裁费用。

S&T 石油设备机械有限公司诉罗马尼亚案中，[1] 在申请人 S&T 石油设备机械有限公司破产的情况下，该争议在第三方资助者的资助下依旧持续了两年。后来资助者撤离了资金，申请人中断了仲裁，而被申请人罗马尼亚不得不承担数百万美元的仲裁费用。同样地，在安比恩特公司诉阿根廷案[2]中，资助者在资助管辖权阶段涉及群体诉求的争议持续 6 年后撤资。该案中，仲裁员多数意见在决定中断案件时并未对费用问题作出分配，阿根廷也要面临大量的仲裁费用压力。因此，为了避免被申请人因第三方资助者随时撤资而遭受损失，被申请人可请求仲裁庭考虑申请人的资金状况，在必要时要求其提供费用担保。

申请人为了证明其偿付能力，通常会提供 ATE 或资助者主动承担不利费用的证明来进行抗辩。事后保险主要担保风险转移费用和申请人的支出，如专家费、律师费、仲裁费用等，是申请人用来减轻其承担不利费用责任的一种有效方式。申请人可证明其以 ATE 来承担不利费用，或资助者在资助协议中约定其承担不利费用责任。在埃斯科索尔公司诉意大利案[3]中，被申请人认为申请人的破产使其无法支付申请人败诉时的不利

---

〔1〕 S&T Oil Equipment & Machinery Ltd. *v.* Romania, ICSID Case No. ARB/07/13.

〔2〕 Ambiente Ufficio S. P. A. & ors. *v.* Argentine Republic, ICSID Case No. ARB/08/9.

〔3〕 Eskosol S. P. A. in Liquidazione *v.* Italian Republic, ICSID Case no. ARB/15/50, Procedural Order No. 3 (Decision on Respondent's Request for Provisional Measures) (12 June 2017).

费用,“怀疑”申请人是在第三方资助者的资助下进行仲裁程序,担忧这将增加申请人不履行费用裁决的风险。申请人抗辩称,尽管其已宣布破产并于2013年进入破产管理阶段,但他提供了25万美元的银行担保,并证明已获得资助者承担任何不利费用的承诺,第三方资助者还资助申请人购买ATE来保证该公司能承担最高10万欧元的不利费用。仲裁庭认为ATE的份额足以覆盖被申请人要求的担保费用,而被申请人未能证明其要求费用担保的申请是必要或迫切的,遂驳回了被申请人的费用担保请求。

提供费用担保的最可行方式是银行担保,但这在实际适用中也存在问题。因仲裁程序持续的时间无法预测,银行担保将承担着无限期风险。除非银行和申请人存在持续性的客户关系,否则银行通常也不太愿意提供无限期担保。即便如此,仲裁庭也无须在整个仲裁程序中要求申请人提供担保。若申请人的经济状况有所改善或被申请人存在不当行为时,仲裁庭可撤回要求申请人提供费用担保的命令。这也是对被申请人可能利用费用担保请求阻碍仲裁程序的行为的遏制。

由此,阿马斯案之前,仲裁庭在考虑第三方资助者参与下,其是否有必要作出费用担保令时,遵循的仍是传统的“谁主张,谁举证”的证明责任分配规则,即被申请人向仲裁庭提出费用担保申请须证明上述事实的存在。由于第三方资助者的信息多由申请人持有,被申请人在证据的获取上可能存在困难。只有当被申请人要求而申请人拒不提供时,仲裁庭才可能对申请人的行为进行不利推定。申请人和资助者出于保密信息的考虑可能不愿披露资助者的存在和资助协议的相关内容,因此被申请人甚至可能都无法知晓其案件是否存在第三方资助。资助者通常不承担申请人败诉时的不利费用,还有随时终止资助协议的可能。被申请人即使胜诉也可能无法就其仲裁费用获得补偿。此种费用担保的必要性标准之下,被申请人承担着较重的举证责任。

三、阿马斯案仲裁庭对第三方资助下费用担保必要性标准的放宽

第三方资助者在国际投资仲裁程序中发挥着重要作用,然而,资助者参

与仲裁程序可能导致前所未有的不平衡:一方面,资助者可能随时终止资助协议的做法使被申请人处于资助者“打了就跑”的仲裁风险之中;另一方面,资助者是仲裁程序中的“隐形人”,仲裁庭对资助者无管辖权,即便被申请人胜诉也可能面临仲裁费用无法获得偿还的风险。[1] 国际投资仲裁中,出于投资者和国家之间主体的不对等性、双方财力的悬殊等考虑,为了确保申请人接近正义的权利不因经济原因受损,仲裁庭作出费用担保令的必要性标准较高。[2] 在仲裁庭倾向于保护投资者的趋势下,投资者和东道国在仲裁程序中的天平处于失衡状态。投资者和资助者出于迫使东道国改变某项政策的利益考虑甚至会沆瀣一气,如投资者利用第三方资助来提起无价值的索赔,在东道国花费了大量费用后资助者突然终止资助,仲裁程序被迫中断,被申请国家的利益受到损害。[3]

为了保证国际投资仲裁的公正和效率,避免申请人在第三方资助者的资助下提起骚扰性主张,从而迫使被申请人耗费大量公共资源进行抗辩,阿马斯案中常设仲裁庭采用了不同于此前仲裁庭的做法,适当放宽了其作出费用担保令的必要性标准,意在规范仲裁参与方的相关行为。

(一)仲裁庭放宽费用担保必要性标准的缘由

虽然第三方资助国际投资仲裁给投资者提供了接近正义的机会,但因目前国际仲裁界对第三方资助的规制不足,第三方资助者的参与可能浪费有限的司法资源,并给未受资助的被申请人的利益造成损害。为了维持争议当事方之间的利益平衡,仲裁庭有必要适当放宽费用担保的必要性标准。

1. 第三方资助可能滋生骚扰性主张

第三方资助可能增加仲裁请求的数量,如澳大利亚对第三方资助的态

---

[1] Nadia Darwazeh & Adrien Leleu, *Disclosure and Security for Costs or How to Address Imbalances Created by Third-Party Funding*, Journal of International Arbitration, Vol. 33, p. 128 (2016).

[2] 在国际商事仲裁中,选择仲裁是争议双方的合意,申请人和被申请人的身份也是对等的。仲裁当事方之外的第三方资助者的加入可能会打破这种平衡。大多数仲裁庭以公平为基础,认为资助协议构成仲裁协议签订完结之后不可预见的情形改变,当事一方的费用担保请求通常会被支持。

[3] E. g., S&T Oil Equipment & Machinery Ltd. *v.* Romania, ICSID Case No. ARB/07/13; Ambiente Ufficio S. P. A. & ors. *v.* Argentine Republic, ICSID Case No. ARB/08/9.

度放宽后，大致增加了 16.5% 的诉请，[1]其中不乏大量骚扰性主张。这些诉求即使最终失败，也会耗费大量资源，造成巨大损失。根据联合国贸易和发展会议的报告，第三方资助公司即使资助胜诉可能性较小的案件也可能获得巨大的经济利益；他们通过批量组合资助将风险分配到许多案件中，以使其收益最大化。[2] 这犹如开采石油，明知会挖很多干井，但一旦发现一个就是价值不菲。[3] 资助者承担的风险越大，其获得的胜诉收益也可能越多。另外，第三方资助也增加了夸大索赔的风险。有实证数据表明，申请人在第三方资助者的资助下提出的索赔通常远超实际损失。[4]

2. 第三方资助可能增加被申请人的仲裁费用并使其在胜诉后无法获得补偿

申请人在第三方资助者的资助下雇用法律顾问并制定一个远超其实际承受能力的仲裁策略，那么被申请人不得不增加额外的费用进行抗辩。被申请人增加的费用若是资助者资助的骚扰性主张造成的，将是不可接受的，更不用说被申请人对这些费用无法获得偿还了。鉴于资助者不是仲裁协议的当事方，仲裁庭对其无管辖权，被申请人在胜诉时也无法要求资助者承担责任。此种情形之下，申请人占据着仲裁的所有好处，申请人和被申请人之间处于“不对称”的状态。仲裁庭作出费用担保令加重了申请人和资助者的费用责任，在一定程度上可以减少骚扰性主张的提起。

仲裁庭适时作出费用担保令要求申请人提供担保，在一定程度上保障了被申请人的利益。首先，它为被申请人提供了公平的竞争环境。如果仲裁庭可以容易地作出费用担保令，被申请人就获得了对抗申请人滥诉的盾牌。其次，被申请人也可受保护从而免遭骚扰性主张的侵害。如果申请人

---

〔1〕 U.S. Chamber of Commerce, *Selling More Lawsuits, Buying More Trouble: Third-Party Litigation Funding A Decade Later*, Institute for Legal Reform, https://instituteforlegalreform.com/wp-content/uploads/2020/01/Still_Selling_Lawsuits_-_Third_Party_Litigation_Funding_A_Decade_Later.pdf.

〔2〕 UNCTAD, *Recent Developments in Investment-State Dispute Settlement*, May 28 – 29, 2013, p. 25.

〔3〕 George Kahale, *Is Investment-State Arbitration Broken?*, Transnational Dispute Management, Vol. 7, p. 32 – 33 (2012).

〔4〕 Nadia Darwazeh & Adrien Leleu, *Disclosure and Security for Costs or How to Address Imbalances Created by Third-Party Funding*, Journal of International Arbitration, Vol. 33, p. 130 (2016).

或其资助者被要求提供费用担保,那么资助者因其被强加的资助责任而会谨慎地支持有价值的仲裁主张。最后,仲裁庭对费用担保必要性标准的放宽也有助于增强申请人提供费用担保的可预测性。一个依靠第三方资助提起仲裁请求的申请人,能被合理地期待要求其提供费用担保,可能会影响第三方资助者的地位,也可能使资助者做好提供担保的准备。[1]

(二)仲裁庭放宽费用担保必要性标准的举措

阿马斯案中仲裁庭在考虑是否作出费用担保令的必要性时,并未沿用此前投资仲裁庭的通常做法,即被申请人提出费用担保申请时要证明申请人的资金状况及资助者是否承担不利费用责任,而是在第三方资助协议存在时要求申请人予以披露,在资助者不承担不利费用责任时要求申请人证明其偿付能力。

1. 倒置被申请人的证明责任

根据传统的证明责任分配规则,被申请人要求仲裁庭作出费用担保令须证明申请人的资产状况、申请人存在阻碍仲裁程序的不诚信行为以及资助者不承担不利费用等要件,但在曼努埃尔·阿马斯诉委内瑞拉案中,[2]仲裁庭首先要求申请人披露资助协议,并认为该协议未规定资助者承担不利费用责任,遂要求申请人证明其能承担败诉时的不利费用。此时仲裁庭根据"当事方与仲裁庭善意合作的程序原则",认为证明责任应由"拥有最佳条件提供证据的一方"承担,遂倒置了原本应由被申请人承担的证明申请人资金状况的证明责任。仲裁庭最终认定申请人没能满足相应的举证要求,遂命令其提供费用担保。在路易斯·阿马斯诉委内瑞拉案中,仲裁庭命令申请人提供资产以说明其偿付能力,使申请人资产状况的证明责任已从被申请人转向了申请人。[3] 2022 年《ICSID 仲裁规则》第 53 条的规定也表明了

---

[1] Umika Sharma, *Third Party Funding in Investment Arbitration: Time to Change Double Standards Employed for Awarding Security for Costs?* Kluwer Arbitration Blog, http://arbitrationblog.kluwerarbitration.com/2018/07/29/third-party-funding-investment-arbitration-time-change-double-standards-employed-awarding-security-costs/.

[2] Manuel García Armas and Others *v.* Venezuela, PCA Case No. 2016 – 08, Procedural Order No. 9, 20 June 2018.

[3] Luis García Armas *v.* Bolivarian Republic of Venezuela, ICSID AF Case No. ARB(AF)/16/1, Procedure No. 5, July 7, 2017.

仲裁庭在行使这一权力时,可以考虑一方履行不利费用裁决的能力。[1] 两个阿马斯案中仲裁庭的做法和2022年《ICSID仲裁规则》的规定一定程度上表明了通常的费用担保必要性标准之例外的趋势:当存在第三方资助协议时证明责任转向被资助的申请人,申请人负有证明其有承担不利费用裁决能力的责任。这一例外可使仲裁庭有效地阻止不能提供费用担保的申请人或资助者,也迫使资助者慎重考虑其在投资仲裁案件中的成本,减少滥诉的发生。[2]

2. 对资助协议的有限披露

有限披露一定程度上可以降低被申请人面临的仲裁风险。对于投资仲裁来说,披露第三方资助者的存在是一个前置条件。欧盟早在其拟定的《跨大西洋贸易与投资协定》投资章草案第8条专门规定了受资助者的强制披露义务和其向对方当事人和仲裁庭披露第三方资助者的时间要求。[3] 新加坡国际仲裁中心的《投资仲裁规则》第24条第(1)款也规定仲裁庭有权命令受资助者披露资助协议,此外,它还规定了仲裁庭有权要求受资助者披露资助者对不利费用责任的承担。[4]

实践中,申请人对资助信息的披露一定程度上表明了他能承担不利费用裁决的意愿。在路易斯·阿马斯诉委内瑞拉案[5]中,被申请人认为申请人受到了第三方资助,可能不承担不利费用,遂要求仲裁庭作出费用担保令。仲裁庭2017年7月发布的关于临时措施的程序令中,要求受资助的申

---

[1] 2022 ICSID Arbitration Rules, Art. 53. 3: In determining whether to order a party to provide security for costs, the Tribunal shall consider all relevant circumstances, including: (a) that party's ability to comply with an adverse decision on costs; (b) that party's willingness to comply with an adverse decision on costs; (c) the effect that providing security for costs may have on that party's ability to pursue its claim or counterclaim; and (d) the conduct of the parties.

[2] Alexander G. Leventhal, *Towards an Exceptio Fundati? Assessing a (Potentially) Emerging Exception for Third Party Funding in Investment Treaty Decisions on Security for Costs in the Wake of Armas v. Venezuela*, Kluwer Arbitration Blog (Sep. 18, 2018), http://arbitrationblog.kluwerarbitration.com/2018/09/18/assessing-a-potentially-emerging-exception-for-third-party-funding-in-investment-treaty-decisions-on-security-for-costs-in-the-wake-of-armas-v-venezuela/.

[3] European Union, *Text of the proposal on Investment-TTIP negotiations*, http://trade.ec.europa.eu/doclib/docs/2015/september/tradoc_153807.pdf.

[4] SIAC Investment Arbitration Rules (1st ed., 1 January 2017), Art. 24. 1.

[5] Luis García Armas *v.* Bolivarian Republic of Venezuela, ICSID AF Case No. ARB (AF)/16/1.

请人在仲裁庭决定是否准许被申请人的费用担保请求之前,提供证据证明他们的偿付能力,包括资产价值。申请人主动披露了第三方资助协议的存在,并应仲裁庭的要求披露了资助协议的实质条款。因资助者在资助协议中不承担与仲裁有关的任何不利费用,被申请人要求仲裁庭命令申请人提供500万美元的债券作为不利费用担保。申请人为了表明其承担未来任何不利费用的可能性,向仲裁庭提交了其财产的具体位置。[1] 本案表明,即使申请人披露了资助协议,若要不承担费用担保义务,还须证明其有足够的偿付能力。

申请人若因经济困境而无偿付能力,则须证明资助者对不利费用裁决承担责任。例如,在普若盖斯能源有限公司诉巴基斯坦案[2]中,英国商事法院认为申请人主张的第三方资助者伯福德资本有限公司提供的两封信函"伯福德资本有限公司将确保伯福德资本的附属公司在申请人不支付的情况下支付给被申请人在该申请中的预计费用,最高金额为482,019.19英镑"不构成对任何人的合同承诺,也不具有法律强制力。鉴于法院对伯福德资本有限公司没有法律上的强制执行义务,此种信函不能表明"申请人拥有任何相关财产"。[3] 因此,由资助者出具的不具约束力的信函不能阻止法院裁定申请人提供费用担保;申请人应确保约束资助者的费用义务,以履行任何不利的费用支付令。

综上所述,仲裁庭可以将申请人披露资助协议作为其作出费用担保令的考量因素。如果申请人主动向仲裁庭披露第三方资助者的存在,仲裁庭出于公平的考虑,根据申请人的信誉、财务状况以及资助者同意支付任何费用裁决的保证等事实可能免除其提供担保的义务;[4]否则,一旦被仲裁庭发现申请人存在第三方资助情形并影响到被申请人胜诉时的费用补偿时,其提供费用担保的义务是不可避免的。上述规定和实践是为了确保第三方

---

[1] Luis García Armas *v.* Bolivarian Republic of Venezuela, ICSID AF Case No. ARB(AF)/16/1, Procedure No. 5, July 7, 2017.

[2] Progas Energy Ltd. *v.* The Islamic Republic of Pakistan (Rev. 1) [2018] EWHC 209 (Comm) (09 February 2018).

[3] Ibid., paras. 31, 81 – 83.

[4] International Council for Commercial Arbitration, *Report of the ICCA-Queen Mary Task Force on Third-Party Funding in International Arbitration*, 2018, p. 171 – 172.

资助者的存在不会过度地损害被申请人的利益,也便于仲裁员评估被申请人是否与资助者存在利益冲突。同时,仲裁庭也要明确披露的内容,避免申请人保密信息的泄露。

本章小结

第三方资助在国际投资仲裁领域的适用可能导致申请人的滥诉而损害被申请人利益。仲裁庭作出的费用决定可在一定程度上抑制骚扰性主张的提起。第三方资助者资助投资仲裁程序产生的费用,在受资助者胜诉时是否可获偿在仲裁实践中还未达成一致。仲裁庭应根据申请人寻求第三方资助的动机来确定资助者的胜诉回报和案件评估费用是否属于仲裁费用的范围。由于投资仲裁庭分配仲裁费用的透明度和可预测性不足以及费用支付的困难,仲裁庭在分配仲裁费用时应明确适用的费用分配原则和费用的范围,通过费用分配的惩罚和指导功能来提高费用支付的执行率,并根据资助者对案件的控制程度来决定其责任承担。

因国际投资仲裁的特殊性,传统的费用担保标准较高,仲裁庭也极少做出费用担保令。为了缓解日益频繁的第三方资助给被申请人和仲裁程序带来的冲击,投资仲裁庭近年来在传统标准之外设置了例外,降低了费用担保的必要性证明标准,通过证明责任倒置和资助协议的有限披露来保护被申请人的利益,切实维护争议双方之间的利益平衡。无论如何,国际社会对第三方资助的规制重心应是预防第三方资助对投资仲裁程序的负面效应,以及对被申请人地位的损害。为应对潜在的费用命令,特别是在将来设立多边投资法院的情况下,设立一个强制性的适度预付款制度可能是处理这一问题的适当办法。[1]

---

〔1〕 Ondrej Svoboda & Jan Kunstyr, *Third Party to Pick up the Bill? Cost Issues Relating to Third Party Funding in Investment Arbitration*, Czech Yearbook of Public & Private International Law, Vol. 7, p. 435 (2016).

第五章　第三方资助对国际投资仲裁裁决承认与执行的影响

第三方资助者出于营利的目的参与国际投资仲裁,当其资助的申请人胜诉时,方可获得相应的回报。但只有当胜诉裁决获得执行时资助者才可真正获得收益。因此,资助者在资助案件时不仅会评估案件的胜诉概率,也会考虑执行国对第三方资助是否予以认可及其对仲裁裁决的承认执行情况。国际投资仲裁裁决结果存在两种可能:一是东道国胜诉,二是投资者胜诉。第一种情形不涉及承认执行问题,因为东道国可直接行使其行政权力执行败诉的投资者在东道国的资产;第二种情形是第三方资助者喜闻乐见的,因为资助者的收益和投资者的胜诉息息相关,所以本章主要探讨投资者胜诉的情形。[1] 本章主要分析第三方资助国际投资仲裁裁决的承认和执行:第一节概述国际投资仲裁裁决承认与执行的总体情况,第二节在统计涉第三方资助的投资仲裁裁决承认执行情况的基础上,分析第三方资助者的参与对 ICSID 裁决和其他投资仲裁裁决的承认执行带来的影响。

第一节　国际投资仲裁裁决的承认与执行概况

投资仲裁裁决的承认与执行主要通过《ICSID 公约》和 1958 年《纽约公

---

〔1〕 王海浪:《论国际投资仲裁裁决的承认与执行——以执行法院的审查权为中心》,载《国际经济法学刊》2018 年第 4 期。

约》来进行。在承认和执行阶段,《ICSID 公约》和《纽约公约》为投资仲裁裁决的执行提供必要的制度支持,旨在提供一个在国内法院执行国际仲裁裁决的统一标准。《ICSID 公约》管理国家和外国私人投资者之间的投资纠纷,《纽约公约》主要规范私人主体间仲裁裁决的承认执行。近年来,越来越多的投资者选择非 ICSID 机制如 UNCITRAL、PCA 或 ICC 等解决投资纠纷,该类裁决的承认执行就适用《纽约公约》的执行机制。考察国际投资仲裁裁决的承认和执行情况,对投资争议的有效解决以及践行国际社会"有约必守"的国际法原则来说尤为必要。[1]

一、ICSID 仲裁裁决的承认与执行

从国际投资仲裁实践来看,ICSID 是解决投资者与国家之间争议的主要平台,受理了绝大部分投资仲裁案件,成为推动国际投资与经济合作的重要媒介。ICSID 仲裁意在使投资争端的解决去政治化,为投资者和东道国营造一个公平和值得信赖的争议解决环境。一旦一国同意将争议提交 ICSID 仲裁,该国后续的缺席或拒不出庭都不能影响投资仲裁程序的审理。除非有东道国不执行裁决的情形出现,否则投资者母国不得行使外交保护。《ICSID 公约》为国际投资协定、双边投资协定或国内立法在参照适用公约的争议解决条款时提供一个现时有效的纠纷解决机制。根据《ICSID 公约》的规定,ICSID 有其自成一体的裁决承认与执行机制,只适用于 ICSID 仲裁庭根据《ICSID 公约》仲裁程序作出的裁决,而不适用于根据 ICSID 调解程序和依据《ICSID 附加便利规则》作出的裁决。

(一)《ICSID 公约》的目的

《ICSID 公约》从 1966 年 10 月生效至今,已有 155 个国家批准了该公约。[2] 世界银行最初起草这一公约的目的是鼓励私人国际资本向发展中国家流动。由于私人投资者的资产被东道国国有化或征收而缺乏满意的解决

---

[1] Willem H. Van Boom, *Third-Party Financing in International Investment Arbitration*, Erasmus School of Law, p. 11 (2011).

[2] 2020 年 6 月 9 日,吉布提共和国正式将其批准《ICSID 公约》的文书交与世界银行,成为公约生效以来批准该公约的第 155 个国家。该公约于 2020 年 7 月 9 日对吉布提共和国正式生效。

机制,投资者不愿向发展中国家投资。而东道国的国内法院诉讼往往受东道国国内法支配,在投资者看来会偏向东道国。[1] 国家通常也会援引主权豁免原则来阻碍投资者提起诉讼。即使争议可以通过仲裁解决,投资者也无法迫使主权国家遵守合同承诺,只能依靠其母国代表他们提起主张,而投资者的母国出于政治原因的考虑通常也不愿陷入这种纠纷之中。ICSID 机制为投资者和东道国之间的投资纠纷提供了这样一种争议解决机制:ICSID 专门提供投资仲裁机构和仲裁规则来管理仲裁程序,并规定了 ICSID 受理案件的范围和条件,极大地满足了投资者的诉求。

(二)《ICSID 公约》的承认执行规定

《ICSID 公约》的承认和执行规定主要体现在公约的第 53、54、55 条。《ICSID 公约》第 53 条规定了 ICSID 裁决的效力范围,即当事双方都受裁决的约束,且裁决不受国内法院的司法审查。当事方若对裁决提出异议,须通过《ICSID 公约》的 3 种内部救济机制来实现其权利,即请求仲裁庭:(1)解释裁决的意义和范围;(2)根据新发现的事实修正裁决;(3)撤销裁决。从这 3 种救济机制来看,前两种救济应尽可能地通过原先的仲裁庭解决,因为他们对案件事实和证据最为清楚;后一种救济应由新的特设仲裁庭解决,避免原先的仲裁员先入为主或对某一当事方或案件事实存在偏见。公约的起草者为了平衡私人投资者和国家之间的利益,设立了一个不受成员国国内法限制的管辖制度,[2] 其中,裁决的撤销由 ICSID 撤销委员会进行,仅在《ICSID 公约》规定的撤销事由出现时才可撤销裁决,而国内法院无权进行。[3]

《ICSID 公约》第 54 条规定了裁决的终局效力,该公约的所有成员国在投资者依据《ICSID 公约》第 54 条第(1)款向该国法院或指定的机关申请承认和执行时,该国应遵守并积极履行裁决,不得实质审查裁决之内容,更不

---

〔1〕 Aron Broches, *The Convention on the Settlement of Investment Disputes Between States and Nationals of other States*, Nijhoff, 1972, p. 344.

〔2〕 A. Broches, *Awards Rendered Pursuant to the ICSID Convention: Binding Force, Finality, Recognition, Enforcement Execution*, ICSID Review-Foreign Investment Law Journal, Vol. 2, p. 287 – 288 (1987).

〔3〕 ICSID Convention, Art. 52.

能以任何理由拒绝承认和执行裁决。《ICSID 公约》之下缔约国承认的是裁决的所有内容,但执行的范围却仅限于“与金钱有关的义务”且受执行地国国内法的限制,非金钱义务只能依靠缔约国的自动履行。第 55 条规定的强制执行还要考虑国家豁免这一因素,也就是说,ICSID 裁决的承认排除了缔约国国内法中的任何抗辩,但执行某项具体的财产时受成员国国内法中的国家豁免规定的约束。[1] 虽然国家豁免抗辩可以使某项具体财产被免予执行,但败诉国的此项国际义务仍需履行。若缔约国拒不执行 ICSID 裁决将面临《ICSID 公约》第 53 条的惩罚机制:首先,投资者可以自己提起主张,若另一缔约国不遵守 ICSID 裁决,投资者母国可代表投资者行使权力。其次,在《ICSID 公约》第 64 条之下,投资者母国可代表投资者向国际法院提起关于解释或适用《ICSID 公约》的诉讼,除非国家同意另外的解决途径。这两种惩罚机制都涉及投资者母国的参与,对败诉方遵守裁决起到一定的制约作用。

便捷的执行机制也是 ICSID 裁决获得较高承认与执行率的因素。胜诉者只需要向《ICSID 公约》规定的各国指定的专门机构提交经秘书长核证无误的裁决书副本,该专门机构则须予以承认执行。即使败诉一方不予执行,胜诉方仍可向败诉者财产所在地的第三国申请执行。此外,由于世界银行行长是 ICSID 行政理事会主席,[2]若一国不履行其国际义务,投资者可请求其母国在世界银行或经济合作与发展组织对不履行执行义务的国家采取措施,如要求世界银行对其暂停贷款等来迫使其履行《ICSID 公约》的义务。[3]在圣埃琳娜诉哥斯达黎加案中,美国政府就对哥斯达黎加政府施加压力,尤其是在哥斯达黎加加入 OECD 这一问题上施压,以确保哥斯达黎加执行有

---

〔1〕 Edward Baldwin, Mark Kantor & Michael Nolan, *Limits to Enforcement of ICSID Awards*, Journal of International Arbitration, Vol. 23, p. 5 (2006).

〔2〕 J. Paulsson, *ICSID's Achievement and Prospects*, ICSID Review-Foreign Investment Law Journal, Vol. 6, p. 380, 386 (1991).

〔3〕 Julien Fouret, *Enforcement of Investment Treaty Arbitration Awards*, Global Business Publishing Ltd., 2015, p. 86.

关征收后补偿数额的ICSID裁决。[1] 通常情况下，败诉者为了保持其良好的国际声誉也会积极执行。从ICSID年度报告来看，ICSID登记的案件很多，但大部分案件都撤诉或和解了，真正需要承认和执行的案件可能仅占一小部分，[2]且其中绝大部分裁决基本上得到承认执行。这说明ICSID裁决承认与执行机制有着良好的实践基础。[3]

（三）ICSID裁决执行中败诉国的执行豁免抗辩

执行豁免是指一国的财产不受另一国法院的诉讼保全或强制执行措施约束。在任何情况下，执行措施都不能适用于承担外交使命的资产或国家银行账户，除非主权国家以明确和特定的方式宣布放弃执行豁免。[4] 根据《ICSID公约》第55条对国家执行豁免的规定，各国目前存在绝对豁免和限制豁免两种态度。鉴于各国之间的联系日益紧密，绝对豁免立场不利于国家间的经济合作，越来越多的国家采用限制豁免立场，即在国家明示或以实际行动表示放弃豁免时，申请执行人即可申请执行该国家财产。具体包括以下情形：(1)主权国家明确同意正在进行的执行程序；(2)主权国家用于或转让特定资产来满足仲裁程序主张的财产；(3)该资产是国家用于非公共目的且与仲裁程序中的国家实体有关。

在国家未明示放弃执行豁免时，根据限制豁免理论，执行申请人若要求执行败诉国的国家财产须区分国家财产的用途，并结合国家财产用于商业用途的时间和地点来判断该资产的商业属性，比如，区分该国家财产的"过去用途"、"现在用途"或"将来用途"，以及明确该国家财产在执行法院地国

---

〔1〕 Charles Brower & Jarrod Wong, *General Valuation Principles: The Case of Santa Elena, International Investment Law and Arbitration: Leading Cases from the ICSID, NAFTA, Bilateral Treaties and Customary International Law*, Todd Weiler ed., Vol. 20, p. 3 – 23 (2005).

〔2〕 参见陈辉萍：《ICSID仲裁裁决承认与执行机制的实践检视及其对中国的启示》，载《国际经济法学刊》2011年第2期。

〔3〕 Antonio R. Parra, *Chapter 6: The Enforcement of ICSID Arbitral Award*, in Enforcement of Arbitral Awards against Sovereigns edited by R. Doak Bishop, JurisNet (Sep. 2009), https://arbitrationlaw.com/library/enforcement-icsid-arbitral-awards-chapter – 6 – enforcement-arbitral-awards-against-sovereigns.

〔4〕 Leslie Perrin, *Third Party Litigation Funding Law Review*, Law Business Research Ltd., 2017, p. 58 – 59.

领土内是否用于商业用途等，而这对申请人来说存在一定困难。[1] 由于国家的商业行为和政府行为之间往往存在交叉，如国家使用商业资金从事公共活动或国家使用公共资产从事商业活动时，国家的行为如何判断？目前国际上对国家行为的认定存在争议，这也是ICSID裁决在各国执行存在障碍的原因之一。解决办法之一是区分国家行为的性质而非目的，如果国家以私主体的方式与另一方订立合同，那么此时国家的行为就是商业行为，在限制豁免论下不享有豁免权。若各国在签订投资协定时事先明确国家败诉时可执行的财产范围，则有效避免了认定国家的商业性质资产的困难。

鉴于ICSID裁决的执行需要根据各国的国内法，而各国国内法的规定又千差万别，ICSID裁决的执行情况也有所不同。即使在一国范围内，因不同法域的存在，ICSID裁决的效力认定也可能会有差别。在利比里亚东方木材公司诉利比里亚案[2]中，该木材公司在败诉国利比里亚政府拒不执行的情况下，向美国纽约南区联邦地区法院申请强制执行该国在美国的轮船吨费等费用。美国纽约南区联邦地区法院遵循了《ICSID公约》的规定，以判决的方式认可该裁决，并向败诉国位于美国的船东等实体送达了执行令。但由于船舶吨费等是利比里亚的税收收入，不属于商业财产的范围，纽约南区联邦地区法院拒绝执行该财产。而在米库拉公司诉罗马尼亚案[3]中，美国第二巡回上诉法院与纽约南区联邦地区法院完全尊重ICSID裁决的方式截然不同，认为须对ICSID裁决进行全面审查。美国第二巡回上诉法院的做法与《ICSID公约》的规定相悖，可能造成公约缔约国的非议。同样地，在阿根廷因国内金融危机而导致债券违约频频被诉至ICSID的案件中，阿根廷被仲裁庭判赔数十亿美元。但阿根廷颠倒了《ICSID公约》第53条和第54条的关系，首先要求申请人依据其国内法律程序申请承认执行，审查裁决是否违反阿根廷的公共政策，而非自动履行

---

〔1〕 龚刃韧：《国家豁免问题的比较研究——当代国际公法、国际私法和国际经济法的一个共同课题》，北京大学出版社2005年版，第282～287页。

〔2〕 Liberian Eastern Timber Corporation *v.* Republic of Liberia, ICSID Case No. ARB/83/2.

〔3〕 Loan Micula, Viorel Micula, S. C. European Food S. A., S. C. Starmill S. R. L. and S. C. Multipack S. R. L. *v.* Romania, ICSID Case No. ARB/05/20, Decision of the US Court of Appeals for the Second Circuit, Oct. 23, 2017.

ICSID 裁决。[1] 《ICSID 公约》第 54 条的适用是在第 53 条不能实现的基础上进行的，上述做法混淆了第 53 条和第 54 条的关系，阻碍了裁决的执行程序，是一种故意拖延的策略。[2] 虽然执行豁免作为一项国际法基本原则，是一国通常采用的拒绝强制执行的理由，但这种豁免抗辩并不能免除败诉国要承担的履行 ICSID 裁决的国际义务。

二、非 ICSID 仲裁裁决的承认与执行

非 ICSID 仲裁裁决主要包括申请人根据《ICSID 附加便利规则》、《UNCITRAL 仲裁规则》或《ICC 仲裁规则》等提起投资仲裁后，仲裁庭依据上述规则作出的投资仲裁裁决。其承认和执行须依赖于《纽约公约》，类似于外国仲裁裁决的承认执行。虽然《纽约公约》的适用主体未明确涉及主权国家，但它允许主权国家作为败诉国的裁决的执行间接表明了该公约也适用于私人投资者与国家间的仲裁裁决的执行。[3] 《纽约公约》第 5 条列举了拒绝承认与执行的理由。若出现上述情形，则国内法院可能会拒绝承认和执行该裁决。[4] 若被申请执行国非《纽约公约》的缔约方，则通常按照互惠原则来决定是否承认执行。

（一）《纽约公约》的适用范围

《纽约公约》最早源于 1923 年的《日内瓦仲裁条款议定书》[5] 和 1927 年的《执行外国仲裁裁决的日内瓦公约》[6]，但《纽约公约》第 7 条第（2）款

---

〔1〕 OECD, *Summary of Roundable Discussions by the OECD Secretariat*: 12th *Roundable on Freedom of Investment*, Paris, France (March 26, 2010), https://www.oecd.org/daf/inv/investment-policy/45317381.pdf.

〔2〕 OECD, *Summary of Roundable discussions by the OECD Secretariat*: 12th *Roundable on Freedom of Investment*, Paris, France (March 26, 2010), https://www.oecd.org/daf/inv/investment-policy/45317381.pdf.

〔3〕 A. Jan Van Den Berg, *The New York Arbitration Convention of* 1958: *Towards a Uniform Judicial Interpretation*, Kluwer Law International, 1981, p. 277 – 282.

〔4〕 Julien Fouret, *Enforcement of Investment Treaty Arbitration Awards*, Global Business Publishing Ltd., 2015, p. 7.

〔5〕 Geneva Protocol on Arbitration Clauses, Sept. 24, 1923, League of Nations Treaty Series, Vol. 27, p. 157.

〔6〕 Geneva Convention in the Execution of Foreign Arbitral Awards, Sept. 26, 1927, League of Nations Treaty Series, Vol. 92, p. 302.

规定,上述日内瓦公约对本公约的缔约国在受本公约约束的范围内不再生效。《纽约公约》适用于仲裁机构在执行地国以外的国家根据书面仲裁协议作出的仲裁裁决和执行地国不视为国内裁决的仲裁裁决。缔约国法院在界定哪些仲裁裁决属于"非内国"裁决从而通过《纽约公约》来承认和执行的问题上没有统一标准。依据《纽约公约》第1条第(1)款,大多数法院将《纽约公约》适用于另一个国家领土内作出的仲裁裁决,但有些国家将《纽约公约》仅适用于根据外国程序法作出的裁决。例如,德国法院将根据《德国诉讼法》在德国以外作出的仲裁裁决,视为不在《纽约公约》范围内的国内裁决。[1] 而美国法院将非内国裁决定义为"在另一个国家的法律框架内做出的、根据外国法律宣布的或涉及注册地或其主要营业地不在强制管辖范围内的当事人的"裁决。[2] 《纽约公约》未对裁决强加国籍要求,也是为了减少在适用《纽约公约》申请执行裁决时的障碍。

《纽约公约》虽未对"仲裁裁决"一词进行定义,但其第1条第(2)款的规定表明仲裁裁决包括临时仲裁庭和常设仲裁庭作出的裁决。另外,根据《纽约公约》第1条第(3)款的规定,缔约国可以选择将《纽约公约》适用于在另一缔约国作出的仲裁裁决或有关商业争议的裁决。一些国家将投资者与国家之间的投资争议视为商业关系,因而可以适用《纽约公约》来请求承认和执行裁决。实践中,出于仲裁成本和效率等因素的考虑,有相当一部分投资者和国家选择非ICSID机制来处理其投资争议,进而适用《纽约公约》下的执行机制。

(二)《纽约公约》下的执行抗辩

与《ICSID公约》不同的是,依据《纽约公约》申请承认与执行的裁决要经受国内法院的司法审查。执行地法院不仅要审查仲裁程序是否合法,也要审查裁决是否具有可裁性以及是否违反公共政策。[3] 《纽约公约》还要

---

〔1〕 Christopher B. Kuner, *The Public Policy Exception to the Enforcement of Foreign Arbitral Awards in the United States and West Germany Under the New York Convention*, The Journal of International Arbitration, Vol. 7, p. 71, 77 (1990).

〔2〕 Sigval Bergesen M/t Sydfonn Frostfonn Nordfonn *v.* Joseph Muller Corporation, 710 F. 2d 928 (2d Cir. 1983).

〔3〕 Ramona Martinez, *Recognition and Enforcement of International Arbitral Awards under the United Nations Convention of* 1958: *The Refusal Provisions*, The International Lawyer, Vol. 24, p. 493 (1990).

求每一缔约国都须承认仲裁裁决的效力,并不得对裁决的承认和执行设置比承认执行本国仲裁裁决更高的条件。申请执行人承担被执行人应当执行裁决的举证责任,而执行地法院可依据《纽约公约》第5条拒绝承认和执行。[1] 由于国际投资仲裁的特殊性,有关国家的司法机关对《纽约公约》下投资仲裁裁决的承认与执行的国家豁免抗辩进行了区分。承认方面存在"限制豁免"和"绝对豁免",因为一国签订投资条约认可通过投资者-国家仲裁,一般被视为其对管辖豁免的放弃。在执行问题上,各国主要采用"绝对豁免"来抗辩,但近年来逐渐转向了"限制豁免"。被申请人国家同意就投资争议进行国际投资仲裁,是否意味着其放弃了执行豁免还存在争议。[2] 虽然国家豁免不是《纽约公约》下的拒绝承认和执行的理由,但被申请人国家可援引《纽约公约》第3条的规定,[3]要求依照裁决承认执行地的程序规则,而执行地国家国内法中的国家豁免规定则是首要考虑。[4] 从一些国家拒绝执行的实践来看,《纽约公约》下执行地法院拒绝执行的理由主要包括公共政策、正当程序以及执行豁免等方面。[5]

1. 公共政策

《纽约公约》第5条第(2)款允许国内法院在承认和执行裁决违反本国公共政策时予以拒绝。公共政策例外被视为《纽约公约》的"安全阀",因为

---

〔1〕《纽约公约》第5条规定:"一、裁决唯有于受裁决援用之一造向声请承认及执行地之主管机关提具证据证明有下列情形之一时,始得依该造之请求,拒予承认及执行:(甲)第二条所称协定之当事人依对其适用之法律有某种无行为能力情形者,或该项协定依当事人作为协定准据之法律系属无效,或未指明以何法律为准时,依裁决地所在国法律系属无效者;(乙)受裁决援用之一造未接获关于指派仲裁员或仲裁程序之适当通知,或因他故,致未能申辩者;(丙)裁决所处理之争议非为交付仲裁之标的或不在其条款之列,或裁决载有关于交付仲裁范围以外事项之决定者,但交付仲裁事项之决定可与未交付仲裁之事项划分时,仲裁中关于交付仲裁事项之决定部分得予承认及执行;(丁)仲裁机关之组成或仲裁程序与各造间之协议不符,或无协议而与仲裁地所在国法律不符者;(戊)裁决对各造尚无拘束力,或业经裁决地所在国或裁决所依据法律之国家之主管机关撤销或停止执行者。二、倘声请承认及执行地所在国之主管机关认定有下列情形之一,亦得拒不承认及执行仲裁裁决:(甲)依该国法律,争议事项系不能以仲裁解决者;(乙)承认或执行裁决有违该国公共政策者。"

〔2〕张潇剑:《ICSID仲裁裁决的承认与执行》,载《西北大学学报(哲学社会科学版)》2010年第4期。

〔3〕《纽约公约》第3条规定:"缔约国应承认仲裁裁决有约束力,并且依照裁决需要承认或执行地的程序规则予以执行。"

〔4〕肖芳:《国际投资仲裁裁决在中国的承认与执行》,载《法学家》2011年第6期。

〔5〕违反公共政策主要指《纽约公约》第5条第(2)款的情形,违反正当程序指《纽约公约》第5条第(1)款所列的情形。为了表述方便,本文统称为公共政策和正当程序。

其受制于各国的立法和司法程序的解释。[1] 在确定违反公共政策的标准时,许多国内法院进行了国内公共政策和国际公共政策的区分。在帕森斯诉法国兴业银行案中,美国法院认为,国际公共政策不能等同于国内公共政策,而须给出一个超国家的解释。只有当执行外国仲裁裁决将会违反法院地国家的基本道德和正义原则时,才能以公共政策原因拒绝执行。[2] 法国上诉法院在丹尼斯诉雷弗迪案中也指出,影响外国仲裁裁决执行的公共政策不是国内法上的公共政策,而是国际法上的公共政策。[3] 公共政策例外须进行狭义解释且援引时要极其谨慎,以免外国法院经常援引而拒绝执行仲裁裁决。德国法院对其国际公共政策的解释范围比国内公共政策要窄。德国最高法院认为,根据德国程序法上的公共政策,只有执行外国仲裁裁决将违反国家和经济的基本功能时才可拒绝执行。[4] 与美国法院强调"道德和正义"不同的是,德国法院明确将经济因素包含在公共政策例外之中,且认为对经济因素的违反必须是严重的。实践中很少有法院以公共政策为由拒绝执行外国仲裁裁决,[5]拒绝执行的案件也多是裁决本身存在问题。例如,在拉米诺尔斯诉南方电网公司案中,美国乔治亚州地区法院拒绝执行仲裁裁决的理由仅是因为裁决中附加的利息构成了一种惩罚,与迟延收回款项所造成的损害没有合理的关系,违反了公共政策。[6] 几乎所有的美国法院都执行了外国仲裁裁决,即使存在一些瑕疵如前后矛盾的证人陈述、[7]仲

---

[1] Heather R. Evans, *The Nonarbitrability of Subject Matter Defense to Enforcement of Foreign Arbitral Awards in United States Federal Courts*, New York Journal of International Law & Policy, Vol. 21, p. 329, 334 – 335 (1989).

[2] Parsons & Whittemore Overseas Co., Inc., *v.* Societe Generale De L' industrie Du Papier (rakta), and Bankof America, 508 F. 2d 969, 974 (2d Cir. 1974).

[3] Denis Coakley Limited *v.* Société Michel Reverdy, Court of Appeals of Reims/774/81, Judgment of Jul. 23, 1981, 9 Y. B. Com. Arb. at 401.

[4] Judgment of May 15, 1986, Bundesgerichtshof/BGH Ⅲ ZR 192/84 (F. R. G.); 32 Retch der International Wirtchaft (1986), Reprinted in Yearbook of Comparative Arbitration, Vol. 12, p. 489 – 490 (1987).

[5] Susan Choi, *Judicial Enforcement of Arbitration Awards under the ICSID and New York Conventions*, New York University Journal of International Law & Policy, Vol. 28, p. 199 – 200 (1995).

[6] Laminoirs, Ect. *v.* Southwire Co., 484 F. Supp. 1063, 1065 (N. D. Ga. 1980).

[7] Waterside Ocean Navigation Co. *v.* International Navigation Ltd., 737 F. 2d 150, 152 (2d Cir. 1984).

裁员未披露其与当事方的关联[1]以及裁决在另一国可能被认为无效等,[2]也未影响外国仲裁裁决在美国的承认和执行。

国内法院对公共政策例外进行狭义解释主要出于以下考虑:首先,履行当事方达成的解决纠纷的仲裁协议,表明了对当事人意思自治的尊重。其次,对“替代性争议解决”趋势的了解,增加了一些法院接受仲裁作为一种争议解决方式的可能性。大量积压的案件也推动了仲裁这一解纷方式的可接受性。再次,大部分国内法院认为,解决私人经济争议通常不具有危害公共政策的后果。仲裁员只是在解决私人纠纷,而不是创造一个可能与司法体制相抵触的新的法律体系。最后,法院一般认为执行外国仲裁裁决对维护国家经济利益具有重要性。如果他们经常拒绝执行外国仲裁裁决,其他国家也会同样拒绝在其国内提出的仲裁裁决执行请求。上述考虑可能是导致各国法院对《纽约公约》第5条第(2)款(b)项进行狭义解释的一些因素。

2. 正当程序

《纽约公约》第5条第(1)款的正当程序要求也是各国拒绝承认和执行仲裁裁决的理由。若当事方无行为能力或仲裁协议无效、当事方未接到适当通知或未能对案件提出意见、仲裁庭的组成或仲裁程序不符合当事方协议或仲裁发生地的法律等情形出现时,国内法院可能拒绝承认执行仲裁裁决。通常来说,国际仲裁中强制执行仲裁裁决的强有力政策可以排除一些程序瑕疵,尽可能使裁决得以执行。美国、德国等国家的国内法院很少因当事方的正当程序抗辩而拒绝执行外国裁决。在没有令人信服的理由为相反的结果辩护的情况下,美国法院将积极支持当事各方选择仲裁解决争议的权利,并继续限制拒绝执行仲裁裁决的理由。[3] 德国法院同样也很少因正当程序抗辩而拒绝执行裁决。德国最高法院明确指出法院对判决的要求不能适用于裁决,即使仲裁裁决并未处理被申请人的所有抗辩,法院也可执行

---

[1] Fertilizer Corp. of India *v.* IDI Management, 517 F. Supp. 948, 955 (S. D. Ohio 1981).

[2] American Constr. Mach. And Equip. Corp. Ltd. *v.* Mechanized Constr. of Pakistan, 659 F. Supp. 426, 429 (S. D. N. Y. 1987).

[3] Ramona Martinez, *Recognition and Enforcement of International Arbitral Awards under the United Nations Convention of* 1958: *The Refusal Provisions*, The International Lawyer, Vol. 24, p. 518 (1990).

已作出的裁决。[1] 德国和美国法院通常对正当程序例外作狭义解释，认为正当程序例外仅用于仲裁程序中的严重异常行为，小的程序瑕疵不足以影响裁决的承认执行。[2] 例如，美国法院执行了仲裁员在宣誓书的基础上作出的裁决[3]和一方当事人缺席仲裁程序的情况下作出的裁决，[4]甚至支持了一方有机会但未能向仲裁庭提出异议的裁决。[5] 在水边远洋航海公司诉国际航行有限公司案[6]中，一方当事人对伦敦作出的仲裁裁决在美国的执行提出异议，声称裁决是基于一名证人前后矛盾的宣誓证词作出的，确认裁决将违反美国保护“宣誓的神圣性和维护司法体系的完整性”的公共政策。地区法院拒绝了国际航运公司的主张，第二巡回法院确认了地区法院的这一决定，认为公共政策抗辩必须作符合公约目的的解释，即鼓励执行国际仲裁裁决。[7] 因此，承认和执行该裁决不会违反美国的公共政策，法院不会以程序瑕疵为由拒绝执行，只有出现欺诈、腐败等违反基本道德和正义的情形时才可拒绝执行。[8]

3. 执行豁免

近年来，虽然一些国家在执行国家财产的问题上倾向于“限制豁免”，但鉴于执行豁免对国家主权的重要性，即使有些国内法院认定缔约国放弃了执行豁免，仍要求申请人证明被请求执行的财产与争议事项的关联性。[9] 还有一些国家的国内法要求审查申请执行的裁决所涉财产的性质，若非商

---

〔1〕 Judgment of Jan. 18, 1990, Bundesgerichtshof, 17 Y. B. Com. Arb. 503, 509 (1992).

〔2〕 Susan Choi, *Judicial Enforcement of Arbitration Awards under the ICSID and New York Conventions*, New York University Journal of International Law & Policy, Vol. 28, p. 211 – 212 (1995).

〔3〕 Parsons & Whittemore Overseas Co. v. Societe Generale de I'Industrie du Papier (RAKTA), 508 F. 2d 969, 975 – 976 (2d Cir. 1974).

〔4〕 Biotronik Messund Therapiegeraete GmbH & Co. *v.* Medford Medical Instrument Co. , 415 F. Supp. 133, 140 – 141 (D. N. J. 1976).

〔5〕 International Standard Elec. Corp. *v.* Bridas Sociedad Anonima Petrolera, Indus. Y Commercial, 745 F. Supp. 172, 180 (S. D. N. Y. 1990).

〔6〕 Waterside Ocean Navigation Co. , Inc. , *v.* International Navigation Ltd. , 737 F. 2d 150 (2d Cir. 1984).

〔7〕 Ibid. , at 152.

〔8〕 Ramona Martinez, *Recognition and Enforcement of International Arbitral Awards under the United Nations Convention of* 1958: *The Refusal Provisions*, The International Lawyer, Vol. 24, p. 516 (1990).

〔9〕 Orascom Telecom Holding SZE *v.* Republic of Chad, [2008] EWHC 1841 (Comm).

业财产则需国家的明示弃权。[1]

就被申请执行的财产是否与执行国存在关联而言,瑞士联邦最高法院在执行巴黎仲裁庭作出的针对乌兹别克斯坦的 UNCITRAL 仲裁裁决时,认为被执行财产涉及国家主权且该国位于瑞士的财产与争议没有实质联系,遂拒绝执行裁决。申请人抗辩称《纽约公约》规定的拒绝执行的理由并不包括国家主权,法院不能援引这一理由拒绝执行。然而瑞士联邦最高法院认为国家主权是程序性问题,由各国国内法进行规定。《纽约公约》未禁止各国法律就其国内法院对国家行为的管辖权进行限制,因此瑞士联邦最高法院通过考察先例,认为在瑞士对有关主权国家的财产进行执行的裁决须满足非主权国家的行为和与瑞士有关联这两个条件,才可予以执行。裁决在瑞士作出或履行地在瑞士不足以确定裁决与瑞士的关联性。[2] 这一案例表明,投资者依据《纽约公约》申请承认执行仲裁裁决时,要注意被执行的财产与执行地国家的关联性,否则裁决可能被拒绝执行。

被申请国家同意接受国际投资仲裁并不意味着其放弃了执行豁免,除非该财产是商业性质的或用于商业目的。通常来说,申请执行人对商业性的国家资产证明较为困难,胜诉裁决最终能否获得执行存在较大的不确定性。在塞德尔迈耶公司诉俄罗斯联邦仲裁裁决执行案[3]中,申请人塞德尔迈耶公司获得了关于征收的胜诉赔偿裁决,在俄罗斯拒绝执行后向德国柏林高等法院请求执行。德国柏林高等法院认为根据德国宪法法院对管辖和执行的限制豁免立场,俄罗斯诉诸仲裁就意味着其放弃了管辖豁免和执行豁免,但涉及国家财产的裁决在《纽约公约》下应拒绝执行,除非被执行财产是商业性的。[4] 申请人随后耗费近 10 年时间才发现两处俄罗斯用于商业

---

[1] Andrea K. Bjorklund, *State Immunity and the Enforcement of Investor-State Arbitral Awards*, in Christina Binder, Ursula Kriebaum, et al, International Investment Law for the 21st Century: Essays in Honour of Christoph Schreuer, Oxford University Press, 2009, p. 309.

[2] Case No. 5A_942/2017, Judgment of September 7, 2018, http://www.swissarbitrationdecisions.com/sites/default/files/7%20septembre%202018%205A%20942%202017.pdf.

[3] Mr. Franz Sedelmayer *v.* The Russian Federation, SCC, Order of the German Federal Supreme Court (German), Oct. 4, 2005.

[4] S. Kröll & J. Griebel, *To Piece or not to Piece the Veil*, Stockholm International Arbitration Review, Vol. 2, p. 37, 95 (2005).

目的的国家资产,[1]但仍未能要回全部欠款。由于国家豁免是对国际投资仲裁裁决执行机制的一个阻却事由,且还会长期存在下去,一个较为有效的办法就是在投资协定中订立仲裁条款时明确败诉国的执行豁免弃权,或者各国在仲裁程序进行之初就明确其不能履行裁决金钱义务时的商业资产,保障胜诉申请人获得补偿的权利。

(三)互惠原则下裁决的承认与执行

《纽约公约》的缔约国中有不少国家在批准该公约时进行了互惠保留,[2]只承认公约缔约国境内作出的裁决。若被申请执行国不是《纽约公约》的缔约国,在申请人申请执行非 ICSID 裁决时,被申请执行地法院可依据双方的互惠安排来决定。例如,印度只承认执行其中央政府认定为互惠国的《纽约公约》另一缔约国境内作出的裁决,而仅仅签署《纽约公约》并不足以成为印度的互惠国。[3]《中华人民共和国民事诉讼法》(以下简称《民事诉讼法》)第 290 条[4]和最高人民法院《关于适用〈中华人民共和国民事诉讼法〉的解释》第 543 条规定了互惠原则,[5]但未作详细阐述。实践中,我国法院多是参照判决的承认与执行中适用互惠原则的程序和条件来进行的。如果被申请执行的裁决违反我国法律或公共政策,则拒绝承认执行。若双方既无相关的国际条约也无双边互惠安排,则执行地法院可拒绝承认执行裁决。

---

[1] Kremlin Says Ruling on Soviet Trade Mission in Cologne Illegal, RIA Novosti, 21 March 2008; City Court Cologne 093 K 029/06 (Amtsgericht Köln).

[2] 如阿富汗、阿尔巴尼亚、阿根廷、亚美尼亚、巴巴多斯、中国、丹麦、厄瓜多尔、法国、希腊、印度、印度尼西亚、日本等国家。

[3] Lalit Bhasin, *Enforcement of Foreign Judgments, India*, Kluwer Law International, 2013, p. 6.

[4] 《民事诉讼法》第 290 条:"国外仲裁机构的裁决,需要中华人民共和国人民法院承认和执行的,应当由当事人直接向被执行人住所地或者其财产所在地的中级人民法院申请,人民法院应当依照中华人民共和国缔结或者参加的国际条约,或者按照互惠原则办理。"

[5] 最高人民法院《关于适用〈中华人民共和国民事诉讼法〉的解释》第 543 条:"对临时仲裁庭在中华人民共和国领域外作出的仲裁裁决,一方当事人向人民法院申请承认和执行的,人民法院应当依照民事诉讼法第二百九十条规定处理。"

第二节　第三方资助对国际投资仲裁裁决承认与执行的影响

仲裁裁决的执行和仲裁程序本身一样重要,有效的执行机制是第三方资助者进行资助的重要考量因素。资助者如果预先知道裁决将不会执行或执行存在障碍,裁决中确定的补偿也无法得以保证,则可能不会进行投资。[1]《ICSID 公约》和《纽约公约》提供的两种执行机制为第三方资助者的参与提供了制度保障。《ICSID 公约》被视为国际投资仲裁背后的驱动力,也被称为"国际纠纷解决的重要转折点"。[2]《纽约公约》也为非 ICSID 裁决的承认执行提供了制度支持。第三方资助对国际投资仲裁裁决执行的影响主要在于裁决适用的执行机制和执行地国对第三方资助的执行抗辩。[3] 各国对第三方资助的不同态度也可能影响着涉第三方资助裁决的执行。

一、国际投资仲裁中涉及第三方资助的案件执行情况

笔者统计了从 2001 年至 2021 年 6 月的国际投资仲裁案件,仲裁庭共做出了 419 个执行决定。从统计数据来看,投资仲裁裁决的执行力度在加大,仲裁庭做出的裁决一般都能得到执行。除了当事方自动履行、和解、中止执行、撤销裁决等情形之外,这 419 个案件真正进入到执行阶段的有 108 个,主要执行地包括美国(82 个)、英国(8 个)、加拿大(3 个),还包括澳大利亚、新加坡、法国、荷兰等国家。[4] 从已公开的进入到执行阶段的投资仲裁裁决来看,涉及第三方资助的案件大致有 29 个。其中,申请人向美国法院申请执

[1] Eric De Brabandere, *Third Party Funding in International Investment Arbitration*, Grotius Centre Working Paper, p. 9 – 10 (2012).

[2] F. Orrego Vicuna, *International Dispute Settlement in an Evolving Global Society: Constitutionalization*, *Accessibility*, Privatization, Cambridge University Press, 2004, p. 64.

[3] UN, *Summary of the Intersessional Regional Meeting on Investor-State Dispute Settlement (ISDS) Reform Submitted by the Government of the Republic of Korea*, October 29 – November 2, A/CN. 9/WG. Ⅲ/WP. 154, 2018, p. 6 – 7.

[4] 统计数据参见 https://www.italaw.com/search/site/? f%5B0%5D = sm_field_case_document_type%3Aenforce。

行的案件为25个,向英国法院申请执行的案件有2个,向荷兰法院申请执行的案件有1件,其他仲裁机构包括ICC、LCIA、SCC审理的案件也涉及执行问题,由于大部分案件未公开而无从得知。从投资仲裁裁决的执行地来看,各国几乎都承认第三方资助。(见表5-1)

表5-1　涉第三方资助的投资仲裁案件及裁决执行地

统计编号	案件名称	案件编号	申请承认与执行地	仲裁机构
1	黄金储备公司诉委内瑞拉玻利瓦尔共和国(Gold Reserve Inc. *v.* Bolivarian Republic of Venezuela)	ICSID Case No. ARB(AF)/09/1	英国	ICSID
2	鲁索罗矿业有限公司诉委内瑞拉玻利瓦尔共和国(Rusoro Mining Ltd. *v.* Bolivarian Republic of Venezuela)	ICSID Case No. ARB(AF)/12/5	美国	ICSID
3	安廷基础设施服务公司卢森堡分公司等诉西班牙王国(Antin Infrastructure Services Luxembourg S. à. r. l. and Antin Energia Termosolar B. V. *v.* Kingdom of Spain)	ICSID Case No. ARB/13/31	美国	ICSID
4	艾泽基础设施有限公司诉西班牙王国(Eiser Infrastructure Limited and Energía Solar Luxembourg S. àr. l. *v.* Kingdom of Spain)	ICSID Case No. ARB/13/36	美国	ICSID
5	马斯达尔太阳能和风能合作公司诉西班牙王国(Masdar Solar & Wind Cooperatief U. A. *v.* Kingdom of Spain)	ICSID Case No. ARB/14/1	美国	ICSID
6	萨那伊夫提卡雷特诉吉尔吉斯共和国(Sistem Mühendislik In aat Sanayi ve Ticaret A. *v.* Kyrgyz Republic)	ICSID Case No. ARB(AF)/06/1	美国、加拿大	ICSID

续表

统计编号	案件名称	案件编号	申请承认与执行地	仲裁机构
7	赫利企业有限公司(塞浦路斯)诉俄罗斯联邦[Hulley Enterprises Limited (Cyprus) *v.* The Russian Federation]	PCA Case No. 2005－03/AA 226	美国	PCA
8	老牌石油有限公司(塞浦路斯)诉俄罗斯联邦[Veteran Petroleum Limited (Cyprus) *v.* The Russian Federation]	PCA Case No. 2005－05/AA 228	美国	PCA
9	铁路发展公司诉危地马拉共和国(Railroad Development Corporation *v.* Republic of Guatemala)	ICSID Case No. ARB/07/23	美国	ICSID
10	AIG 资本集团诉哈萨克斯坦共和国(AIG Capital Partners, Inc. and CJSC Tema Real Estate Company *v.* Republic of Kazakhstan)	ICSID Case No. ARB/01/6	英国	ICSID
11	卡基·卡拉德尼兹诉巴基斯坦伊斯兰共和国(Karkey Karadeniz Elektrik Uretim A. S. *v.* Islamic Republic of Pakistan)	ICSID Case No. ARB/13/1	美国	ICSID
12	扬尼斯·卡达索普洛斯诉格鲁吉亚共和国(Ioannis Kardassopoulos *v.* The Republic of Georgia)	ICSID Case No. ARB/05/18	美国	ICSID
13	伊恩·米库拉等诉罗马尼亚(Ioan Micula, Viorel Micula, S. C. European Food S. A, S. C. Starmill S. R. L. and S. C. Multipack S. R. L. *v.* Romania)	ICSID Case No. ARB/05/20	欧盟、美国	ICSID

续表

统计编号	案件名称	案件编号	申请承认与执行地	仲裁机构
14	联合费诺萨天然气公司诉阿拉伯埃及共和国(Unión Fenosa Gas, S. A. *v.* Arab Republic of Egypt)	ICSID Case No. ARB/14/4	美国	ICSID
15	巴尔干能源(加纳)有限公司诉加纳共和国[Balkan Energy (Ghana) Limited *v.* Republic of Ghana]	PCA Case No. 2010 – 7	美国	PCA
16	维尔纳施耐德诉泰王国[Werner Schneider, acting in his capacity as insolvency administrator of Walter Bau Ag (In Liquidation) *v.* Kingdom of Thailand (formerly Walter Bau AG (in liquidation) *v.* Kingdom of Thailand)]	—	美国	UNCITRAL
17	康菲石油公司诉委内瑞拉玻利瓦尔共和国(Conoco Phillips *v.* Bolivarian Republic of Venezuela)	ICSID Case No. ARB/07/30	美国	ICSID
18	阿纳托利·斯塔蒂诉哈萨克斯坦(Anatolie Stati, Gabriel Stati, Ascom Group SA and Terra Raf Trans Traiding Ltd. *v.* Kazakhstan)	SCC Case No. V 116/2010	美国	SCC
19	哈代勘探与生产(印度)公司诉印度政府[Hardy Exploration and Production (India) Inc. *v.* Government of India]	—	美国	UNCITRAL
20	奥克萨斯黄金有限公司诉乌兹别克斯坦共和国(Oxus Gold *v.* Republic of Uzbekistan)	—	美国	UNCITRAL

续表

统计编号	案件名称	案件编号	申请承认与执行地	仲裁机构
21	白金黑石私人有限公司诉马尔代夫共和国[Platinum Blackstone PTY LTD (formerly known as Nexbis Pty Ltd.) *v.* Republic of Maldives]	SIAC ARB No. 003 of 2014	美国	SIAC
22	水晶国际公司诉委内瑞拉玻利瓦尔共和国(Crystallex International Corporation *v.* Bolivarian Republic of Venezuela)	ICSID Case No. ARB(AF)/11/2	美国	ICSID
23	格玛国际等诉几内亚共和国(Getma International and Others *v.* Republic of Guinea)	ICSID Case No. ARB/11/29	美国	ICSID
24	迈克尔·巴兰坦诉多米尼加共和国(Michael Ballantine and Lisa Ballantine *v.* The Dominican Republic)	PCA Case No. 2016 - 17	美国	PCA
25	卢森堡新能源公司诉西班牙王国[Novenergia Ⅱ-Energy & Environment (SCA) (Grand Duchy of Luxembourg), SICAR *v.* The Kingdom of Spain]	SCC Case No. 2015/063	美国	SCC
26	南美银业有限公司诉玻利维亚(South American Silver Limited *v.* Bolivia)	PCA Case No. 2013 - 15	美国	PCA
27	特提斯铜业公司诉巴基斯坦伊斯兰共和国(Tethyan Copper Company PTY Limited *v.* Islamic Republic of Pakistan)	ICSID Case No. ARB/12/1	—	ICSID

续表

统计编号	案件名称	案件编号	申请承认与执行地	仲裁机构
28	尤科斯环球有限公司诉俄罗斯联邦[Yukos Universal Limited (Isle of Man) *v.* The Russian Federation]	PCA Case No. 2005－04/AA227	美国	PCA
29	水电公司等诉阿尔巴尼亚共和国(Hydro S. r. l. and Others *v.* Republic of Albania)	ICSID Case No. ARB/15/28	荷兰	ICSID

资料来源:https://www.italaw.com,统计时间截至2021年6月30日。

二、第三方资助对ICSID裁决承认与执行的影响

根据《ICSID公约》的规定,仲裁庭作出的裁决如同缔约国国内法院的最终判决,缔约国须承认裁决的全部内容,即使第三方资助者资助了仲裁程序,执行地国法院也要认可裁决的效力。因此,执行地国对ICSID裁决的承认不存在问题,关键是ICSID裁决的执行问题。在ICSID仲裁机制之下,涉及金钱义务的裁决根据《ICSID公约》第54条第(1)款可自动执行;缔约国执行ICSID裁决须如同执行其本国法院的最终判决,而不受制于其本国的强制性规则或关于第三方资助的公共政策。在ICSID仲裁之下,非受资助者对第三方资助者参与仲裁程序的质疑可能产生于纠纷解决或撤销程序阶段,可能引发当事方对资助者和仲裁员利益冲突的担忧,但这些都不能成为ICSID裁决执行的障碍。败诉国可援引的拒绝执行的理由仅是主权豁免抗辩,而非第三方资助引发的诸如正当程序、公共政策等问题。也就是说,在ICSID仲裁下,即使第三方资助与特定国家的国内法相悖,也不影响《ICSID公约》第54条的自动执行机制,因为一个有效的ICSID裁决不受任何东道国国内的司法审查。从投资仲裁实践来看,只有极少一部分ICSID裁决向东道国法院申请执行,大部分投资仲裁案件是向《ICSID公约》缔约方即第三国法院申请执行的。据考察,大多数国家执行了涉第三方资助的ICSID裁决。

（一）涉第三方资助的 ICSID 裁决在美国的执行

从上文关于国际投资仲裁裁决的执行情况来看，大部分胜诉的投资者选择向美国法院申请执行 ICSID 裁决。《ICSID 公约》第 54 条第（1）款规定将 ICSID 裁决视为国内法院的最终判决，意味着公约对执行国法院审查 ICSID 裁决的间接授权。执行国法院对 ICSID 裁决的审查范围和标准等同于其对本国法院最终判决的审查范围和标准。在《美国联邦仲裁法》（Federal Arbitration Act, FAA）下，内国裁决和外国裁决都需通过判决体系执行，仲裁裁决也被视为国内法院的判决。[1] 在美国，未有判决或裁决禁止第三方资助者的参与，也没有为了有效执行判决或裁决而要求披露资助程序的实践。即使美国有些州禁止第三方资助，这些州的法院也必须执行其他州的法院或仲裁机构作出的有关第三方资助者参与并进入判决系统的裁决。因此，以第三方资助为由拒绝执行被资助的判决或裁决在美国是不被允许的。[2]

根据涉及第三方资助的投资仲裁裁决的执行情况，第三方资助者参与投资仲裁程序不足以影响裁决的执行。在安廷基础设施服务有限公司卢森堡分公司诉西班牙王国案[3]中，申请人是法国专业私人股本投资基金安廷基金 1（Antin Fund 1）用于对西班牙可再生能源部门进行投资的实体，其认为被申请人西班牙违反了 ECT 和国际法下保护申请人及其投资的义务。[4] 西班牙为了限制从特殊机制中获益的能源公司的数量以及控制西班牙电力系统（Spanish Electricity System, SES）的费用，要求所有的可再生能源公司进行预先转让登记。这对公司在特殊机制下成为获得利益的适格主体来说

---

[1] 9 U.S.C. § 13: The judgment so entered shall have the same force and effect, in all respects, as, and be subject to all the provisions of law relating to, a judgment in an action; and it may be enforced as if it had been rendered in an action in the court in which it is entered.

[2] Victoria Shannon Sahani, *Judging Third-Party Funding*, UCLA Law Review, Vol. 63, p. 441 – 442 (2016).

[3] Antin Infrastructure Services Luxembourg S. à. r. l. and Antin Energia Termosolar B. V. *v.* Kingdom of Spain, ICSID Case No. ARB/13/31.

[4] Antin Infrastructure Services Luxembourg S. à. r. l. and Antin Energia Termosolar B. V. *v.* Kingdom of Spain, ICSID Case No. ARB/13/31, Award on 15 June, 2018, para. 69.

是一个强制要求。[1] 在申请人完成投资后的数月内，西班牙制定了《第1/2012号皇家法令》(Royal Decree Law 1/2012)。这一法令禁止了《第661/2007号皇家法令》中给予未能在预先转让登记制度生效时进行登记的新能源企业的优惠待遇。[2] 为了减少特殊机制的费用以及避免增加消费者支付的使用费，西班牙于2013年2月1日出台的《第2/2013号皇家法令》(Royal Decree Law 2/2013)，不仅规定所有的补偿关税和电力体系的收益将更新为固定税率，还减少了投资公司的收益。申请人认为，西班牙的做法是对《第661/2007号皇家法令》的背离。[3] 申请人主张通过仲裁来解决其投资收益受损以及资金流动减少的事实。

申请人向ICSID仲裁庭提起仲裁请求，认为被申请人西班牙违反了ECT第10条第(1)款，即未给予投资者的投资以公平公正待遇，采取了不合理或歧视性的措施损害了申请人的投资，以及未能履行对申请人或其投资所承担的义务。被申请人抗辩称申请人不是最终的受益人，对利益也不具有控制权，最终的控制人是安廷基金1，而其在法国法上不具有法人资格，况且其也未对西班牙提起仲裁请求，因此申请人不是适格主体。在案件进行过程中，安廷基础设施服务有限公司卢森堡分公司获得了特定的担保，但只对用于建造工厂的资金给予合理的回报，而以溢价形式购买现有资产的资金从未包括在偿还范围之内。此类排除源自监管体系以及安达索尔2号太阳能热电厂(Andasol - 2 Central Termosolar Dos)与某些信贷实体自2006年以来签订的资助协议。因此，申请人认为，其保证的"合理回报"并不包括他们支付给出售核电站的公司的保费，也不包括安廷基础设施服务有限公司卢森堡分公司通过运营获得的资本利得。[4] 仲裁庭经分析后拒绝了被申请人提出的管辖权异议，采纳了申请人认为西班牙违反ECT下的公平公正待遇并遭受了损害，但并未认可申请人提出的

---

[1] Antin Infrastructure Services Luxembourg S. à. r. l. and Antin Energia Termosolar B. V. *v.* Kingdom of Spain, ICSID Case No. ARB/13/31, Award on 15 June, 2018, para. 100.

[2] Ibid., para. 136.

[3] Ibid., paras. 143 - 145.

[4] Ibid., paras. 475 - 477.

所有补偿请求。[1]

申请人于2018年7月27日向美国哥伦比亚特区联邦地区法院申请执行该ICSID裁决。美国国内法院有强制执行ICSID裁决并将其视为国内法院最终判决的义务。该法院仅审查了裁决的真实性并执行裁决中规定的义务。[2] 执行法院并未提及资助协议问题,一定程度上说明了第三方资助并不影响ICSID裁决的执行。

在马斯达尔太阳能和风能合作公司诉西班牙王国案中,申请人马斯达尔是一家在荷兰注册、为阿布扎比酋长国未来能源公司拥有和控制99%资本份额的实体,而阿布扎比酋长国未来能源公司被阿布扎比酋长国政府所有的穆巴达拉(Mubadala)公司全资控股。申请人与西班牙签订投资可再生能源的合同。因欧盟对可再生能源的消费进行了限制,西班牙国内的可再生能源使用不满足欧盟的要求,西班牙遂在2012年12月采取措施以保障能源的可持续性:其一,禁止自营公司使用天然气的权利;其二,取消第38/1992号法律规定的一项豁免,即在天然气用于发动机燃料和加热燃料以外的任何目的的范围内不征收碳氢化合物税;其三,对所有被输入国家电网发电的企业征收7%的税。[3] 这些措施对申请人依赖西班牙此前的投资激励政策进行的投资造成了实质损害。申请人认为西班牙违反了ECT第10条第(1)款,损害了申请人的投资,应对其予以补偿。申请人在穆巴达拉公司的资助下提起了投资仲裁。[4] 被申请人认为申请人仅是一个壳公司,未提供资金也不承担投资的风险,真正的投资者是阿布扎比政府,且申请人的投资不能视为ECT或《ICSID公约》下的投资,因此仲裁庭没有管辖权。

仲裁庭经分析后认为,资金的来源不影响仲裁庭的管辖权,不论投资来

---

〔1〕 Antin Infrastructure Services Luxembourg S. à. r. l. and Antin Energia Termosolar B. V. *v.* Kingdom of Spain, ICSID Case No. ARB/13/31, Award on 15 June, 2018, paras. 740 – 745.

〔2〕 Antin Infrastructure Services Luxembourg S. à. r. l. and Antin Energia Termosolar B. V. *v.* Kingdom of Spain, ICSID Case No. ARB/13/31, Petition to Enforce Arbitral Exhibits on July 27, 2018, paras. 21 – 23.

〔3〕 Masdar Solar & Wind Cooperatief U. A. *v.* Kingdom of Spain, ICSID Case No. ARB/14/1, Award on 16 May 2018, para. 30.

〔4〕 Ibid., para. 155.

自资本输入、在当地赚取的利润、当地收到的付款或当地筹集的贷款,所享受的保护程度都没有差别,且经查明申请人在荷兰有经营场所、银行账户和从事经济活动。[1] 因此,申请人的投资满足《ICSID 公约》和 ECT 第 1 条第(6)款下的通常解释,仲裁庭对本案有管辖权。最终,仲裁庭认为被申请人违反了 ECT 第 10 条第(1)款下的公平公正待遇,应当赔偿申请人的损失及利息。[2]

申请人随后向美国哥伦比亚特区联邦地区法院申请执行仲裁裁决,要求法院像执行本国最终判决一样执行该仲裁裁决。法院认为,依据《外国主权豁免法案》(Foreign Soverign Immunities Act,FSIA)第 1605 条(a)款第(1)项,西班牙无权豁免于该法院依据《ICSID 公约》执行裁决的管辖权;根据 FSIA 第 1605 条(a)款第(6)项的规定,西班牙也不能免于起诉,因为这是一项执行《ICSID 公约》所规定的仲裁裁决的行动。该公约是一项在美国承认和执行生效的仲裁裁决的法律依据。[3] 法院拒绝了西班牙中止执行仲裁裁决的请求,作出了立即执行的决定。从本案来看,哥伦比亚特区联邦地区法院执行 ICSID 裁决也未受第三方资助的影响。

(二)涉第三方资助的 ICSID 裁决在英国的执行

英国最初受传统的禁止助讼和包揽诉讼这一普通法原则的限制而不愿意接受第三方资助,认为这些普通法原则来自公共政策,允许助讼和帮讼将会滋生骚扰性的主张,助长为了营利而提起无根据的诉讼的做法。后来出于国内接近正义的需求,英国从"采取观望态度忽视第三方资助到发布条例或法案规范资助者"。[4] 英国对第三方资助态度的转变不仅使本国的第三方资助产业发展迅速,而且从投资仲裁裁决执行地的选择来看,英国对仲裁裁决的执行力度也受到了广大申请人投资者的青睐。

---

〔1〕 Masdar Solar & Wind Cooperatief U. A. *v.* Kingdom of Spain, ICSID Case No. ARB/14/1, Award on 16 May 2018, para. 201.

〔2〕 Ibid., para. 697.

〔3〕 Masdar Solar & Wind Cooperatief U. A. *v.* Kingdom of Spain, ICSID Case No. ARB/14/1, Petition to Enforce Arbitral Award on 28 Sep. 2018, p. 2.

〔4〕 Lisa Bench Nieuwveld & Victoria Shannon Sahini, *Third-Party Funding in International Arbitration*, 2nd edition, Kluwer Law International, 2017, p. 268.

ICSID 裁决的执行通常不受其他因素的影响,但《ICSID 公约》第 55 条规定的执行国有关国家豁免的法律是阻碍 ICSID 裁决得以执行的考量因素。在美国国际集团诉哈萨克斯坦案中,美国国际集团资本在另一美国国际集团全资控股的子公司的资助下,和中冶特马房地产有限公司(CJSC Tema Real Estate Company Ltd.)组成了一个合营企业并在哈萨克斯坦进行投资。合营企业收到的资金主要来自哈萨克斯坦住房有限公司(Kazakhstan Housmg Limited)根据资助协议提供的资金。该项目的全部资助费用中有一部分资金要从内部产生的现金中再投资。[1] 随后哈萨克斯坦政府宣布,由于建设国家植物园需要占用相关土地,该项目将被取消。2001 年 2 月,申请人的项目被查封。申请人遂向 ICSID 提起仲裁,ICSID 裁决认为被申请人的行为构成武断的征收,无视正当法律程序,"令人震惊地违反了一切法律上的正义感"。[2] 申请人最终获得了要求哈萨克斯坦政府支付其 9,951,709 美元的 ICSID 裁决。根据 1966 年《英国仲裁(国际投资争议)法》第 1 条,申请人已获得在高等法院登记该裁决的许可,并希望根据 2001 年 12 月 24 日与哈萨克斯坦国家银行签订的全球托管协议,获得执行第三方(AAMGS)在伦敦持有的现金和证券的命令,以执行这一裁决。申请人已经获得了临时执行令并认为哈萨克斯坦的资金和证券等资产应是最终执行令的执行客体。哈萨克斯坦国家银行介入了这一程序并以执行第三方持有的这些资产是哈萨克斯坦国家银行的资产,受 1978 年《英国国家豁免法》的豁免保护为由申请免予执行。申请人认为《英国国家豁免法》在该案中的解释和适用并未授予哈萨克斯坦豁免,因此临时执行令应视为最终执行令。

根据裁决中胜诉的当事方的申请,法院可能作出要求第三方支付的命令,但由于《英国国家豁免法》以及 1972 年《欧洲国家豁免公约》的规定,国家应当豁免于缔约国法院的管辖,除非有商事交易等例外存在。2004 年 11

---

〔1〕 AIG Capital Partners, Inc. and CJSC Tema Real Estate Company Ltd. *v.* The Republic of Kazakhstan, ICSID Case No. ARB/01/6, Award on 7 October 2003, para. 12.1.8.

〔2〕 AIG Capital Partners, Inc. and CJSC Tema Real Estate Company Ltd. *v.* The Republic of Kazakhstan, ICSID Case No. ARB/01/6, Judgment of the English High Court of Justice on Enforcement on 20 Oct. 2005, para. 4.

月 18 日，哈萨克斯坦大使给英国高等法院的一封信中提到，AAMGS 持有的哈萨克斯坦国家银行的资产是哈萨克斯坦的国有资产，享有豁免和特权。[1] 申请人抗辩称，AAMGS 持有的这些位于伦敦的资产代表了国家的资金，是国家为了产生更多利益的投资，不能被视为国家银行或其他机构的资产，且其是出于商事目的而进行的活动，应当对这些财产进行扣押，哈萨克斯坦和哈萨克斯坦国家银行都不能对这些伦敦资产主张豁免。被申请人认为这些伦敦资产构成哈萨克斯坦国家银行的资产，且为非出于商业目的的使用，属于《英国国家豁免法》第 14 条第(4)款的豁免范围。这些资产被用于国家机构的实践，是一种主权行为，法院不应颁布临时执行令。[2]

法院经分析后认为，哈萨克斯坦作为这些资产的最终受益人，其和 AAMGS 没有合同关系，也不存在债权人和债务人的关系，因此法院不应作出对第三方的债务令。“出于商事目的”也不能作宽泛解释，否则国家银行可能以此为由寻求豁免。《英国国家豁免法》第 14 条第(4)款对某一当事方执行中央银行或其他金融当局财产的判决的权利进行限制是合法和相称的。中央银行的活动和财产如果是用于主权目的，就可以享有豁免权。伦敦资产在任何阶段都未作商业目的使用，是国家资金的组成部分，其目的是援助哈萨克斯坦的经济管理和政府税收，用于主权活动。哈萨克斯坦这一国家行为通过国家银行和作为国家资金全球托管人的 AAMGS 来实现。因此，本案中《英国国家豁免法》第 14 条第(4)款下的伦敦资产是哈萨克斯坦的国家资产，应豁免于英国法院的执行程序，法院撤销了其作出的临时执行令。[3]

由上可知，对于 ICSID 裁决而言，《ICSID 公约》的缔约国不得对其进行审查，须将其视为国内法院的最终裁决一样承认执行。被执行国只能提出国家豁免来抗辩 ICSID 裁决的执行，第三方资助者的存在只是影响仲裁庭的管辖权、受资助者的披露以及费用问题等，对 ICSID 裁决的执行无影响。

---

[1] AIG Capital Partners, Inc. and CJSC Tema Real Estate Company Ltd. *v*. The Republic of Kazakhstan, ICSID Case No. ARB/01/6, Judgment of the English High Court of Justice on Enforcement on 20 Oct. 2005, paras. 25 – 26.

[2] Ibid., para. 28.

[3] Ibid., paras. 90 – 96.

三、第三方资助对非 ICSID 裁决承认与执行的影响

非 ICSID 裁决主要包括依据《ICSID 附加便利规则》《UNCITRAL 仲裁规则》或由其他专门的仲裁庭作出的投资仲裁裁决。涉第三方资助的非 ICSID 裁决的承认和执行问题依据《纽约公约》来进行。执行地国法院可依据《纽约公约》第 5 条的规定对仲裁裁决拒绝承认和执行,尤其是第 5 条第(2)款(b)项的公共政策抗辩。[1] 如果特定国家限制或排除第三方资助时,那么第三方资助投资仲裁就因违反该国公共政策而被拒绝承认执行。

(一)允许第三方资助的国家对涉第三方资助的非 ICSID 裁决的承认执行

随着第三方资助的适用日益普遍,一些普通法系国家/地区如新加坡和中国香港特别行政区近年来废除了助讼和包揽诉讼,在立法中明确规定第三方资助合法。大部分大陆法系国家虽未规定第三方资助,但也未明确禁止。比如,在比利时,虽然法律未直接禁止第三方资助,但其也没有发展成为一个成熟的市场。最主要的原因是律师被禁止从非当事方处获得费用,第三方资助仅可能在例外的情形下发生。法国法并不禁止第三方资助,而是以申请人或其代理人支付给律师报酬的规则为依据,第三方资助者直接向申请人提供资金,然后再由申请人支付给律师。意大利法院还未有处理过诉讼或仲裁中的第三方资助的实践,也没有法律禁止使用或规制第三方资助。在意大利,第三方资助者可能通过两种方式来资助主张:第一种方式是依据《意大利民事程序法典》允许"信用分配"的规定,第三方能直接参与到诉讼中,但这仅被限制在合同主张中;第二种方式是第三方资助协议,资助者仅直接提供资金,而不控制或对主张施加影响。如果主张胜诉了,资助者可就全部资助费用获得偿还,还可获得一部分胜诉收益。[2]

上述国家明示或默示允许第三方资助,所以涉第三方资助的非 ICSID

---

〔1〕 United Nations Convention on the Recognition and Enforcement of Foreign Arbitral Awards, Art. V(2)(b).

〔2〕 Jean E. Kalicki, *Third-Party Funding in Arbitration: Innovations and Limits in Self-Regulation*, Kluwer Arbitration Blog (March 14, 2012), http://arbitrationblog.kluwerarbitration.com/2012/03/14/third-party-funding-in-arbitration-innovations-and-limits-in-self-regulation-part-2-of-2/.

裁决在这些国家的承认执行通常不存在障碍。

在非 ICSID 裁决的执行程序中,即使受资助的申请人存在不当行为,如未能及时地对第三方资助者予以披露,或者资助者对仲裁主张进行了一定程度的控制,在承认第三方资助的国家都尚不足以构成拒绝执行非 ICSID 裁决的理由。

在黄金储备公司诉委内瑞拉案中,黄金储备公司获得了 2.25 亿美元的资助,并花费了近 3 亿美元投资布里萨斯项目。申请人黄金储备公司与委内瑞拉因采矿特许协议产生争议并诉至 ICSID,仲裁庭作出了有利于黄金储备公司的裁决。[1] 申请人向英国高等法院申请执行裁决,但委内瑞拉认为其没有同意仲裁,出于国家豁免的理由,仲裁庭无管辖权,且仲裁请求本应根据 1978 年《英国国家豁免法》第 12 条送达,黄金储备公司在单方面申请仲裁时未披露实质事项,因此法院的命令应予以搁置。通常来说,委内瑞拉有权依照 1978 年《英国国家豁免法》的规定提出豁免要求,除非其以书面形式同意将争议提交仲裁,那么委内瑞拉在与仲裁有关的英国法院程序中就不享有豁免。[2] 本案中,加拿大—委内瑞拉 BIT 被视为 1978 年《英国国家豁免法》第 9 条下国家同意仲裁的书面同意,这一要约在投资者提交仲裁时接受。[3] 真正的争议问题是黄金储备公司是否为委内瑞拉作出同意仲裁要约的 BIT 下的投资者。被申请人认为,黄金储备公司通过兼并的方式消极地获得间接所有权和采矿权,并未采取积极的行动促进委内瑞拉的经济。申请人在第三方资助者的资助下进行的活动不构成投资,投资者必须投资于该 BIT 提供保护的资产。投资者的定义中要有投资这一行为,以资助的形式在委内瑞拉投入的资产并未促进和保护 BIT 下的投资,因此资助者不能被视为投资者。[4] 申请人认为 BIT 下的投资包括通过投资的行为获得的资产,其投资行为理应被 BIT 保护。法官经分析后认为黄金储备公司是 BIT 下的投资者和对委内瑞拉提起仲裁并获得该国书面同意的仲裁协议

---

〔1〕 Gold Reserve Inc. *v.* Bolivarian Republic of Venezuela, ICSID Case No. ARB(AF)/09/1, Judgment of the English High Court of Justice on Enforcement, 2 Feb. 2016, para. 8.

〔2〕 Ibid., para. 13.

〔3〕 Ibid., para. 17.

〔4〕 Ibid., para. 41.

的当事方。[1]

由于争议双方达成了仲裁协议，委内瑞拉没有资格获得国家管辖豁免。[2] 法院须考虑的问题是这一仲裁裁决是否要执行。由于不能对一个国家下达冻结令，没有证据显示委内瑞拉在该司法辖区内的资产容易被执行，因此在现阶段查明任何资产都不符合黄金储备公司的利益。黄金储备公司似乎知晓英国法院管辖范围内的资产容易被执行，遂费了很大力气和金钱才获准执行裁决，但由于其没有充分、坦诚地披露信息而造成额外的费用和延误，一定程度上降低了其获得执行的机会。但法官认为仅仅因为额外的费用和迟延就不执行法院的命令是不成比例的。[3] 法院最终认为，鉴于委内瑞拉已丧失了在该诉讼中享有国家豁免的权利。黄金储备公司虽未能作出全面及坦诚的披露，但在本案的特定情况下，法院已决定维持该执行令，但在费用方面应有所改变。[4]

在奥克萨斯黄金有限公司诉乌兹别克斯坦案中，仲裁庭驳回了被申请人提出的管辖权和可受理性异议，认定乌兹别克斯坦在2006年及2009年实施的税制改革违反了促进和保护投资的协议，遂作出要求被申请人赔偿奥克萨斯黄金有限公司损失的裁决。[5] 根据《美国联邦法典》第207条的规定："在《纽约公约》之下，仲裁庭作出仲裁裁决3年内，仲裁的任何一方均可向根据本条具有管辖权的任何法院申请裁定，确认该裁决，除非存在拒绝或迟延承认或执行上述公约规定的裁决的理由之一。"[6] 本案中，格雷顿(Gretton)是奥克萨斯黄金有限公司的资助者和裁决收益的受让人，在3年之内向美国哥伦比亚特区联邦地区法院申请执行仲裁裁决。[7] 根据《美国联邦法典》第9编第207条的规定，如果不存在拒绝承认或迟延承认或执行

〔1〕 Gold Reserve Inc. *v.* Bolivarian Republic of Venezuela, ICSID Case No. ARB(AF)/09/1, Judgment of the English High Court of Justice on Enforcement, 2 Feb. 2016, para. 49.

〔2〕 Ibid., para. 70.

〔3〕 Ibid., paras. 88 – 89.

〔4〕 Ibid., paras. 99 – 109.

〔5〕 Oxus Gold *v.* Republic of Uzbekistan, UNCITRAL, Petition to Confirm, Recognition and Enforce Foreign Arbitral Award on 27 July, 2018, paras. 23 – 27.

〔6〕 Ibid., para. 32.

〔7〕 Oxus Gold *v.* Republic of Uzbekistan, UNCITRAL, Memorandum Opinion of the US District Court for the District of Columbia on Gretton's Petition to Enforce Arbitral Award on 6 Feb., 2019.

《纽约公约》规定的理由,地区法院应确认仲裁裁决。这一规定也与美国联邦最高法院"支持仲裁解决争议"的联邦政策相一致。同样地,《美国联邦仲裁法》在拒绝承认执行外国仲裁裁决问题上赋予地区法院很小的自由裁量权。但若一方向法院提出撤销或暂停执行裁决的申请,地区法院有中止诉讼程序的权力。[1]

哥伦比亚特区联邦地区法院经审查发现,在 2016 年,奥克萨斯黄金有限公司从法国法院获得了裁决的认可,但其又在巴黎上诉法院提出了撤销部分裁决的申请,即撤销裁决中拒绝其请求的部分而保留已被裁定获得损害补偿的部分。[2] 乌兹别克斯坦提出了异议,认为法院即使撤销也应撤销全部裁决,而非只撤销对申请人不利的部分。上述程序在巴黎上诉法院还未有结果,格雷顿在 2018 年 7 月要求执行奥克萨斯黄金有限公司胜诉部分的裁决,并证明了奥克萨斯黄金有限公司在 2012 年将裁决收益转让给格雷顿的事实。[3] 乌兹别克斯坦提出了中止执行的请求,其动机与一般提起中止执行请求和撤销裁决请求同属一方当事人的做法有所不同。乌兹别克斯坦主要是为了避免同时在两个法院程序中为自身辩护,并限制在美国零碎地执行裁决的可能性。[4] 针对被执行人提出的"格雷顿不是参与仲裁程序的当事方,真正的当事方是其仲裁主张的转让者奥克萨斯黄金有限公司",法院认为,这虽然在某种程度上可能减轻法院对申请执行人在国际仲裁程序中承担责任的担忧,但并不影响法官的结论。奥克萨斯黄金有限公司是格雷顿的转让人,格雷顿可能会从巴黎的搁置诉讼中获益。尽管法院并不知晓完整的资助协议,但格雷顿很可能资助或控制奥克萨斯黄金有限公司在巴黎上诉法院接下来的行动。因此,当资助者和受资助者的利益和活动紧密地结合在一起时,将他们视为一个整体是有意义的。此外,哥伦比亚特区联邦地区法院根据《美国联邦法典》第 28 编第 1605 ~ 1607 条认定乌兹别

---

〔1〕 Oxus Gold *v.* Republic of Uzbekistan, UNCITRAL, Memorandum Opinion of the US District Court for the District of Columbia on Gretton's Petition to Enforce Arbitral Award on 6 Feb., 2019, p. 3.

〔2〕 Ibid., p. 2.

〔3〕 Ibid.

〔4〕 Ibid., p. 6 – 9.

克斯坦不享有主权豁免,法院对其具有管辖权。[1] 由于这些原因,法院同意了被申请执行人的请求,暂停诉讼直至巴黎上诉法院作出判决。[2]

本案中,哥伦比亚特区联邦地区法院在认定资助者格雷顿的身份时,根据其与案件的联系程度,将其等同于原仲裁程序中的申请人,且在执行程序中也并未以第三方资助为由拒绝承认执行,一定程度上说明了第三方资助并不影响非 ICSID 仲裁裁决的承认执行。

(二)禁止第三方资助的国家对涉第三方资助的非 ICSID 裁决的承认执行

一些国家如果认定第三方资助非法,则会认为涉第三方资助的投资仲裁裁决违反了其公共政策,进而拒绝承认执行。但国内或国际上的公共政策范围不同,裁决在被执行地国某方面的非法并不自动使其无法执行,申请人仍可向败诉国财产所在地承认第三方资助的其他国家申请执行。[3]《纽约公约》下的公共政策仅指"被证明明显地与基本的道德和正义原则相悖",[4]第三方资助是否违反被执行地国家的基本道德和正义原则依旧存在争论。[5] 胜诉方在明确规定第三方资助违反公共政策的国家申请承认执行裁决可能会遇到障碍,但通常发生在强制执行的法院发现资助者的参与或胜诉方获得的某些赔偿将转给资助者的情况下。一些司法辖区认为,即使这些实践在仲裁地或可适用的实体法问题上是合法的,将从裁决或判决中获得的一些资金转给只为获利而参与案件的私人实体也是令人厌恶的。[6]

---

〔1〕 Oxus Gold *v.* Republic of Uzbekistan, UNCITRAL, Petition to Confirm, Recognition and Enforce Foreign Arbitral Award on 27 July, 2018, para. 12.

〔2〕 Ibid., p. 12 – 13.

〔3〕 See Ramona Martinez, *Recognition and Enforcement of International Arbitral Awards under the United Nations Convention of* 1958: *The Refusal Provisions*, The International Lawyer, Vol. 24, p. 508 – 509 (1990).

〔4〕 Schlosser P. F., *Arbitration and European Public Policy*, L'Arbitrage et le Droit European (Bruylant), Vol. 81, p. 86 (1997).

〔5〕 Otech Pakistan Pvt Ltd *v.* Clough Engineering Ltd [2007] I S. L. R. (R.) 989 at para. 32 (C. A.) [Otech Pakistan].

〔6〕 Catherine A. Rogers, *Ethics in International Arbitration*, Oxford University Press, 2014, p. 227 – 229.

目前尚未有国家依据《纽约公约》第5条第(2)款(b)项质疑存在第三方资助的投资仲裁裁决。在商事仲裁案例中,法院也极少认为第三方资助影响裁决的执行。例如,在普罗戈蒂公司诉兰卡企业案〔1〕中,法院认为,即使原告能够提供第三方资助存在的证据,这也不能表明第三方资助违反安大略省的公共政策,而且无法满足《纽约公约》第5条第(2)款(b)项的拒绝执行理由。〔2〕

(三)禁止第三方资助的国家对涉第三方资助的非ICSID裁决执行的变通

从理论上来说,第三方资助者资助非ICSID裁决可能会违反执行地国的公共政策,进而限制在第三方资助者参与下国际仲裁庭作出的裁决的可适用性。然而,实践中众多司法辖区通过对公共政策进行限缩解释等方式对第三方资助做软化处理,第三方资助也不太可能成为裁决执行的根本性障碍。正如科比(Kirby)所言,没有任何司法辖区会将自身排除在纠纷解决中心之外,因为他们意图通过允许第三方资助者资助仲裁主张并抢占日益重要且发展壮大的资助市场份额。〔3〕

目前,尚未出现因第三方资助者的参与而在撤销或执行阶段质疑投资仲裁裁决的情况。〔4〕很难想象一国国内法院将仲裁中的一方当事人接受第三方资助视为非法,并认为其违反本国公共政策。实践中,即使涉第三方资助的裁决在仲裁地或执行地国管辖区内可能被视为非法,其效力也应得以承认。〔5〕从上述投资仲裁案例来看,美国和英国法院在执行非ICSID仲裁裁决的过程中,还未出现以第三方资助违反公共政策为由予以拒绝的情况,通常是从国家豁免的角度来分析裁决所涉资产是否可予以执行。虽然仲裁

---

〔1〕 Banglar Progoti Ltd. *v.* Ranka Enterprises Inc., Ranka Marketing Inc., (2009) CanLII 16292 (ON S.C.).

〔2〕 Ibid., paras. 18 – 22.

〔3〕 Kirby PJ, *Third Party Funding: Access to Justice or Access to Profits?*, Butterworths Journal of International Banking and Financial Law, p.7 (2017).

〔4〕 Jonas von Goeler, *Third-Party Funding in International Arbitration and its Impact on Procedure*, Kluwer Law International, 2016, p.406.

〔5〕 Catherine A. Rogers, *Ethics in International Arbitration*, Oxford University Press, 2014, p.227 – 229.

裁决允许胜诉方向败诉方主张费用补偿,但在禁止第三方资助的国家,资助者和受资助者之间非法的交易导致的费用至多可能构成公共政策抗辩。被申请人可能认为作为费用裁决基础的资助协议违反了执行地国的公共政策,因此胜诉方将被禁止向败诉方索取全部或部分胜诉费用。当然,受到资助的胜诉方能否要求胜诉费用的偿还在很大程度上取决于在特定情况下各国国内法禁止资助协议的确切政策考虑。[1]

本章小结

《ICSID 公约》和《纽约公约》为投资仲裁裁决提供了两种执行路径。ICSID 裁决在东道国的执行不受东道国国内的司法审查。若东道国不履行裁决,胜诉方向其他《ICSID 公约》的缔约国法院申请执行时,该第三国法院可依据《ICSID 公约》第 54 条的间接授权,对 ICSID 裁决采取与本国法院最终判决相同的实体审查标准。被执行国只能以执行豁免为由进行抗辩。《纽约公约》下非 ICSID 裁决的承认执行须经执行地国国内法院的司法审查,执行地法院可以裁决其违反本国的公共政策、正当程序或执行豁免并拒绝执行。从各国的实践来看,国家通常对公共政策进行狭义解释,认为只有在违反基本的道德和正义原则时才可拒绝执行裁决。各国通常认为,第三方资助者的参与已成为国际仲裁领域的普遍实践,为处于经济困境或意图分担风险的申请人提供了接近正义的机会。目前,尚未有法院仅因第三方资助者的参与就拒绝执行仲裁裁决的案例,但对于不承认第三方资助的国家来说这种可能性是存在的。仲裁机构和仲裁员有义务消除影响涉第三方资助的投资仲裁裁决承认执行的因素,尽力确保仲裁裁决的可执行性。如果国际仲裁界有明确的规则来管理因第三方资助者参与仲裁程序而带来的正当程序质疑和不适当的干预担忧,那么各国法院也不太可能仅仅因第三方资助者的参与就拒绝承认执行包含第三方资助因素的仲裁裁决。

---

〔1〕 Willem H. Van Boom, *Third-Party Financing in International Investment Arbitration*, Erasmus School of Law, p. 43 (2011).

第六章　第三方资助与中国参与国际投资仲裁

国际投资仲裁因费用高昂、耗时较长而给当事方带来较大的经济负担。我国目前所涉投资仲裁案件虽不多，但在习近平主席于 2013 年提出共建“丝绸之路经济带”和“21 世纪海上丝绸之路”的倡议，以及 2015 年国家 3 部委联合发布《推动共建丝绸之路经济带和 21 世纪海上丝绸之路的愿景与行动》鼓励本国企业到“一带一路”沿线国家投资并欢迎沿线各国企业到中国投资之后，沿线各国的投资往来明显增加。从 UNCTAD 国际投资争端数据库的统计数据来看，“一带一路”沿线国家作为被申请人的案件占全球投资案件的 54.4%，[1]表明沿线国家面临的投资争议较多。由于“一带一路”沿线国的经济基础较为薄弱，我国在推进“一带一路”建设的过程中不可避免地会与沿线国发生投资争议。投资仲裁领域日益普遍的第三方资助可为有需要的投资者提供资金支持，以促进投资争议的及时有效解决。

第一节　第三方资助投资仲裁在我国的必要性与可行性

目前，我国已是兼具资本输出和输入双重身份的投资大国，中国投资者主动提起和中国作为东道国被动应诉的案件也将与日俱增。我国国内立法中未赋予第三方资助相应的合法地位，也不存在限制第三方资助对仲裁程序带来不利影响的规制措施。虽然我国国内已有专门的融资公司开展此项

---

〔1〕 UNCTAD, *UNCTAD Date Center*, UNCTADSTAT (Aug. 26, 2020), http://unctadstat.unctad.org/wds/ReportFolders/reportFolders.aspx? sCS_ChosenLang = en.

业务,但只能通过法律允许的借贷等方式为有资金需求的当事方提供资金,限制了第三方资助业务的开展。[1] 在第三方资助日益产业化和被广泛应用于仲裁领域的背景下,我国可适时对第三方资助进行回应,使其更好地服务于“一带一路”建设。

一、第三方资助国际投资仲裁在我国的必要性

第三方资助在我国有一定的市场需求,尤其是我国“一带一路”建设的推进,沿线国家投资争议的增加使得这种需求更为迫切。鉴于国际上主要仲裁机构的仲裁规则通常允许第三方资助,尤其是新加坡和我国香港特别行政区已专门通过立法赋予第三方资助合法地位,为了推动我国内地建成亚洲国际仲裁中心,我国确有必要对第三方资助进行回应并在投资仲裁中积极利用第三方资助。

(一)投资仲裁需求的推动

我国商务部发布的《中国对外投资合作发展报告 2020》显示,我国对外投资规模不断攀升,投资区域分布广泛,覆盖全球超 80% 的国家(地区);近年来对“一带一路”沿线国家的投资规模和投资占比都呈双升趋势。截至 2019 年年末,我国已与“一带一路”沿线的 63 个国家开展了直接投资合作,与相关国家合作共建企业近 1.1 万家。[2] 我国对外投资的主体更为多元,既包括国有企业也包括相当一部分的民营企业,且投资领域日益多元化。中国企业积极投资“一带一路”沿线国家的基础设施建设,推进了中国与“一带一路”沿线国家的互利合作。但我国企业在对外投资的同时也面临不少的风险和挑战。近年来一些国家国际投资保护主义盛行,以国家安全为由严格审查中国对外投资企业,影响了我国的对外投资。有的“一带一路”沿线国家政治不稳定、法律制度不完善,投资风险较大。中国投资者与“一带一路”东道国之间产生了较多的投资争议,其中许多在建项目因战争或政府更迭被迫中止,中国投资者损失严重。

我国投资者向 ICSID 或其他国际仲裁机构相继提起了平安诉比利时

---

〔1〕 例如,深圳前海鼎颂投资有限公司是国内第一家第三方资助公司。

〔2〕 商务部:《中国对外投资合作发展报告 2020》,第 8 页。

案、北京城建诉也门政府案、世能投资公司诉老挝案等投资仲裁案件。在上述案件中,我国投资者尚未借助第三方资助分担仲裁风险,漫长的仲裁程序和高昂的仲裁费用使得我国企业面临巨大的经济压力。随着"一带一路"投资争议的增多,一方面,我国投资者遇到的投资争议也将逐渐增加;另一方面,我国吸引外资的力度逐渐加大,作为被诉东道国的可能性也将增加。对此,我国要未雨绸缪,积极利用第三方资助,减轻投资者面临的经济压力,同时也防范我国作为被诉东道国时面临的仲裁风险。

(二)国际仲裁市场的竞争压力

目前,"接近正义"已被人们广泛接受。[1] 很多司法辖区,如英格兰和威尔士、澳大利亚、加拿大和美国等,都已取消了禁止助讼和包揽诉讼这一普通法原则,允许第三方资助。例如,在英格兰和威尔士,若将资助协议等同于助讼或包揽诉讼,必须存在不适当的因素,如资助者获得不成比例的利润或资助者过度控制案件等。澳大利亚法院积极认可第三方资助,指出即便资助者给当事方的诉讼提供资金并控制诉讼,也不违反公共政策。[2]

取消禁止助讼和包揽诉讼的做法也延伸至仲裁领域,为第三方资助在该领域的迅速增长提供了合法性基础。新加坡通过立法在国际仲裁中允许第三方资助,一方面,意在推动其作为世界主要国际仲裁中心的优势地位,尤其是增强其在与我国香港特别行政区争夺亚洲国际仲裁中心时的竞争力;另一方面,也是为国际仲裁中的风险代理铺路。新加坡的竞争力使其成为投资者的优选仲裁地,从而进一步促进新加坡对第三方资助仲裁的立法。我国香港特别行政区也积极更新立法,允许第三方资助适用于仲裁地位于我国香港特别行政区的仲裁,为寻求此类投资的资助者和缺乏资金提起仲裁的当事方提供了机会。亚洲日益增加的投资流动以及多边和双边投资条约的盛行,如 CPTPP、TTIP 等,表明纠纷解决也将更多地向这一地区转移。

(三)降低仲裁成本的考量

根据杰弗里(Jeffery)的研究数据,从登记到裁决的 ICSID 仲裁程序的

---

〔1〕 Lord Neuberger, *From Barretry, Maintenance and Champerty to Litigation Funding*, Gray's Inn Speech, p. 5 (2013).

〔2〕 James Rogers, *International Arbitration Report*, Norton Rose Fulbright, 2016, p. 9.

平均持续时间为3.75年,即1370天。杰弗里对1990年至2015年作出的60项关于UNCITRAL仲裁程序的研究表明,从仲裁通知到裁决的平均持续时间为3.96年,即1446天。SCC在2011年的报告中指出,根据SCC规则,投资仲裁案例自登记之日起至最终裁决之日止的平均时间为21个月。[1] 随着漫长的投资仲裁程序的是高昂的仲裁费用。马修·霍奇森在2014年的研究中指出,投资仲裁中申请人投资者的平均费用约为440万美元,被申请人国家的平均费用为450万美元。[2] 根据马修·霍奇森在2017年的研究数据,投资仲裁当事人的平均费用较2014年相比有所增加。其中,申请人平均费用为740万美元,较2014年增幅达68%;被申请人的平均费用为520万美元,也比2014年增加了15%。[3] 平均仲裁费用也从2014年的76万美元上涨到2017年的104万美元,涨幅达37%。[4] 综合各仲裁程序的持续时间来看,国际投资仲裁案件的平均结案时间约为3~4年,争议当事方的各项律师费用高达500万至1000万美元,仲裁庭的费用也逐年增加。高昂的仲裁费用对申请人和被申请人来说都是不小的负担。以尤科斯诉俄罗斯案为例,申请人的律师费用就高达近6000万美元,[5]这对主权国家来说尚且不堪重负,对中小企业而言更是无力承担。国际投资仲裁的高额费用和漫长的仲裁程序使其饱受诟病。第三方资助资金的引入可以在一定程度上缓解处于经济困境或意图分担仲裁风险的申请人的经济压力。资助者对案件的尽职调查和提供的专业意见可以尽快明确争议双方的争点,减少不必要

---

〔1〕 Jeffery P. Commission, *How Long is too Long to Wait for an Award*? Global Arbitration Review, p. 18 (2016); Jeffery P. Commission, *How Much does an ICSID Arbitration Cost? A Snapshot of the Last Five Years*, Kluwer Arbitration Blog (Feb. 29, 2016), http://arbitrationblog.kluwerarbitration.com/2016/02/29/how-much-does-an-icsid-arbitration-cost-a-snapshot-of-the-last-five-years/; Jeffery Commission, Senior Counsel & Vannin Capital, *The Duration and Costs of ICSID and UNCITRAL Investment Treaty Arbitration*, Funding in Focus Report Three, Lexology (July 28, 2016), https://www.lexology.com/library/detail.aspx? g=1cd4f7b6-204b-45bb-8728-e494d0d69082.

〔2〕 Matthew Hodgson, *Counting the Costs of Investment Treaty Arbitration*, Global Arbitration Online News (Mar. 24, 2014), http://www.allenovery.com/SiteCollectionDocuments/Counting_the_costs_of_investment_treaty.pdf.

〔3〕 Ibid.

〔4〕 Ibid.

〔5〕 Yukos Universal Limited (Isle of man) *v.* The Russian Federation, UNCITRAL, PCA Case No. AA 227, Final Award, 18 July 2014.

的费用和避免仲裁程序迟延。

二、第三方资助国际投资仲裁在我国的可行性

目前,我国立法尚未明确第三方资助的地位,实践中也没有我国投资者利用资助者的资助提起投资仲裁的案例。近年来,中国已跃居世界第一大外商直接投资目的国和资本净输出国,[1]吸引外资和对外投资的过程中不可避免会出现投资争议。如何合理利用第三方资助分担仲裁风险已成为我国需要考虑的问题。而我国也存在积极利用第三方资助的实践基础和规范支撑。

(一)第三方资助国际投资仲裁在新加坡及我国香港特别行政区的概况

伦敦玛丽女王大学2021年发布的关于国际仲裁的一项调查显示,新加坡和我国香港特别行政区已位列世界上最受欢迎仲裁地的第一和第二。[2]与之前的调查相比,新加坡在2018年有39%的当事方选择其为仲裁地,世界排名第三;而2015年的占比为19%,排名第四。我国香港特别行政区在2018年有28%的当事方选择,排名第四;2015年的比重为22%,排名第三。[3] 从该数据来看,新加坡和我国香港特别行政区仲裁机构的受欢迎度有了很大提升。这得益于完善的仲裁机构和与时俱进的法律保障。就国际仲裁市场日益频繁的第三方资助产业而言,其他国际仲裁地如伦敦、纽约、斯德哥尔摩等都在国际仲裁领域允许第三方资助,[4]新加坡和我国香港特别行政区受传统的禁止助讼和包揽诉讼的普通法原则的限制,第三方资助市场已落后于其他国际仲裁地。鉴此,新加坡和我国香港特别行政区采取了一系列措施对第三方资助予以回应。

---

〔1〕 张德勇:《中国成为资本净输出国意味着什么》,载中国共产党新闻网,http://theory.people.com.cn/n/2015/0302/c40531-26618828.html。

〔2〕 Queen Mary University of London, 2021 *International Arbitration Survey: Adapting Arbitration to a Changing World*, 2021, p. 6.

〔3〕 Ibid., p. 7.

〔4〕 Lisa Bench Nieuwveld & Victoria Shannon Sahini, *Third-Party Funding in International Arbitration*, 2nd ed., Kluwer Law International, 2017, p. 219-236.

新加坡上诉法院在2007年的判例中认为,第三方资助有违新加坡的公共政策。[1] 鉴于第三方资助在国际仲裁领域的适用日益普遍的事实,新加坡司法部于2011年向公众征求第三方资助在国际仲裁领域合法化的意见,[2]新加坡议会终在2017年1月通过《民法(修正)法案》[3],废除了助讼和包揽诉讼的侵权责任。但新加坡规定国内诉讼中暂不适用第三方资助,[4]国际和国内仲裁及调解程序可以适用第三方资助。[5] 2017年1月1日生效的《SIAC投资仲裁规则》进一步明确了受资助者对第三方资助协议和资助者的披露要求,以及仲裁庭认为适当时可要求受资助者提供费用担保。[6]

在我国香港特别行政区,相当一部分人明确表达了对禁止助讼和包揽诉讼这一传统普通法原则妨碍当事方之间协商一致的不满。2015年10月,我国香港特别行政区法律改革委员会下设的第三方资助仲裁委员会发布了一份磋商文件,建议允许第三方资助。LRC认为第三方资助可以减少人们对法院系统和公共资源的使用、增加司法救济、减轻仲裁程序的风险,并有助于我国香港特别行政区在第三方资助领域发挥领导力作用,并加强我国香港特别行政区作为世界主要仲裁中心的地位。[7] 2017年6月14日,我国香港特别行政区立法会颁布《2016年仲裁及调解法例(第三方资助)(修订)条

---

〔1〕 Otech Pakistan Pvt. Ltd. *v.* Clough Engineering Ltd. and Another [2006] SGCA 46.

〔2〕 Ministry of Law, *Review of the International Arbitration Act Proposals for Public Consultation*, MLAW News (January 2011), https://www.mlaw.gov.sg/content/dam/minlaw/corp/assets/documents/linkclickf651.pdf.

〔3〕 新加坡《民法(修正)法案》适用的第三方资助范围仅限于国际仲裁程序、国际仲裁引起的或与之相关的诉讼程序、国际仲裁所引起的或与之相关的调解程序,明确了第三方资助者须具备的经营范围以及缴纳资本要求,即主营业务为第三方资助,实缴资本不低于500万美元或其他等额资金。

〔4〕 Lisa Bench Nieuwveld & Victoria Shannon Sahini, *Third-Party Funding in International Arbitration*, 2nd edition, Kluwer Law International, 2017, p. 267 – 268.

〔5〕 Ministry of Law, *Speech by Minister (Law and Home Affairs) K. Shanmugam at the Opening Ceremony of Law Society at Maxwell Chamber Suits*, MLAW News (Oct. 10, 2019), https://app.mlaw.gov.sg/news/speeches/speech-by-minister-k-shanmugam-at-opening-ceremony-of-lawsoc-at-maxwell-chambers-suites.

〔6〕 International Arbitration Rules of the Singapore International Arbitration Centre, 1st ed., 1 January 2017, Arts. 24, 33.

〔7〕 Department of Justice, *LRC Release Consultation Paper on Third party Funding for Arbitration*, https://www.doj.gov.hk/en/community_engagement/press/20151019_pr1.html.

例草案》,允许在仲裁和调解领域适用第三方资助。[1] 我国香港特别行政区2018年颁布的《HKIAC机构仲裁规则》授权仲裁庭可以要求一方当事人为仲裁费用提供担保、仲裁庭在分配仲裁费用时考虑第三方资助协议的存在,以及受资助者对第三方资助协议和资助者的披露义务。[2] 2018年12月7日我国香港特别行政区律政司发布的《第三方资助仲裁实务守则》第2条第(10)款至第(14)款规定了资助者有责任提醒受资助者披露与其有关的信息、资助协议中须规定资助者的费用担保义务和承担不利费用的义务以及资助者可以终止资助协议的情形,限制资助者的随时终止权。[3] 上述规定较为详尽地规范了第三方资助仲裁产生的问题,对仲裁实践具有指导作用。

新加坡和我国香港特别行政区认为国际仲裁是一个完全独立和相对自治的体系,当事方可选择仲裁来避免传统法院诉讼的限制。为了进一步吸引资助者参与国际仲裁市场,新加坡和我国香港特别行政区在国际仲裁领域赋予第三方资助合法地位。

(二)国内软法的先行推进

第三方资助者作为仲裁程序之外的主体参与仲裁,为当事方提供便利的同时也被蒙上了资助骚扰性主张、危害当事方保密信息、引发利益冲突等阴影。针对第三方资助带来的负外部性,国际仲裁界目前对第三方资助已渐有规制。这些软法性质的国际仲裁规则弥补了硬法的缺失,为国际商事或投资仲裁庭处理第三方资助问题提供了依据。我国国内对第三方资助有一定的需求,但国内立法未赋予第三方资助相应的法律地位。我国立法上虽对第三方资助缺乏规定,但《CIETAC国际投资争端仲裁规则(试行)》第27条、[4] 贸

---

[1] 《2016年仲裁及调解法例(第三方资助)(修订)条例草案》,第98G、98H、98I、98J条。

[2] 2018 HKIAC Administered Arbitration Rules, Arts. 24, 34.4, 44.

[3] The Government of the Hong Kong Special Administration Region, *Code of Practice for Third Party Funding of Arbitration*, Government of Hong Kong News (Dec. 7, 2018), https://www.info.gov.hk/gia/general/201812/07/P2018120700601.htm.

[4] 《CIETAC国际投资争端仲裁规则(试行)》第27条规定:"(一)在本规则中,'第三方资助'是指当事人以外的自然人或实体协议承担参与争议的一方当事人在仲裁程序中的全部或部分费用的情形。(二)获得第三方资助的当事人应在签署资助协议后,毫不迟延地将第三方资助安排的事实、性质、第三方的名称与住址,书面告知对方当事人、仲裁庭及管理案件的投资争端解决中心或香港仲裁中心。仲裁庭也有权命令获得第三方资助的当事人披露相关情况。(三)在就仲裁费用和其他相关费用作出裁决时,仲裁庭可以考虑是否存在第三方资助的情形,以及当事人是否遵守第(二)款的规定。"

仲委香港仲裁中心《第三方资助仲裁指引》第 2 条第(7)款和第(8)款明确规定了仲裁当事方披露第三方资助的义务和满足条件时提供仲裁费用担保的要求。[1] 这些软法虽不具有硬法的强制力,但仲裁机构在当事人选择采用上述仲裁机构的规则时即可预见第三方资助产生的问题并采取相应的措施,一定程度上预示着我国对第三方资助态度的积极信号。

(三)完善的执行制度和资金需求

第三方资助者通常在案件获得胜诉且得到有效执行时,才能获得约定比例的回报。因此,良好的执行制度对资助者而言极为必要。国际投资仲裁领域主要存在两种执行机制,即《ICSID 公约》执行机制和《纽约公约》执行机制。目前已有 155 个国家正式批准加入《ICSID 公约》。如前文第五章所述,ICSID 裁决的自动执行率较高,是投资争议当事方较为信赖的争议解决机制。我国于 1993 年加入该公约,ICSID 裁决在我国的执行不会存在太大障碍。我国目前对 ICSID 裁决在我国的执行尚未作出安排,国内立法对此也未规定。国际条约在我国通常有两种适用方式,一种为直接适用,当国内法与国际条约的规定不一致时,当事人可直接依据条约向法院主张权利,但我国在加入条约时声明的保留事项除外;另一种为转化适用,即我国通过立法方式将国际条约转化为国内法规定来适用。因此,国际条约在我国能否直接适用取决于不同条约及具体法律的规定。

关于《ICSID 公约》在我国的适用,该公约第 54 条第(1)款要求各缔约国执行 ICSID 裁决如同执行其本国法院终审判决一样,执行裁决中涉及的金钱义务。这一公约在我国的适用具体体现在《民事诉讼法》第 267 条,[2] 即《ICSID 公约》在我国具有直接适用的效力。

近年来,我国作为被申请人的 ICSID 仲裁案件主要有 5 个(见表 6-1)。

---

[1] China International Economic and Trade Arbitration Commission Hong Kong Arbitration Center, Guidelines for Third Party Funding for Arbitration, Art,2, para. 7,8.

[2] 《民事诉讼法》第 267 条规定:"中华人民共和国缔结或参加的国际条约同本法有不同规定的,适用该国际条约的规定,但中华人民共和国声明保留的条款除外。"

表 6－1　我国作为被申请人的 ICSID 仲裁案件

序号	申请人	被申请人	案号	案件情况
1	吴某某	中国	ARB/20/34	未决
2	宏德贸易有限公司	中国	ARB/20/22	未决
3	德国海乐西亚泽公司	中国	ARB/17/19	未决
4	韩国安城住房株式会社	中国	ARB/14/25	已决
5	马来西亚伊桂兰公司	中国	ARB/11/15	已决

资料来源：ICSID 案件统计数据库，https://icsid. worldbank. org。

在上述已决案件中，安城案的仲裁庭驳回了申请人依据 2022 年《ICSID 仲裁规则》第 41 条提出的仲裁请求，因此该案件并未进入执行阶段。[1] 在伊桂兰公司诉中国案中，2013 年 5 月 16 日，当事双方依据 2022 年《ICSID 仲裁规则》第 55 条第（1）款向仲裁庭提交了中止仲裁程序的请求，随后秘书处发布了中止仲裁程序的程序令。[2] 中国政府与伊桂兰公司磋商之后达成和解协议，具体细节我们尚未知晓。虽然我国尚未有执行 ICSID 裁决的实践，但作为负责任的大国，我国也将会不遗余力地履行公约义务。

在我国投资者作为申请人的投资仲裁案件中，投资者大多经历了旷日持久的仲裁程序。若这些案件进入执行程序，在《ICSID 公约》和《纽约公约》这两种较为完善的执行机制之下，投资仲裁裁决也多能得到承认执行，我国投资者的胜诉权益也可以得到保障。

我国投资者作为申请人提交 ICSID 仲裁的案件主要有 9 个（见表 6－2）。

[1] Ansung Housing Co. , Ltd. *v.* People's Republic of China (ICSID Case No. ARB/14/25), Award on March 9, 2017.

[2] Ekran Berhad *v.* People's Republic of China, ICSID Case No. ARB/11/15. The Secretary-General Issues a Procedural order Taking note of the Discontinuance of the Proceeding Pursuant to ICSID Arbitration Rule 43(1) on May 16, 2013.

表6-2 我国投资者作为申请人提交ICSID仲裁的案件

序号	申请人	被申请人	案号	案件情况
1	叶某和杨某某	柬埔寨	ARB/21/42	未决
2	阿尔卑斯有限公司	马耳他	ARB/21/36	未决
3	闵某某	韩国	ARB/20/26	未决
4	世能投资公司	老挝	ADHOC/17/1	未决
5	香港特别行政区渣打银行	坦桑尼亚	ARB/15/41	已决
6	北京城建集团	也门	ARB/14/30	已决
7	中国平安保险公司 中国平安人寿保险公司	比利时	ARB/12/29	已决
8	香港特别行政区渣打银行	坦桑尼亚 电力公司	ARB/10/20	已决
9	香港特别行政区 居民谢某某	秘鲁	ARB/07/6	已决

资料来源:ICSID案件统计数据库,https://icsid.worldbank.org。

在上述已决案件中,北京城建诉也门案的仲裁庭根据争议当事方的申请,依据2022年《ICSID仲裁规则》第55条第(1)款发布了中止仲裁程序的程序令。[1] 该案件不涉及执行问题。在中国平安集团诉比利时案中,ICSID仲裁庭以缺乏管辖权为由驳回了申请人的仲裁请求,因此该案件未涉及执行问题。[2] 在我国香港特别行政区渣打银行诉坦桑尼亚电力公司案中,临时委员会出于坦桑尼亚电力公司履行义务可能影响其向坦桑尼亚居民提供电力的能力的考虑,最终决定暂缓执行裁决;若提出撤销裁决申请的坦桑尼亚电力公司不提供银行担保或保函单,则中止执行将自动终止。[3] 2018年

[1] Beijing Urban Construction Group Co., Ltd. *v.* Republic of Yemen, ICSID Case No. ARB/14/30. The Tribunal Issues a Procedural order Taking note of the Discontinuance of the Proceeding Pursuant to ICSID Arbitration Rules 43(1) on June 7, 2018.

[2] Ping An Life Insurance Company of China, Limited and Ping An Insurance (Group) Company of China, Limited *v.* Kingdom of Belgium, ICSID Case No. ARB/12/29, Award of the Tribunal, April 30, 2015.

[3] Standard Chartered Bank (Hong Kong) Limited *v.* Tanzania Electric Supply Company Limited, ICSID Case No. ARB/10/20, Decision on Applicant's Request for a Continued Stay on Enforcement of the Award, April 12, 2017.

8 月 22 日,撤销委员会从管辖权、仲裁庭是否背离基本程序规则以及裁决未能陈述理由等方面考虑,根据撤销裁决的申请人和被申请人提供的证据和抗辩,驳回了坦桑尼亚电力公司要求撤销裁决的全部请求,裁决继续执行。[1] 具体执行情况目前尚未有最新信息。在我国香港特别行政区居民谢某某诉秘鲁案中,撤销委员会最终也从《ICSID 公约》第 52 条规定的撤销理由考虑,驳回了秘鲁的全部撤销请求,裁决继续执行。[2] 在我国香港特别行政区渣打银行诉坦桑尼亚案中,ICSID 仲裁庭于 2019 年 10 月 11 日作出了要求坦桑尼亚政府赔偿我国香港特别行政区渣打银行约 1.85 亿美元的裁决。[3] 目前尚未公布该案的执行情况。

非 ICSID 裁决的执行需要根据《纽约公约》这一机制来进行。我国于 1987 年加入《纽约公约》,此后也很好地履行了公约的规定。《纽约公约》第 5 条规定了执行地国法院可以拒绝执行的理由。我国在加入《纽约公约》时作了互惠保留和商事保留,[4] 虽然商事保留会阻碍投资仲裁裁决在我国的执行,但我国《民事诉讼法》第 289 条规定了互惠原则,即在《纽约公约》无法适用之时,我国法院处理投资仲裁裁决的执行问题可以适用互惠原则。[5] 只要裁决不违反我国的公共政策或我国放弃了执行豁免,我国法院一般会执行国际投资仲裁裁决。

我国投资者共提起了 3 起非 ICSID 仲裁案件(见表 6 - 3)。

---

〔1〕 Standard Chartered Bank (Hong Kong) Limited *v.* Tanzania Electric Supply Company Limited, ICSID Case No. ARB/10/20, Decision on Annulment, August 22, 2018.

〔2〕 Tza Yap Shum *v.* The Republic of Peru, ICSID Case No. ARB/07/6, Decision on Annulment, February 12, 2015.

〔3〕 Standard Chartered Bank (Hong Kong) Limited *v.* United Republic of Tanzania, ICSID Case No. ARB/15/41, Award of the Tribunal on October 11, 2019, p. 183.

〔4〕 商事保留主要是指我国依照《纽约公约》仅执行"根据中国法律属于契约型和非契约性商事关系"的裁决。

〔5〕 肖芳:《国际投资仲裁裁决在中国的承认与执行》,载《法学家》2011 年第 6 期。

表 6 - 3　我国投资者提出非 ICSID 仲裁请求的投资案件

序号	申请人	被申请人	案号	案件情况
1	吉星太阳能有限公司和无锡赫兹有限公司	希腊	—	终止
2	世能投资公司	老挝	PCA Case No. 2013 - 13	已决
3	中国黑龙江国际经济技术合作公司、北京首钢矿业公司、秦皇岛秦龙国际实业公司	蒙古	PCA Case No. 2010 - 20	已决

资料来源:国际常设仲裁法院,https://www. pcacases. com/web/allcases/。

在世能投资公司诉老挝案中,在我国澳门特别行政区注册成立的世能公司依据 1993 年中国—老挝 BIT 向国际常设仲裁法院提起仲裁,认为老挝政府违反了该 BIT 下的相关规定。老挝政府认为该 BIT 不应适用于中国澳门特别行政区投资者。国际常设仲裁法院驳回了老挝政府的主张,认为该 BIT 适用于中国澳门特别行政区投资者。随后,老挝政府将国际常设仲裁法院作出的裁决诉至新加坡最高法院高等法庭,要求撤销裁决,并向法院提交两份函件。高等法庭根据老挝外交部致信中国驻万象大使馆的信函以及中国驻万象大使馆给老挝政府日曼的信函,认定世能公司不是所涉 BIT 下的投资者,[1]而新加坡最高法院上诉庭则作出了相反的裁定,认定中国—老挝 BIT 适用于世能公司,国际常设仲裁法院对该争议有管辖权。[2] 2017 年 4 月,世能公司向 ICSID 提起撤销程序请求,目前该案尚处于对管辖权和案情组织听证的阶段。[3] 在黑龙江国际经济合作公司等诉蒙古案中,申请人依据中国—蒙古 BIT 向国际常设仲裁法院提起仲裁。仲裁庭经审理后认为争议事项超出了仲裁协议的范围,仲裁庭没有管辖权,遂于 2017 年 6 月 30 日

---

〔1〕 In the Court of Appeal of the Republic of Singapore, [2016] SGCA, Civil Appeals No. 139 and 167 of 2015, Sept. 29, 2016, para. 13.

〔2〕 Ibid., para. 152.

〔3〕 Sanum Investments Limited *v.* Lao People's Democratic Republic, ICSID Case No. ADHOC/17/1, Procedure Order No. 8, November 16, 2018.

作出裁决驳回了申请人的请求。[1] 申请人向美国纽约南区联邦地区法院提起撤销该仲裁裁决的诉讼，该法院经分析后认为仲裁庭应对 BIT 中的条款进行宽泛解释，仲裁庭对投资争议有管辖权，裁决应予以撤销。[2] 2019 年 11 月 19 日，美国纽约南区联邦地区法院发布意见和命令，驳回了中国企业要求撤销裁决的请求。[3] 本案的具体执行情况不得而知。

另外，2019 年，英国的私人实体宋建宇（Jason Yu Song）在国际常设仲裁法院对我国提起了投资仲裁请求。[4] 该案中，我国商务部条约法律司有关人员作为中国政府的代表积极应诉，我国的中伦律师事务所等也积极参与其中。虽然该案目前仍处于悬而未决状态，但这一定程度上表明我国积极利用国际投资仲裁机制维护自身利益。我国目前也有专门处理涉外业务的法律团队为我国作为被诉东道国的投资仲裁案件提供专业意见。

从上述案例来看，就中国作为被申请人而言，目前只有我国被诉的第一案——马来西亚伊桂兰公司诉中国案进入执行程序，双方和解结案。在安城案中，仲裁庭驳回了申请人的仲裁请求，该案件不涉及执行问题。从我国作为申请人的投资仲裁案件来看，除了北京城建诉也门案和中国平安诉比利时案不涉及执行问题外，其他案件多会进入执行阶段，但都经历了撤销程序，耗费了大量时间和财力。鉴于国际投资仲裁耗时较长且费用高昂，申请人可能既要承受因东道国的征收等不法行为带来的经济困境，又要负担昂贵的仲裁费用，对其自身长远发展也极为不利。若投资者可利用第三方资助来分担仲裁过程中面临的风险，则既可保证自身投资活动平稳进行，也可

〔1〕 China Heilongjiang International Economic & Technical Cooperation Corp., Beijing Shougang Mining Investment Company Limited and Qinhuangdao Qinlong International Industrial Co., Ltd. *v.* Mongolia, PCA Case No. 2010 - 20, Award on 30 June.

〔2〕 China Heilongjiang International Economic & Technical Cooperation Corp., Beijing Shougang Mining Investment Company Limited and Qinhuangdao Qinlong International Industrial Co., Ltd. *v.* Mongolia, United States District Court Southern District of New York, Civil Action Number 17 CV 7436, Sept. 28, 2017.

〔3〕 China Heilongjiang International Economic & Technical Cooperation Corp., Beijing Shougang Mining Investment Company Limited and Qinhuangdao Qinlong International Industrial Co., Ltd. *v.* Mongolia, United States District Court Southern District of New York, Opinion & Order of the US District Court for the Southern District of New York, November 19, 2019, p. 11.

〔4〕 Jason Yu Song (United Kingdom) *v.* People's Republic of China, PCA Case No. 2019 - 39.

为被申请人胜诉时要求投资者提供费用担保提供“定心丸”。随着“一带一路”建设的推进,投资者在对外投资过程中发生的投资争议和我国作为被诉东道国面临的仲裁风险也日益增加,有效利用第三方资助对我国来说是一个不错的选择。

第二节 我国对第三方资助投资仲裁的回应

综上所知,第三方资助投资仲裁在我国有存在的必要性和可行性,我国仲裁界对第三方资助进行了积极回应。通过在仲裁规则中明确第三方资助的披露要求、提高仲裁程序的透明度以及提升我国仲裁的国际化水平等措施,争取在符合我国现实国情的情况下与国际通行做法接轨,不仅为我国投资者在国际仲裁中积极利用第三方资助提供制度保障,也通过对第三方资助进行规制来维护我国的社会利益。

一、明确披露第三方资助的要求

我国原有的仲裁规则多规定了仲裁员的信息披露义务,即仲裁员认为存在可能影响其独立性和公正性的情形时应立即披露。由于第三方资助者参与仲裁程序的隐秘性,仲裁员和第三方资助者之间存在的利益关系可能难以为外界所知,或者仲裁员可能无法知晓第三方资助者的存在,进而无法判断是否存在利益冲突。上述情形可能使仲裁程序遭受正当性质疑。2017年9月颁布的《CIETAC 国际投资争端仲裁规则(试行)》第27条对第三方资助的披露和费用分配问题进行了规定。该规则不仅明确了何为第三方资助,还规定了受资助的申请人在签订资助协议后的披露对象和披露内容,以及仲裁庭要求受资助者披露的权力。该条第(3)款还规定了仲裁庭分配费用时可以将第三方资助作为考量因素,根据当事方是否履行披露义务来决定其承担仲裁费用的范围。[1] 该款将申请人的披露行为作为决定其费用承担的做法不仅迫使受资助者自动履行披露义务,也保障了仲裁程序的顺畅进行,减少了影响仲裁结果的因素。贸仲委香港仲裁中心《第三方资助仲裁

---

〔1〕《CIETAC 国际投资争端仲裁规则(试行)》第27条。

指引》也对第三方资助者的资金状况、责任承担、披露等进行了明确，为第三方资助者在我国的资助活动提供了指导。[1]

从我国香港特别行政区《2017年仲裁及调解法例(第三方资助)(修订)条例》第609章第98U条和第98V条的规定来看，披露包括第三方资助者的姓名或名称、订立资助协议的事实以及资助协议终止时及时向另一仲裁当事方和仲裁机构告知终止日期。[2] 2018年《HKIAC机构仲裁规则》第24条明确赋予了仲裁庭要求一方当事人为仲裁费用提供担保的权力。[3] 2019年2月1日生效的我国香港特别行政区《第三方资助仲裁实务守则》第2.12条也规定了资助者对受资助者负有提供费用担保的法律责任。[4] 同样地，2019年7月4日通过的《BIAC国际投资仲裁规则》第39条对第三方资助的含义、受资助者向对方当事人、仲裁庭和仲裁机构披露的内容和时间要求，明确了仲裁庭在决定仲裁费用承担时可以将第三方资助作为考虑因素；若资助者在资助协议中未承担受资助者的不利费用责任或受资助者未及时履行披露义务，仲裁庭可在必要时要求受资助者提供费用担保。[5] 随着我国"一带一路"建设的推进，第三方资助者为申请人提供费用支持，在一定程度上保障了申请人接近正义的权利。

另外，《ICSID仲裁规则》的修订、UNCITRAL第三工作组关于投资者－国家争议解决机制的改革，以及一些区域贸易协定和投资条约中都涉及第三方资助问题。我国也应积极参与国际规则的制定，在与其他国家的多双边投资条约谈判及修订过程中应明确第三方资助，并采取相应措施以规制第三方资助披露规则缺失导致的利益冲突问题。

二、增强仲裁程序的透明度

近年来，投资仲裁领域的透明度问题成为人们日益关注的焦点。仲裁

---

〔1〕 China International Economic and Trade Arbitration Commission Hong Kong Arbitration Center, Guidelines for Third Party Funding for Arbitration.

〔2〕《2017年仲裁及调解法例(第三方资助)(修订)条例》第98U条和第98V条。

〔3〕 2018 HKIAC Administered Arbitration Rules, Art. 24.

〔4〕 Code of Practice for Third Party Funding of Arbitration, Art. 2.12.

〔5〕《BIAC国际投资仲裁规则》第39条。

程序的透明度要求既包括仲裁员披露其与案件是否存在利害关系以及其行使自由裁量权时要具有可预见性,还包括受资助的申请人要及时披露第三方资助。国际投资仲裁中仲裁员的多重身份可能导致其与案件存在利益冲突。由于目前国际投资仲裁实践对第三方资助者参与投资仲裁程序是否予以披露并未达成一致,相关国际投资仲裁规则对第三方资助者参与下受资助者的披露义务缺失,资助者和受资助者往往也不愿披露。若仲裁员和资助者存在利害关系得以证明,则仲裁员的独立性和公正性就会受到质疑。目前各投资仲裁庭对第三方资助的态度还不甚一致,仲裁庭在裁决中是否要求第三方资助者承担责任也未有一致实践,无法形成指导后来实践的惯例。

近年来,国际仲裁界对第三方资助的强制披露趋势有利于增强仲裁程序的透明度。受资助的申请人对第三方资助者和资助协议相关条款的披露,有助于仲裁员权衡其是否与资助者存在利益冲突,在一定程度上有利于保障其独立性,促进仲裁结果的透明和公正。另外,仲裁员还可通过资助协议来判断资助者是否对申请人败诉时的不利费用承担责任,进而决定是否作出费用担保令以及在分配仲裁费用时是否考虑第三方资助因素等,增强了仲裁裁决中费用问题的可预测性。

投资仲裁程序的公正、透明也有助于投资者和第三方资助者全面评估投资仲裁程序,为投资者选择经济且合理的争议解决机构或解决方式、有针对性地对争议焦点进行举证,从而尽快解决争议。同时,投资仲裁程序和仲裁规则的透明度也影响投资者对仲裁机构的选择。[1] 透明度的提高有助于增强仲裁机构的竞争力和影响力,我国在中国—加拿大 BIT[2] 以及《中日韩投资协定》[3] 中对透明度的态度发生了转变,都在协定中规定了透明度条款。《联合国投资人与国家间基于条约仲裁透明度公约》也着意于强化投资者国家间仲裁程序的透明度。2019 年《BIAC 国际投资仲裁规则》第 50 条对

---

〔1〕 朱明新:《联合国国际贸易法委员会"投资仲裁透明度归责"评析》,载《武大国际法评论》2017 年第 1 期。

〔2〕 Agreement between the Government of Canada and the Government of the People's Republic of China for the Promotion and Reciprocal Protection of Investments, Arts. 28 – 29.

〔3〕 China-Japan-South Korea Investment Agreement, Arts. 10 and 16.

仲裁程序的透明度也进行了规定，即在当事方书面同意的情况下优先适用《UNCITRAL 投资人与国家间基于条约仲裁透明度规则》；若当事方未就适用该透明度规则达成一致，则除相关机密信息外，其他仲裁文件须予以公开。[1] 这一规定有效地保障了投资仲裁程序的透明度。2019 年 7 月 18 日，我国政府对投资人与国家间争端解决机制的改革所提的意见中也指出，第三方资助者的参与可能导致其与仲裁员之间的利益冲突，需要加强关于第三方资助规定的透明度纪律，披露第三方资助的存在以避免利益冲突。受资助者若未披露第三方资助，则须承担相应的法律后果。[2] 这也是我国官方首次对第三方资助及其引发的仲裁程序透明度问题的表态，为第三方资助在我国的适用提供了政策指导。

三、提升我国仲裁的国际竞争力

随着全球性多边争议解决机制的裹足不前，日益增多的投资涌向亚洲。TTIP 和《区域全面经济伙伴关系协定》的紧密谈判及签署，CPTPP 在 2018 年 12 月 30 日的正式生效等，预示着争议解决进一步向地区转移。中国已站在世界舞台的中心，需要有与其身份相应的话语权，在国际经贸规则制定中掌握主动权。同时，国内规则的制定也应紧跟国际形势。承认第三方资助的合法地位将在一定程度上增强我国成为亚洲国际仲裁中心的竞争力。国务院在 2015 年专门发布《关于印发进一步深化中国（上海）自由贸易试验区改革开放方案的通知》，着力推动上海自贸区与国际争议解决机制进行深度接轨，将优化自贸区仲裁规则与引进国际知名争议解决机构并举，加强我国与国际争议解决机构的交流和合作，提升我国建设国际仲裁中心的竞争实力。[3] 随着我国香港国际仲裁中心于 2015 年 11 月 19 日在上海自贸区设立代表处以来，国际商会仲裁院和新加坡国际仲裁中心也分别于 2016 年 2 月 24 日和 2016 年 3 月 3 日入驻上海自贸区。国务院 2019 年 8 月 6 日印发

---

〔1〕《BIAC 国际投资仲裁规则》第 50 条。

〔2〕联合国国际贸易法委员会：《投资人与国家间争端解决制度可能的改革——中国政府提交的意见书》，A/CN. 9/WG. Ⅲ/WP. 177，19 July，2019。

〔3〕国务院《关于印发进一步深化中国（上海）自由贸易试验区改革开放方案的通知》，国发〔2015〕21 号。

的《中国(上海)自由贸易试验区临港新片区总体方案》中更是明确允许境外知名仲裁及争议解决机构经有关部门登记备案后在临港新片区设立业务机构并开展业务。[1] 2021 年 1 月 1 日,北京市司法局正式施行《境外仲裁机构在中国(北京)自由贸易试验区设立业务机构登记管理办法》,明确了境外仲裁机构的业务范围及设立业务机构的条件和程序等,为境外仲裁机构提供便利、透明的工作环境。[2] 国际知名仲裁机构的入驻和开展业务,一方面给我国本土仲裁机构带来了挑战,另一方面也促进国内仲裁机制改革。

为了适应"一带一路"建设的需求,武汉仲裁委员会于 2016 年设立"一带一路"(中国)仲裁院,处理"一带一路"沿线的投资争议。[3] 我国国内仲裁机构也扩大了其受案范围,将投资争议纳入其管辖范围。2019 年 2 月 21 日生效的《深圳国际仲裁院 2019 仲裁规则》第 2 条第(2)款规定,仲裁庭可以受理投资者与东道国之间的投资争议。[4] 我国仲裁机构进行的一系列创新不仅为我国投资者的投资争议提供了解决的场所,有助于推广我国优秀的争议解决方式,提升我国仲裁机构的国际竞争力,也为第三方资助者资助"一带一路"投资争议提供了契机。虽然上述仲裁院处理投资争议案件的经验有限,但这至少表明了我国参与全球经济治理的意愿和行动。[5] 仲裁机制的改革也推动着仲裁员素质的提高。目前,我国有相当一部分专家学者已具备了在国际仲裁机构担任仲裁员的能力。[6] 第三方资助进入国际仲裁程序也给仲裁员带来了挑战,如仲裁员因其对第三方资助的态度存在差异,在是否作出费用担保令、是否要求受资助者披露资助协议等问题上就存在

---

〔1〕 新华社:《国务院印发〈中国(上海)自由贸易试验区临港新片区总体方案〉》,载中华人民共和国中央人民政府网,http://www.gov.cn/xinwen/2019-08/06/content_5419191.htm。

〔2〕 北京市司法局:《境外仲裁机构在中国(北京)自由贸易试验区设立业务机构登记管理办法》,载北京市人民政府网,http://www.beijing.gov.cn/zhengce/zhengcefagui/202012/t20201231_2191825.html。

〔3〕 柯立:《武汉仲裁委员会发起组建"一带一路"(中国)仲裁院成立》,载长江网,http://news.cjn.cn/sywh/201610/t2908672.htm。

〔4〕《深圳国际仲裁院 2019 仲裁规则》第 2 条第(2)款。

〔5〕 马亚伟、漆彤:《论"一带一路"投资争议解决机制的构建》,载《国际商务研究》2018 年第 5 期。

〔6〕 郭丽琴:《外输精英内定规则,"中国力量"注入国际投资争端》,载第 1 财经网 2017 年 9 月 19 日,https://www.yicai.com/news/5347358.html。

分歧。

我国政府在对投资人与国家间争端解决机制的改革所提的意见中，同意赋予当事方选择其信任的专家审理案件的权利，并认为这一权利可以增强争议当事方的信心。[1] 在国际仲裁员"旋转门"现象之下，我国仲裁员若能跻身仲裁员"精英俱乐部"，则对我国以后的投资争议解决大有裨益。我国应为仲裁员创造更多的就职国际性争议解决机构的机会，一方面，对外输出我国先进的争议解决经验，如蕴含"和为贵"这一丰富内涵的调解，为国际社会提供一个可资借鉴的"东方样本"，尽量减少争议给双方造成的损失。另一方面，作为拥有巨大商业前景和仲裁需求的世界第二大经济体，我国对第三方资助有一定的市场需求。若我国培养出高素质的仲裁员，不仅有助于"一带一路"沿线投资者积极利用第三方资助接近正义，也增加了"一带一路"投资争议解决机制的利用率和国际声誉。

本章小结

我国的"一带一路"建设正在稳步推进，第三方资助投资仲裁在我国也有存在的必要性和可行性。我国仲裁机构也在其仲裁规则中对第三方资助的披露主体、内容、披露时间等进行了明确，并赋予仲裁庭将第三方资助作为其分配仲裁费用的考虑因素的权力。披露第三方资助有助于提升仲裁程序的透明度，减轻资助者对仲裁程序的影响。为我国争取亚洲国际仲裁中心的地位提供助力，进一步提升我国仲裁的国际化水平。

---

〔1〕 联合国国际贸易法委员会：《投资人与国家间争端解决制度可能的改革——中国政府提交的意见书》，A/CN. 9/WG. Ⅲ/WP. 177，19 July，2019。

结　论

随着人们对第三方资助需求的增加,第三方资助的发展经历了从非法到合法的发展过程,并从最初的诉讼领域发展到仲裁领域。目前,第三方资助国际仲裁已成为普遍实践,一些国家的立法中明确规定第三方资助合法,主要的国际仲裁机构通常允许第三方资助者参与国际仲裁程序,近年来谈判或签订的区域性经贸协定中也明确赋予第三方资助合法地位。虽然第三方资助发展势头较为迅猛,也受到了国际社会的重视,但其给国际仲裁程序带来机遇的同时也产生了挑战,需要国际仲裁界予以积极应对。

由于第三方资助者和资助模式的复杂性,国际仲裁界对第三方资助尚未有统一的定义。通常来说,第三方资助既包括狭义的无追索权的第三方资助,还包括广义上的与第三方资助类似的资助形式。通过分析相关国家和地区以及国际仲裁机构等对第三方资助的规定,可以窥见第三方资助的含义主要包含4个要件:首先,资助主体是非纠纷当事方的自然人或法人,一些国家对资助者的资本充足率提出了要求,还有的国家强调资助者的商事身份或资助者与争议没有利害关系等;其次,资助形式具有多样性,除了传统的无追索权的第三方诉讼资助外,还包括特定类型的保险、律师的风险代理以及批量组合资助等新形式;再次,资助的范围为争议方的仲裁费用,主要包括当事方提起仲裁程序产生的律师费用、仲裁机构以及仲裁员的费用等;最后,资助者在资助的案件胜诉时可获得一定比例的资助回报。通常来说,资助者的回报可以是资助费用的3倍或胜诉收益的30%～50%。另外,第三方资助还包括为了公益的资助和非营利目的的资助。在国际投资仲裁领域,由于主体的特殊性和影响的深远性,第三方资助的定义应具有一定的弹性,以便涵盖未来新的资助形式。因此,只要资助者满足上述 4 个要件,无论其资助形式为何,都应被纳入第三方资助的范围。

第三方资助的表现形式既包括第三方诉讼资助,也包括保险、贷款、律师资助以及转让主张等其他形式的第三方资助。第三方诉讼资助与其他形式的第三方资助虽都以营利为目的,但他们在对资助者的要求以及对案件的控制程度上存在不同。考察二者的不同有助于仲裁庭准确评估不同形式的第三方资助对仲裁程序的影响,根据资助者对案件的控制程度来决定约束各种资助形式的特定规则,并决定在国际仲裁程序中是否须披露该外部资助。

考察第三方资助对投资仲裁庭的管辖权的影响,首先,应明确管辖权、权限和可受理性三者间的关系。广义上,管辖权可等同于权限/可受理性,探讨投资仲裁庭的管辖权也是判断仲裁庭的权限/主张的可受理性。在国际投资仲裁中,仲裁庭行使管辖权须满足 4 个要件:首先,争议当事方将争议提交中心仲裁的同意;其次,投资者在东道国领土内存在投资;再次,申请人是拥有另一缔约国国籍的适格投资者;最后,存在有效且可适用的投资协定。

第三方资助者作为仲裁协议的非签署方,受仲裁协议效力的相对性所限,投资仲裁庭对资助者无管辖权。从国际投资仲裁实践来看,申请人转让主张、资助协议的达成时间、申请人作为第三方资助下的“壳公司”以及策略性资助等都不影响仲裁庭的管辖权,但若相关 BIT 中对“投资”的定义进行了限定或资助者对案件的控制权过大,以及申请人在将主张转让给资助者时存在滥用条约挑选和转让权利过限的行为时,仲裁庭的管辖权将受到影响。

由于国际仲裁制度自身的不完善,仲裁规则对第三方资助规制不足、仲裁费用的分担不合理、保密义务与披露义务之间缺乏协调,以及第三方资助投资仲裁实践中存在仲裁员的身份混同、当事方滥用第三方资助等现象,使披露第三方资助存在一定的现实需求。同时,由于第三方资助在国际投资仲裁领域的适用日益普遍，一些仲裁机构的仲裁规则、区域贸易协定等开始对第三方资助进行规制，对披露第三方资助的方式、披露的主体和时间等予以明确，为披露第三方资助提供了制度保障。由于申请人通常会援引特免权抗辩来拒绝披露，各国对特免权的范围规定也不一致，甚至还未明确受资助者给予资助者的特权文件是否构成弃权。《IBA 取证规则》虽规定了仲裁庭评估特免权问题的考虑因素，但其不具有约束力，仲裁庭对这一问题享有最终决定权。国际社会也在努力调和受资助者的披露义务和特免权抗辩之间的冲突。为了完善第三方资助披露制度，国际社会还可通过完善仲裁员选任制度、变革国际投资仲裁制度中的费用负担方式、有条件引入第三方资助的保证金制度等措施，减少第三方资助者对国际投资仲裁程序的影响。

对于国际投资仲裁中的费用是否包含第三方资助者的案件评估费以及其获得的胜诉收益，学界还存在争议。一小部分学者从恢复原状的角度出发，认为被申请人的违约行为导致申请人只能寻求第三方资助，且须支付资助者的胜诉回报。受资助者有权请求将合同关系恢复到双方正常履行合同的情形之下。大多数学者认为，受资助者给予资助者的资助回报是双方意思自治的结果，而非被申请人违约造成的直接和必然损失，因而不属于仲裁费用范围。从国际投资仲裁实践来看，仲裁庭在分配费用时并未考虑将资助者的胜诉收益作为仲裁费用的一部分。就第三方资助案件评估费而言，是否将其作为仲裁费用可分情况讨论：若申请人为了分担风险而寻求第三方资助，则申请人自己承担该费用；若申请人的经济困境是被申请人造成的，且其不得不依靠第三方资助资金才能提起仲裁时，申请人可要求被申请人补偿该部分费用。

投资仲裁庭在分配仲裁费用时通常存在各自负担自己的费用、败诉方负担以及相对成功原则 3 种分配方式。投资仲裁庭在分配费用时通常考虑仲裁主张具有明显的法律依据，以及当事方的抗辩存在合理性等因素，评估双方产生费用的合理性，并参考仲裁当事方的仲裁行为进行分配。在目前的投资仲裁实践中，仲裁庭通常不认为第三方资助者的参与对仲裁相对方造成很大影响，在决定费用分配时通常不考虑第三方资助因素，但会结合争议当事方的行为对仲裁费用进行调整，以维护投资者和东道国之间的利益平衡。因目前的仲裁规则中关于仲裁费用分配的透明度和可预测性不足以及费用支付的困难,申请人可能利用第三方资助滥诉而损害被申请人的利益。为了规范第三方资助者的行为,有必要在费用承担上对其不当行为进行规制。

费用担保也是抑制申请人利用第三方资助滥诉的一个有效方式。在国际投资仲裁中,虽然《ICSID 公约》和《ICSID 仲裁规则》没有明确规定其临时措施中包含费用担保令,但 ICSID 仲裁庭认为,费用担保令是仲裁庭保持仲裁程序完整性的固有权力,其有权根据上述公约或规则作出费用担保令。《UNCITRAL 仲裁规则》和《LCIA 仲裁规则》等明确规定了仲裁庭作出费用担保令的权力,仲裁庭在作出费用担保令时不存在争议。为了进一步明确仲裁庭作出费用担保令的权力,一些双边投资协定、2022 年《ICSID 仲裁规则》以及 2018 年《HKIAC 机构仲裁规则》等明确规定了仲裁庭作出费用担保令的权力。

国际投资仲裁庭作出费用担保令通常须满足以下标准:(1)仲裁庭存在管辖权;(2)被申请人要求保护的权利是合理的;(3)与投资争议存在联系;(4)存在紧迫情形;(5)费用担保措施具有必要性。前 4 项标准在实践中都已明晰。就费用担保的必要性标准而言,申请人是一个"壳公司"或在寻求资助之前就难以预付仲裁机构的费用等表明申请人经济困难的情形多在实践中得以确认,但第三方资助的存在是否表明申请人经济状况恶化还存在争议。在现有的国际投资仲裁实践中,仲裁庭通常认为资助协议本身并非其作出费用担保令的必要条件,仲裁庭还须考虑仲裁当事方存在阻碍仲裁程序的不诚信行为,以及资助者在资助协议中约定不承担不利费用等情形。鉴于第三方资助者可能资助骚扰性主张,增加被申请人的仲裁费用并可能导致其在胜诉后无法获得费用补偿,使申请人和被申请人之间利益失衡。为了维护被申请人的利益,在阿马斯案中,仲裁庭放宽了费用担保的必要性标准,倒置了原本应当由被申请人承担的证明责任。同时,仲裁庭还要求受资助者对资助协议进行适当披露,降低被申请人面临的仲裁风险。

第三方资助者资助投资仲裁案件,只有当胜诉裁决获得执行时,才能获得约定的资助回报。第三方资助者在资助案件时不仅会评估案件的胜诉概率,也会考虑执行国对第三方资助的态度和对仲裁裁决的执行情况。在现有的《ICSID 公约》和《纽约公约》两种执行机制之下,第三方资助投资仲裁裁决的承认和执行存在差别。

在《ICSID 公约》执行机制之下,ICSID 裁决一经作出就犹如缔约国国内的法院判决具有终局效力,东道国法院不得对裁决进行实质审查,除主权豁免外,不得以任何理由对裁决拒绝承认执行。若东道国法院不履行公约义务,胜诉申请人可向东道国财产所在地的《ICSID 公约》的第三国法院申请执行。虽然执行豁免作为一项国际法基本原则,是一国通常采用的拒绝强制执行的理由,但这种豁免抗辩并不能免除败诉国要承担的履行 ICSID 裁决的国际义务。若败诉国拒绝执行,投资者可请求其母国提起外交保护或代表投资者向国际法院提起诉讼。由于这些救济途径并不符合《ICSID 公约》起草时的初衷,投资者母国通常也不愿因政治原因陷入纠纷之中。因此,避免执行豁免问题的最有效解决办法,如在仲裁协议中加入一项明确放弃国家执行豁免权的规定。

非 ICSID 仲裁裁决则按照《纽约公约》下的承认执行机制来进行。与《ICSID 公约》不同的是,依据《纽约公约》申请承认与执行的裁决要接受执行国国内法院的司法审查。执行国法院不仅要审查仲裁程序是否合法,也要审查裁决是否具有可裁性以及是否违反公共政策和正当程序。由于国际投资仲裁主体的特殊性,国内法院面临的主要是公共政策保留和国家豁免的抗辩,很少因正当程序问题而拒绝执行裁决。实践中,一些国家的国内法院只有在执行外国仲裁裁决将会违反法院地国家的基本道德和正义原则时,才能以公共政策原因拒绝执行。美国、德国、法国等国法院通常对公共政策例外进行狭义解释且援引时极其谨慎,以免外国法院经常援引而拒绝执行仲裁裁决。为了保障国际投资仲裁裁决的有效执行,国内法院通常对正当程序例外作狭义解释。国际投资仲裁中强制执行仲裁裁决的强有力政策也可以排除一些程序瑕疵,尽可能使裁决得以执行。

就执行豁免问题而言,即便有些国内法院认定缔约国放弃了执行豁免,仍要求申请人证明被请求执行的财产与争议事项的关联性,还有一些国家的国内法要求审查申请执行裁决所涉财产的性质,若非商业财产则需国家的明示弃权。通常情况下,申请执行人对商业性的国家资产证明较为困难,胜诉裁决最终能否获得执行存在较大的不确定性。若被申请执行国不是《纽约公约》的缔约国,在申请人申请执行非 ICSID 裁决时,被申请执行国法院可依据互惠原则来执行。

随着第三方资助在国际投资仲裁领域的适用日渐普遍,涉第三方资助的投资仲裁裁决的承认执行并未遇到太大障碍。从 ICSID 仲裁裁决的执行情况来看,执行国法院通常不会以案件存在第三方资助而拒绝执行,大多数裁决还是得到了有效执行。就《纽约公约》下非 ICSID 裁决的承认执行而言,其在承认第三方资助的国家的承认执行不存在障碍,即使是禁止第三方资助的国家也很少认为第三方资助影响裁决的承认执行。实践中他们通常通过限缩解释公共政策的方式对第三方资助作软化处理,第三方资助也不太可能阻碍裁决的承认执行。因此,第三方资助国际投资仲裁裁决在两种执行机制之下通常不存在承认执行的障碍。

目前,我国已是兼具资本输出和输入双重身份的投资大国,中国投资者主动提起和中国作为东道国被动应诉的案件也将与日俱增。随着"一带一路"投资争议的日益增多,一方面,我国投资者遇到的投资争议也将逐渐增加;另一方面,我国吸引外资的力度逐渐加大,作为被诉东道国的可能性也将增加。另外,由于近年来国际投资进一步向区域转移,其他主要的国际仲裁允许第三方资助国际仲裁。我国也对第三方资助有一定的需求,第三方资助国际投资仲裁在我国存在一定的必要性。我国内地可参考新加坡和我国香港特别行政区关于第三方资助的经验,先在国际仲裁领域适用第三方资助,待条件成熟时再适用于国内仲裁。我国内地的软法如《CIETAC 投资争端仲裁规则(试行)》、我国贸仲委香港仲裁中心的《第三方资助仲裁指引》、《BIAC 国际投资仲裁规则》等对第三方资助的规定一定程度上表明了我国对第三方资助的态度。我国是《ICSID 公约》和《纽约公约》的缔约国,国际投资仲裁裁决在我国依照上述两种执行机制的承认执行也不存在太大障碍。实践中我国也通过明确第三方资助的披露要求、提升仲裁程序的透明度、提升我国仲裁的国际化水平等举措,增强我国仲裁的国际竞争实力及影响力。

总言之,第三方资助国际投资仲裁的迅猛发展有其必要性和合理性。第三方资助不仅给申请人提供了接近正义的选择,第三方资助者对案件的尽职调查和筛选还在一定程度上降低了被申请人承担的仲裁风险。从国际投资仲裁实践来看,第三方资助通常不影响投资仲裁庭的管辖权、费用分配和裁决的承认执行,但第三方资助者参与仲裁程序的私密性和营利性可能导致资助者与仲裁员或律师的利益冲突,损害仲裁员的独立性和公正性,甚至可能导致当事方对裁决结果的质疑。另外,国际投资仲裁庭对资助者无管辖权,资助者出于营利目的的考虑可能资助骚扰性主张,在败诉时又不承担不利费用,可能损害被申请人获得费用补偿的权利。国际社会对上述问题也日渐重视,目前一些区域贸易协定、仲裁机构仲裁规则以及一些国家的国内立法中普遍规定了受资助者的强制披露义务和费用担保义务,尽量减少第三方资助者对投资仲裁程序的影响。我国也应审时度势,在条件成熟时对第三方资助进行回应,赋予其相应的法律地位。而我国政府在投资人与国家间争端解决机制的改革所提意见中对第三方资助的首次表态,也间接表明了只要规制得当,第三方资助未来在我国有合法化的可能性。

参考文献

一、著作

(一)中文著作(含译著)

[1]北京仲裁委员会编:《中国商事争议解决年度观察》,中国民主法制出版社2016年版。

[2]池漫郊:《国际仲裁体制的若干问题及完善:基于中外仲裁规则的比较研究》,法律出版社2014年版。

[3][美]克里斯多佛·R. 德拉奥萨、[美]理查德·W. 奈马克主编:《国际仲裁科学探索:实证研究精选集》,陈福勇、丁建勇译,中国政法大学出版社2010年版。

[4]崔起凡:《国际商事仲裁中的证据问题研究》,浙江工商大学出版社2013年版。

[5]丁夏:《国际投资仲裁中的裁判法理研究》,中国政法大学出版社2016年版。

[6]杜新丽主编:《国际私法》,中国人民大学出版社2015年版。

[7]高陈:《接近正义——美国纽约州法院司法改革项目研究》,中国政法大学出版社2015年版。

[8]龚刃韧:《国家豁免问题的比较研究——当代国际公法、国际私法和国际经济法的一个共同课题》,北京大学出版社2005年版。

[9]马德才:《国际私法中的公共秩序研究》,法律出版社2010年版。

[10]沈达明编著:《英美证据法》,中信出版社 1996 年版。

[11]石育斌:《国际商事仲裁第三人制度比较研究》,上海人民出版社 2008 年版。

[12]宋建立编著:《涉外仲裁裁决司法审查:原理与实践》,法律出版社 2016 年版。

[13]晏玲菊:《国际商事仲裁制度的经济学分析》,上海三联书店 2016 年版。

[14]杨良宜:《国际商务仲裁》,中国政法大学出版社 1997 年版。

[15]朱明新:《国际投资争端赔偿的法律问题研究》,中国政法大学出版社 2015 年版。

[16][美]理查德·A. 波斯纳:《法律的经济分析》(上、下册),蒋兆康译,中国大百科全书出版社 1997 年版。

[17][英]丹宁勋爵:《法律的训诫》,刘庸安等译,法律出版社 2000 年版。

[18][法]伊曼纽尔·盖拉德:《国际仲裁的法理思考和实践指导》,黄洁译,北京大学出版社 2010 年版。

[19][美]圭多·卡拉布雷西:《法和经济学的未来》,郑戈译,中国政法大学出版社 2019 年版。

[20][意]莫诺·卡佩莱蒂等:《当事人基本程序保障权与未来的民事诉讼》,徐昕译,法律出版社 2000 年版。

[21][美]曼昆:《经济学原理》,梁小民、梁砾译,北京大学出版社 2015 年版。

[22][西]帕德罗·马丁内兹-弗拉加:《国际商事仲裁——美国学说发展与证据开示》,蒋小红、谢新胜等译,中国社会科学出版社 2009 年版。

[23][美]唐纳德·坦嫩鲍姆、[美]戴维·舒尔茨:《观念的发明者》,叶颖译,北京大学出版社 2008 年版。

[24][英]亚当·斯密:《国富论》,郭大力、王亚南译,上海三联书店 2009 年版。

(二)英文著作

[1]A. Jan van den Berg, *The New York Arbitration Convention of* 1958:

Towards a Uniform Judicial Interpretation, Kluwer Law International, 1981.

[2] Andrea K. Bjorklund, *State Immunity and the Enforcement of Investor-State Arbitral Awards*, in Christina Binder, Ursula Kriebaum, et al. eds., International Investment Law for the 21st Century: Essays in Honour of Christoph Schreuer, Oxford University Press, 2009.

[3] William Blackstone, *Commentaries on the Laws of England*, Clarendon Press, 1769.

[4] Aron Broches, *The Convention on the Settlement of Investment Disputes between States and Nationals of other States*, Nijhoff, 1972.

[5] James Crawford, *Brownlie's Principles of Public International Law*, 8th ed., Oxford University Press, 2012.

[6] Antonio Crivellaro, *Third-Party Funding and "Mass" Claims in Investment Arbitrations*, ICC Dossier, 2013.

[7] Nick Rowles-Davies, *Third Party Litigation Funding*, Oxford University Press, 2014.

[8] Yves Deezalay & Bryant G. Garth, *Dealing in Virtue: International Commercial Arbitration and the Construction of a Transnational Legal Order*, University of Chicago Press, 1996.

[9] Julien Fouret, *Enforcement of Investment Treaty Arbitration Awards*, Global Business Publishing Ltd., 2015.

[10] Bryan A. Garner, *Black's Law Dictionary*, 9th ed., Thomson West, 2009.

[11] Jonas von Goeler, *Third-Party Funding in International Arbitration and its Impact on Procedure*, Kluwer Law International, 2016.

[12] Eduardo Zuleta Jaramillo, *Chapter* 40: *Security for Costs: Authority of the Tribunal and Third-Party Funding*, Kluwer Law International, 2015.

[13] Matthias Herdegen, *Principles of International Economic Law*, Oxford University Press, 2013.

[14] Matthew Hodgson & Elizabeth Evans, *Chapter* 17, *Allocation of*

Costs in ICSID Arbitrations, in Crina Baltag, ICSID Convention after 50 Years: Unsettled Issues, Kluwer Law International, 2016.

[15] Lisa Bench Nieuwveld & Victoria Shannon Sahini, *Third-Party Funding in International Arbitration*, 2nd ed., Kluwer Law International, 2017.

[16] Christine Parker, *Just Lawyers and Regulation of Access to Justice*, Oxford University Press, 1999.

[17] Leslie Perrin, *Third Party Litigation Funding Law Review*, Law Business Research Ltd., 2017.

[18] Lucy Reed, Jan Paulsson & Nigel Blackaby, *Guide to ICSID Arbitration*, Kluwer Law International, 2010.

[19] James Rogers, *International Arbitration Report*, Norton Rose Fulbright, 2016.

[20] Julien Fouret, *Enforcement of Investment Treaty Arbitration Awards*, Global Business Publishing Ltd., 2015.

[21] Victoria Sahani, Mick Smith & Christiane Deniger, *Third-Party Funding in Investment Arbitration*, Nijhoff International Investment Law Series, 2018.

[22] Catherine Soanes, *Oxford English Dictionary*, 2nd ed., Oxford University Press, 1989.

[23] F. Orrego Vicuna, *International Dispute Settlement in an Evolving Global Society: Constitutionalization, Accessibility, Privatization*, Cambridge University Press, 2004.

[24] C. Hodges, S. Vogenauer & M. Tubibacka, *The Costs and Funding of Civil Litigation: A Comparative Study*, Oxford Legal Studies Research, 2009.

[25] Michael Waibel, *Investment Arbitration: Jurisdiction and Admissibility*, Legal Studies Research Paper Series, University of Cambridge, Paper No. 9/2014.

[26] Catherine A. Rogers, *Ethics in International Arbitration*, Oxford

University Press, 2014.

[27] Pia Eberhardt & Cecilia Olivet, *Profiting from Injustice: How Law Firms, Arbitrators and Financiers are Fueling an Investment Arbitration Boom*, Nouvelles Imprimeries Havaux, 2012.

二、论文

(一)中文论文

[1]陈辉萍:《ICSID 仲裁裁决承认与执行机制的实践检视及其对中国的启示》,载《国际经济法学刊》2011 年第 2 期。

[2]陈咏梅:《发展中成员利用 WTO 争端解决机制的困境及能力建设》,载《现代法学》2010 年第 5 期。

[3]邓志伟、肖芳:《论民事诉讼费用负担原则的完善——以诉讼费用裁判差异为分析视角》,载《法律适用》2012 年第 7 期。

[4]丁汉韬:《论第三方出资下商事仲裁披露义务规则之完善》,载《武大国际法评论》2016 年第 2 期。

[5]傅攀峰:《单边仲裁员委任机制的道德困境及其突围——以 Paulsson 的提议为核心》,载《当代法学》2017 年第 3 期。

[6]郭华春:《第三方资助国际投资仲裁之滥诉风险与防治》,载《国际经济法学刊》2014 年第 2 期。

[7]黄世席:《国际投资仲裁裁决的司法审查及投资条约解释的公正性——基于"Sanum 案"和"Yukos 案"判决的考察》,载《法学》2017 年第 3 期。

[8]李军:《也论仲裁第三人制度》,载《政法论丛》2013 年第 6 期。

[9]刘敬东、李青原:《论第三方资助国际投资仲裁及其规制》,载《学术交流》2020 年第 12 期。

[10]刘笋:《国际投资仲裁裁决的不一致性问题及其解决》,载《法商研究》2009 年第 6 期。

[11]梁丹妮:《国际投资争端仲裁中的法庭之友制度研究》,载《河南社会科学》2006 年第 2 期。

[12]林其敏:《国际商事仲裁的透明度问题研究》,载《河北法学》2015年第6期。

[13]马敏:《国际投资仲裁中对人管辖权初探》,载《山西省政法管理干部学院学报》2016年第3期。

[14]马迅:《论“干净的手”原则在国际投资仲裁中的适用》,载《现代法学》2016年第5期。

[15]漆彤:《投资争议处理体系的三大构成》,载《社会科学辑刊》2018年第4期。

[16]覃华平:《国际仲裁中的第三方资助:问题与规制》,载《中国政法大学学报》2018年第1期。

[17]曲波:《禁反言在国际法中的适用——以领土争端案为例》,载《法学杂志》2014年第8期。

[18]汤霞:《ICSID仲裁中投资定义的扩张及其反思——兼论中国双重身份的应对》,载《南京大学法律评论》2017年第2期。

[19]唐琼琼:《第三方资助纠纷解决规制模式的国际经验及思考》,载《上海财经大学学报》2018年第6期。

[20]肖芳:《国际投资仲裁裁决司法审查的“商事化”及反思——以美国联邦最高法院“BG公司诉阿根廷”案裁决为例》,载《法学评论》2018年第3期。

[21]肖芳:《国际投资仲裁第三方资助的规制困境与出路——以国际投资仲裁“正当性危机”及其改革为背景》,载《政法论坛》2017年第6期。

[22]肖芳:《国际投资仲裁裁决在中国的承认与执行》,载《法学家》2011年第6期。

[23]萧凯:《仲裁第三人的法律基础与规则制定》,载《法学评论》2006年第5期。

[24]徐刚:《国际直接投资环境趋于恶化》,载《现代国际关系》2018年第7期。

[25]徐树:《国际投资仲裁庭管辖权扩张的路径、成因及应对》,载《清华法学》2017年第3期。

[26]徐树:《国际投资仲裁的第三方出资及其规制》,载《北京仲裁》2013 年第 2 期。

[27]徐树、陈雪雯:《国际投资仲裁中第三方资助的披露规则研究》,载《国际法学刊》2020 年第 3 期。

[28]王福华:《论民事司法成本的分担》,载《中国社会科学》2016 年第 2 期。

[29]王海浪:《论国际投资仲裁裁决的承认与执行——以执行法院的审查权为中心》,载《国际经济法学刊》2018 年第 4 期。

[30]王雅琴:《论"法不禁止即可为"》,载《理论视野》2014 年第 4 期。

[31]张春良:《投资解纷机制的策略考量与路径选择》,载《社会科学辑刊》2018 年第 5 期。

[32]张鸿绪:《"接近正义"视阈下我国大调解格局的制度构想》,载《西南石油大学学报(社会科学版)》2014 年第 1 期。

[33]张丽娜:《"一带一路"国际投资争端解决机制完善研究》,载《法学杂志》2018 年第 8 期。

[34]张庆麟:《国际投资仲裁的第三方参与问题研究》,载《暨南学报(哲学社会科学版)》2014 年第 11 期。

[35]张庆麟:《论国际投资协定中"投资"的性质与扩大化的意义》,载《法学家》2011 年第 6 期。

[36]张潇剑:《ICSID 仲裁裁决的承认与执行》,载《西北大学学报(哲学社会科学版)》2010 年第 4 期。

[37]张晓君、陈喆:《"一带一路"区域投资争端解决机制的构建》,载《学习论坛》2017 年第 3 期。

[38]张光磊:《第三方诉讼融资:通往司法救济的商业化路径》,载《中国政法大学学报》2016 年第 3 期。

[39]章曦:《论国际仲裁中的第三方融资及投资人的自我监管》,载《北京仲裁》2015 年第 3 期。

[40]赵骏、刘芸:《国际投资仲裁透明度改革及我国的应对》,载《浙江大学学报(人文社会科学版)》2014 年第 3 期。

[41]周艳云、周忠学:《第三方资助国际商事仲裁中受资助方披露义务的规制——基于“一带一路”视阈》,载《广西社会科学》2018 年第 2 期。

[42]周园:《国际投资仲裁中法庭之友制度的新发展》,载《东方法学》2015 年第 4 期。

[43]朱明新:《联合国国际贸易法委员会“投资仲裁透明度归责”评析》,载《武大国际法评论》2017 年第 1 期。

[44]朱伟东:《关于建立“一带一路”争端解决机制的思考》,载《法治现代化研究》2018 年第 3 期。

(二)英文论文

[1] David Arias, *Soft Law Rules in International Arbitration: Positive Effects and Legitimation of the IBA as a Rule-Maker*, Indian Journal of Arbitration Law, Vol. 29, p. 6 (2018).

[2] Edward Baldwin, Mark Kantor & Michael Nolan, *Limits to Enforcement of ICSID Awards*, Journal of International Arbitration, Vol. 23, p. 5 (2006).

[3] Bernhard Berger, *Arbitration Practice: Security for Costs: Trends and Developments in Swiss Arbitral Case Law*, Kluwer Arbitration, Vol. 28, p. 12 – 13 (2010).

[4] K. P. Berger, *Evidentiary Privileges: Best Practice Standards versus/and Arbitration Discretion*, Arbitration of International Law, Vol. 22, p. 501, 514 – 515 (2006).

[5] Paul Bond, *Making Champerty Work: An Invitation to State Action*, University of Pennsylvania Law Review, Vol. 150, p. 1297 – 1332 (2002).

[6] Willem H. Van Boom, *Third-Party Financing in International Investment Arbitration*, Erasmus School of Law, p. 50 (2011).

[7] Eric De Brabandere, *Third Party Funding in International Investment Arbitration*, Grotius Centre Working Paper, p. 16 (2012).

[8] Anna Joubin Bret, *Spotlight on Third-Party Funding in Investor-State Arbitration*, Journal of World Investment & Trade, July 15, p. 16 (2015).

[9] A. Broches, *Awards Rendered Pursuant to the ICSID Convention: Binding Force, Finality, Recognition, Enforcement Execution*, ICSID Review-Foreign Investment Law Journal, Vol. 2, p. 287 - 288 (1987).

[10] Charles Brower, Jarrod Wong, *General Valuation Principles: The Case of Santa Elena*, in Todd Weiler ed., International Investment Law and Arbitration, Vol. 20, p. 3 - 23 (2005).

[11] Susan Choi, *Judicial Enforcement of Arbitration Awards under the ICSID and New York Conventions*, New York University Journal of International Law & Policy, Vol. 28, p. 199 - 200 (1995).

[12] Bernardo M. Cremades & Antonias Dimolitsa, *Third-Party Funding in International Arbitration*, ICC Institute of World Business Law, Vol. 10, p. 7 (2015).

[13] Justin D'agostino & James Mackinnon, *Third Party Funding for Arbitration Looks Set to Arrive in Hong Kong: What You Need to Know*, Asian Dispute Review, Vol. 18, (2016).

[14] Nadia Darwazeh & Adrien Leleu, *Disclosure and Security for Costs or How to Address Imbalances Created by Third-Party Funding*, Journal of International Arbitration, Vol. 33, p. 128 (2016).

[15] Sophie Davin, *Enforcement of ICSID Awards in the United States: Should the ICSID Convention be Read as Allowing a Second Bite at the Apple*, New York University Journal of International Law and Politics, Vol. 48, p. 1255 (2016).

[16] George R. Delaume, *Contractual Waivers of Sovereign Immunity: Some Practical Considerations*, ICSID Review of Foreign Investment Law Journal, Vol. 5, p. 232 - 255 (1990).

[17] Heather R. Evans, *The Nonarbitrability of Subject Matter Defense to Enforcement of Foreign Arbitral Awards in United States Federal Courts*, New York Journal of International Law & Policy, Vol. 21, p. 329, 334 - 335 (1989).

[18] Gerald Fitzmaurice, *The Law and Practice of the International Court of Justice: International Organizations and Tribunals*, The British Yearbook of International Law, Vol. 1, p. 29 (1952).

[19] Valentina Frignati, *Ethical Implications of Third-Party Funding in International Arbitration*, Arbitration International, Vol. 32, p. 505 – 522 (2016).

[20] James D. Fry & Juan Ignacio Stampalija, *Forged Independence and Impartiality: Conflicts of Interest of International Arbitration in Investment Disputes*, Arbitration International, Vol. 30, p. 189 – 263 (2014).

[21] Dmytro Galagan & Patricia Zikovic, *If They Finance Your Claim, will They Pay Me if I Win: Implications of Third Party Funding on Adverse Costs Awards in International Arbitration*, European Scientific Journal, p. 173 – 180 (2015).

[22] Frank J. Garcia, *Third-Party Funding as Exploitation of the Investment Treaty System*, Boston College Law Review, Vol. 59, p. 9 – 10 (2018).

[23] Oliver Gayner & Susanna Khouri, *Singapore and Hong Kong: International Arbitration Meets Third Party Funding*, Fordham International Law Journal, Vol. 40, p. 1033 – 1046 (2017).

[24] Aren Goldsmith & Lorenzo Melchionda, *Third Party Funding in International Arbitration: Everything You Ever Wanted to Know (but were Afraid to Ask)*, International Business Law Journal, Vol. 2012, p. 53 – 69 (2012).

[25] Charity L. Goodman, *Uncharted Waters: Financial Crisis and Enforcement of ICSID Awards in Argentina*, University of Pennsylvania Journal of International Economic Law, Vol. 28, p. 449 (2007).

[26] Weixia Gu, *Security for Costs in International Commercial Arbitration*, Journal of International Arbitration, Vol. 22, p. 190 (2005).

[27] Veijo Heiskanen, *Ménage à trois? Jurisdiction, Admissibility and Competence in Investment Treaty Arbitration*, ICSID Review, Vol. 29, p. 231 – 246 (2014).

[28] Matthew Hodgson, *Cost Allocation in ICSID Arbitration: Theory and*

(Mis)Application, Columbia FDI Perspective No. 152, p. 2 (2015).

[29] Keith N. Hylton, *Economics of Thitd-Party Funding Financed Litigation*, Journal of Law, Economics & Policy, Vol. 8, p. 703 – 704 (2012).

[30] Jung Won Jun, *The Integrity of Finality of International Arbitral Awards: International Commercial and ICSID Arbitration Awards*, Journal of Arbitration Study, Vol. 28, p. 137 (2018).

[31] George Kahale, *Is Investment-State Arbitration Broken?* Transnational Dispute Management, Vol. 7, p. 32 – 33 (2012).

[32] Mark Kantor, *Third-Party Funding in International Arbitration: An Essay about New Developments*, ICSID Review-Foreign Investment Law Journal, Vol. 24, p. 65 – 79 (2009).

[33] William Kirtley & Koralie Wietrzykowski, *Should an Arbitral Tribunal order Security for Costs When an Impecunious Claimant is Relying upon Third-Party Funding?*, Journal of International Arbitration, Vol. 30 (2013).

[34] S. Kröll & J. Griebel, *To Piece or not to Piece the Veil*, Stockholm International Arbitration Review, Vol. 2, p. 37, 95 (2005).

[35] Christopher B. Kuner, *The Public Policy Exception to the Enforcement of Foreign Arbitral Awards in the United States and West Germany under the New York Convention*, The Journal of International Arbitration, Vol. 7, p. 71, 77 (1990).

[36] Katherine Lynch, *Security for Costs in Domestic and International Arbitration in England and Hong Kong*, Journal of International Arbitration, Vol. 12 (1995).

[37] Jason Lyon, *Revolution in Progress: Third-Party Funding of American Litigation*, UCLA Law Review, Vol. 58, p. 571, 578 (2010).

[38] Ramona Martinez, *Recognition and Enforcement of International Arbitral Awards under the United Nations Convention of 1958: The Refusal Provisions*, The International Lawyer, Vol. 24, p. 493 (1990).

[39] Angelynn Meya, *Third-Party Funding in International Investment Ar-*

bitration the Elephant in the Room, Dossiers of the ICC Institute of World Business Law, Vol. 10, p. 131 – 132 (2013).

[40] Marco de Morpurgo, *A Comparative Legal and Economic Approach to Third Party Litigation Funding*, Cardozo Journal of International & Comparative Law, Vol. 19, p. 381 – 382 (2011).

[41] Burcu Osmanoglu, *Third-Party Funding in International Commercial Arbitration and Arbitrator Conflict of Interest*, Journal of International Arbitration, Vol. 32, p. 326 – 349 (2015).

[42] Anthony L. Paccione, *Recognition and Enforcement of ICSID Awards in the United States*, ELET Law Journal, Vol. 1, p. 91 (2015).

[43] J. Paulsson, *ICSID's Achievement and Prospects*, ICSID Review-Foreign Investment Law Journal, Vol. 6, p. 380, 386 (1991).

[44] Schlosser P. F., *Arbitration and European Public Policy*, L'Arbitrage et le Droit European (Bruylant), Vol. 81, p. 86 (1997).

[45] Philippe Pinsolle, *Jurisdictional Review of ICSID Awards*, The Journal of World Investment & Trade, Vol. 5, p. 613 (2004).

[46] Kirby P. J., *Third Party Funding: Access to Justice or Access to Profits?* Butterworths Journal of International Banking and Financial Law, Vol. 7, p. 7 (2017).

[47] Jenny Power, *Chapter V: Investment Arbitration-Summaries of ICSID Awards on Costs*, Austrian Yearbook on International Arbitration, 2010.

[48] David A. Wilhite Ramirez, *Under What Conditions Might a Tribunal award Security for Costs to a Respondent in ICSID Arbitration*, Spain Arbitration Review I Revista del Club Espanol del Arbitraje, Vol. 19, p. 71 – 84 (2014).

[49] Deborah L. Rhodehode, *Access to Justice: A Roadmap for Reform*, Fordham Urban Law Journal, Vol. 41, p. 1227 – 1256 (2014).

[50] Douglas R. Richmond, *Other People's Money: The Ethics of Litigation Funding*, Mercer Law Review, Vol. 56, p. 650 (2005).

[51] Luis Fernando Rodriguez, *Allocating Costs to Foster Efficiency and Fairness*, *Kluwer Arbitration*, *Vol.* 40, p. 147 (2018).

[52] Lisa Sachs, Lise Johnson & Jesse Coleman, eds., *The Great Asymmetry and the Rule of Law in Trade and Investment Agreements*, Yearbook on International Investment Law & Policy, p. 10 (2018).

[53] Victoria Shannon Sahani, *Judging Third-Party Funding*, UCLA Law Review, Vol. 63, p. 388, 392 – 393 (2016).

[54] A. J. Sebok, *The Inauthentic Claim*, Vanderbilt Law Review, Vol. 64, p. 61, 63 – 67 (2011).

[55] Jeffrey Schacknow, *Applying the Common Interest Doctrine to Third-Party Litigation Funding*, Emory Law Journal, Vol. 66, p. 1483 – 1485 (2017).

[56] P. Shaughnessy, *Dealing with Privileges in International Commercial Arbitration*, in Scandinavian Studies: Procedural Law, Vol. 792, p. 257 (2009).

[57] Steven Shavell, *The Social Versus the Private Incentive to Bring Suit in a Costly Legal System*, Journal of Legal Study, Vol. 11, p. 333 (1982).

[58] Seungnam Shin, *Non-signatories in Arbitration Proceedings with Focus on a Third-Party beneficiary and Equitable Estoppel Doctrines in the United States*, Journal of Arbitration Studies, Vol. 27, p. 83 – 84 (2017).

[59] Gary J. Shaw, *Third-Party Funding in Investment Arbitration: How Non-Disclosure Can Cause Harm for the Sake of Profit*, Arbitration International, Vol. 33, p. 109 – 120 (2017).

[60] Maya Steinitz, *Whose Claim is This Anyway? Third-Party Litigation Funding*, Minnesota Law Review, Vol. 95, p. 1295 – 1296 (2011).

[61] Marie Stoyanov & Olga Owczarek, *Third-Party Funding in International Arbitration: Is it Time for Some Soft Rules?*, BCDR International Arbitration Review, Vol. 2, p. 174 – 185 (2015).

[62] S. R. Subramanian, *BITs and Pieces in International Investment Law: Enforcement of Investment Treaty Arbitration Awards in the Non-ICSID*

States: *The Case of India*, The Journal of World Investment & Trade, Vol. 14, p. 198 (2013).

[63] Ondrej Svoboda & Jan Kunstyr, *Third Party to Pick up the Bill? Cost Issues Relating to Third Party Funding in Investment Arbitration*, Czech Yearbook of Public & Private International Law, Vol. 7, p. 428 (2016).

[64] Michael Waibel, *Investment Arbitration*: *Jurisdiction and Admissibility*, Legal Studies Research Paper Series, University of Cambridge, Feb. 8, Paper No. 9/2014.

[65] M. Wirth, ed., *Best Practices in International Arbitration*, ASA Swiss Arbitration Association Special Series, Vol. 26, p. 502 (2006).

[66] Derric Yeoh, *Third Party Funding in International Arbitration*: *A Slippery Slope or Levelling the Playing Field?* Journal of International Arbitration, Vol. 33, p. 121 (2016).

[67] Frank J. Garcia, *Third-Party Funding as Exploitation of the Investment Treaty System*, Boston College Law Review, Vol. 59, p. 2911 (2018).

[68] Sarah E. Moseley, *Disclosuring Third-Party Funding in International Investment Arbitration*, Texas Law Review, Vol. 97, p. 1181 (2019).

[69] Rachel Denae Thrasher, *Expansive Disclosure*: *Regulating Third-Party Funding for Future Analysis and Reform*, Boston College Law Review, Vol. 59, p. 2935 (2018).

[70] Wenjing Chen, *An Economic Analysis of Third Party Litigation Funding*, US-China Law Review, Vol. 16, p. 34 (2019).

[71] Julien Chaisse & Can Eken, *The Monelization of Investment Claims Promises and Pitfalls of Third-Party Funding in Investor-State Arbitration*, Delaware Journal of Corporate Law, Vol. 44, p. 113 (2020).

三、主要案例

1. ICSID

[1] Merrill and Ring Forestry L. P. *v.* Canada, ICSID Case No. UNCT/07/1.

[2] AES Summit Generation Limited *v.* Republic of Hungary(Ⅰ), ICSID Case No. ARB/01/4.

[3] Electrabel S. A. *v.* The Republic of Hungary, ICSID Case No. ARB/07/19.

[4] Suez, Sociedad General de Aguas de Barcelona S. A., and Inter Aguas Servicios Integrales del Agua S. A. *v.* The Argentine Republic (Formerly Aguas Provinciales), ICSID Case No. ARB/03/17.

[5] Aguas del Tunari S. A. *v.* Republic of Bolivia, ICSID Case No. ARB/02/3.

[6] Biwater Gauff (Tanzania) Limited *v.* United Republic of Tanzania, ICSID Case No. ARB/05/22.

[7] Teinver S. A., Transportes de Cercanias S. A. and Autobuses Urbanos del Sur S. A. *v.* Argentine Republic, ICSID Case No. ARB/09/1.

[8] Ambiente Ufficio S. P. A. and Others *v.* Argentine Republic, ICSID Case No. ARB/08/9.

[9] Ioannis Kardassopoulos *v.* The Republic of Georgia, ICSID Case No. ARB/05/18.

[10] Ron Fuchs *v.* The Republic of Georgia, ICSID Case No. ARB/07/15.

[11] RSM Production Corporation *v.* Grenada, ICSID Case No. ARB/05/14.

[12] ATA Construction, Industrial and Trading Company *v.* Hashemite Kingdom of Jordan, ICSID Case No. ARB/08/2.

[13] Commerce Group Corp. and San Sebastian Gold Mines Inc. *v.* El Salvador, ICSID Case No. ARB/09/17.

[14] BP America Production Company, Pan American Sur SRL *v.* The Argentine Republic, ICSID Case No. ARB/04/8.

[15] Pan American Energy LLC and BP Argentina Exploration Company *v.* Argentine Republic, ICSID Case No. ARB/03/13.

[16] Bayindir Insaat Turizm Ticaret Ve Sanayi AS *v.* Islamic Republic of Pakistan, ICSID Case No. ARB/03/29.

[17] SGS Societe Generale de Surveillance SA *v.* Republic of the Philippines, ICSID Case No. ARB/02/06.

[18] Pantechniki SA Contractors Engineers *v.* Republic of Albania, ICSID Case No. ARB/07/21.

[19] The Loewen Group, Inc and Raymond L Loewen *v.* United States of America, ICSID Case No. ARB(AF)98/3.

[20] TSA Spectrum de Argentina, SA *v.* Argentine Republic, ICSID Case No. ARB/05/5.

[21] Tokios Tokeles *v.* Ukraine, ICSID Case No. ARB/02/18.

[22] Plama Consortium Limited *v.* Republic of El Salvador, ICSID Case No. ARB/03/24.

[23] Inceysa Vallisoletana SL *v.* Republic of El Salvador, ICSID Case No. ARB/03/26.

[24] World Duty Free Company Limited *v.* Republic of Kenya, ICSID Case No. ARB/00/7.

[25] Phoenix Action Ltd *v.* Czech Republic, ICSID Case No. ARB/06/5.

[26] Jan de Nul N. V. and Dredging International N. V. *v.* Arab Republic of Egypt, ICSID Case No. ARB/04/13.

[27] Occidental Petroleum Corporation and Occidental Exploration and Production Company *v.* Republic of Ecuador, ICSID Case No. ARB/06/11.

[28] Ceskoslovenska Obchodni Banka, A. S. *v.* The Slovak Republic, ICSID Case No. ARB/97/4.

[29] Compania de Aguas del Aconquija S. A. and Compagine Generale des

Eaux *v.* Argentine Republic, ICSID Case No. ARB/97/3.

[30] Abaclat and Others *v.* The Argentine Republic, ICSID Case No. ARB/07/5.

[31] Giovanni Alemanni and Others *v.* The Argentine Republic, ICSID Case No. ARB/07/8.

[32] Consorzio Groupement L. E. S. I. -DIPENTA *v.* Republique algerienne democratique et populaire, ICSID Case No. ARB/03/08.

[33] Standard Chartered Bank *v.* United Republic of Tanzania, ICSID Case No. ARB/10/12.

[34] Muhammet Cap & Sehil Insaat Endustri ve Ticaret Ltd. Sti. *v.* Turkmenistan, ICSID Case No. ARB/12/6.

[35] RSM Production Corporation *v.* Saint Lucia, ICSID Case No. ARB/12/10.

[36] Siemens A. G. *v.* the Argentine Republic, ICSID Case No. ARB/02/8.

[37] PSEG Global Inc. and Konya Ilgin Elektrik Uretim ve Ticaret Limited Sirketi *v.* Republic of Turkry, ICSID Case No. ARB/02/5.

[38] Alasdair Ross Anderson et al. *v.* Republic of Costa Rica, ICSID Case No. ARB(AF)/07/3.

[39] Ansung Housing Co., Ltd. *v.* People's Republic of China, ICSID Csae No. ARB/14/25.

[40] Global Trading Resource Corp. and Globex International, Inc. *v.* Ukraine, ICSID Case No. ARB/09/11.

[41] Siag and Vecchi *v.* The Arab Republic of Egypt, ICSID Case No. ARB/05/15.

[42] Transglobal Green Energy, LLC and Transglobal Green Panama, S. A. *v.* Republic of Panama, ICSID Case No. ARB/13/28.

[43] S&T Oil Equipment & Machinery Ltd. *v.* Romania, ICSID Case No. ARB/07/13.

[44] Emillo Agustin Maffezini *v.* Kingdom of Spain, ICSID Case No.

ARB/97/7.

[45] Perenco Ecuador Limited *v.* Republic of Ecuador and Empresa Estatal Petroleos del Ecuador, ICSID Case No. ARB/08/16.

[46] Victor Pey Casado and President Allende Foundation *v.* Republic of Chile, ICSID Case No. ARB/98/2.

[47] Libananco Holdings Co. Limited *v.* Republic of Turkey, ICSID Case No. ARB/06/8.

[48] Tokios Tokelés *v.* Ukraine, ICSID Case No. ARB/02/18.

[49] Jan de Nul N. V. and Dreadging International N. V. *v.* Arab Republic of Egypt, ICSID Case No. ARB/04/13.

[50] Burimi SRL and eagle Games SH. A *v.* Republic of Albania, ICSID Case No. ARB/11/18.

[51] Luis García Armas *v.* Bolivarian Republic of Venezuela, ICSID AF Case No. ARB(AF)/16/1.

[52] Eskosol S. P. A. in Liquidazione *v.* Italian Republic, ICSID Case No. ARB/15/50.

[53] Liberian Eastern Timber Corporation *v.* Republic of Liberia, ICSID Case No. ARB/83/2.

[54] Loan Micula, Viorel Micula, S. C. European Food S. A., S. C. Starmill S. R. L. and S. C. Multipack S. R. L. *v.* Romania, ICSID Case No. ARB/05/20.

[55] Gold Reserve Inc. *v.* Bolivarian Republic of Venezuela, ICSID Case No. ARB(AF)/09/1.

[56] Rusoro Mining Ltd. *v.* Bolivarian Republic of Venezuela, ICSID Case No. ARB(AF)/12/5.

[57] Antin Infrastructure Services Luxembourg S. à. r. l. and Antin Energia Termosolar B. V. *v.* Kingdom of Spain, ICSID Case No. ARB/13/31.

[58] Eiser Infrastructure Limited and Energía Solar Luxembourg S. àr. l. *v.* Kingdom of Spain, ICSID Case No. ARB/13/36.

[59] Masdar Solar & Wind Cooperatief U. A. *v.* Kingdom of Spain, ICSID Case No. ARB/14/1.

[60] Sistem Mühendislik In aat Sanayi ve Ticaret A. *v.* Kyrgyz Republic, ICSID Case No. ARB(AF)/06/1.

[61] Railroad Development Corporation *v.* Republic of Guatemala, ICSID Case No. ARB/07/23.

[62] AIG Capital Partners, Inc. and CJSC Tema Real Estate Company *v.* Republic of Kazakhstan, ICSID Case No. ARB/01/6.

[63] Karkey Karadeniz Elektrik Uretim A. S. *v.* Islamic Republic of Pakistan, ICSID Case No. ARB/13/1.

[64] Ioan Micula, Viorel Micula, S. C. European Food S. A., S. C. Starmill S. R. L. and S. C. Multipack S. R. L. *v.* Romania, ICSID Case No. ARB/05/20.

[65] Unión Fenosa Gas, S. A. *v.* Arab Republic of Egypt, ICSID Case No. ARB/14/4.

[66] Conoco Phillips *v.* Bolivarian Republic of Venezuela, ICSID Case No. ARB/07/30.

[67] Ekran Berhad *v.* People's Republic of China, ICSID Case No. ARB/11/15.

[68] Hela Schwarz GmbH *v.* People's Republic of China, ICSID Case No. ARB/17/19.

[69] Beijing Urban Construction Group Co., Ltd. *v.* Republic of Yemen, ICSID Case No. ARB/14/30.

[70] Ping An Life Insurance Company of China, Limited and Ping An Insurance (Group) Company of China, Limited *v.* Kingdom of Belgium, ICSID Case No. ARB/12/29.

[71] Standard Chartered Bank (Hong Kong) Limited *v.* Tanzania Electric Supply Company Limited, ICSID Case No. ARB/10/20.

[72] Tza Yap Shum *v.* The Republic of Peru, ICSID Case No. ARB/07/6.

[73] Sanum Investments Limited *v.* Lao People's Democratic Republic, ICSID Case No. ADHOC/17/1.

[74] Standard Chartered Bank (Hong Kong) Limited *v.* United Republic of Tanzania, ICSID Case No. ARB/15/41.

[75] Marco Gavazzi and Stefano Gavazzi *v.* Romania, ICSID Case No. ARB/12/25.

[76] Burlington Resources Inc. *v.* Republicof Ecuador, ICSID Case No. ARB/08/5.

[77] Fengzhen Min *v.* Republic of Korea, ICSID Case No. ARB/20/26.

[78] Goh Chin Soon *v.* People's Republic of China, ICSID Case No. ARB/20/34.

[79] Macro Trading Co. , Ltd. *v.* People's Republic of China, ICSID Case No. ARB/20/22.

2. UNCITRAL

[1] Glamis Gold, Ltd. *v.* The United States of America, UNCITRAL.

[2] Oxus Gold Plc. *v.* Republic of Uzbekistan, the State Committee of Uzbekistan for Geology & Mineral Resources, and Navoi Mining & Metallurgical Kombinat, UNCITRAL.

[3] Chevron Corporation (USA) and Texaco Petroleum Company (USA) *v.* The Republic of Ecuador, UNCITRAL, PCA Case No. 34877.

[4] Yukos Universal Limited *v.* Russian Federation, UNCITRAL, PCA Case No. AA 227.

[5] Mytilineos Holdings SA *v.* The State Union of Serbia & Montenegro and Republic of Serbia, UNCITRAL.

[6] CME Czech Republic B. V. (The Netherlands) *v.* Czech Republic, UNCITRAL.

[7] Guaracachi America, Inc. (U. S. A.) and Rurelec Plc. (United Kingdom) *v.* Plurinational State of Bolivia, PCA Case No. 2011 – 17.

[8] Manuel García Armas and Others *v.* Venezuela, PCA Case No.

2016 – 08.

[9] South American Silver Limited *v.* The Plurinational State of Bolivia, PCA Case No. 2013 – 15.

[10] Hulley Enterprises Limited (Cyprus) *v.* The Russian Federation, PCA Case No. AA 226.

[11] Veteran Petroleum Limited (Cyprus) *v.* The Russian Federation, UNCITRAL, PCA Case No. AA 228.

[12] Balkan Energy (Ghana) Limited *v.* Republic of Ghana, UNCITRAL, PCA Case No. 2010 – 7.

[13] Werner Schneider, Acting in His Capacity as Insolvency Administrator of Walter Bau Ag (In Liquidation) *v.* Kingdom of Thailand (formerly Walter Bau AG (in liquidation) *v.* Kingdom of Thailand), UNCITRAL.

[14] Hardy Exploration and Production (India) Inc. *v.* Government of India, UNCITRAL.

[15] Oxus Gold *v.* Republic of Uzbekistan, UNCITRAL.

[16] China Heilongjiang International Economic & Technical Cooperation Corp., Beijing Shougang Mining Investment Company Limited and Qinhuangdao Qinlong International Industrial Co., Ltd. *v.* Mongolia, PCA Case No. 2010 – 20.

3. SCC

[1] Quasar de Valores SICAV S. A. et al. (formerly Renta 4 S. V. S. A. et al.) *v.* Russian Federation, SCC Case No. 24/2007.

[2] RosInvest Co. UK Ltd. *v.* The Russian Federation, SCC Arbitration V (079/2005).

[3] Anatolie Stati, Gabriel Stati, Ascom Group SA and Terra Raf Trans Traiding Ltd. *v.* Kazakhstan, SCC Case No. V 116/2010.

[4] CEF Energia BV *v.* Italian Republic, SCC Case No. 158/2015.

[5] Greentech Energy Systems A/S, et al. *v.* Italian Republic, SCC Case No. V 2015/095.

[6] Mohammad Ammar AI-Bahloul *v.* The Republic of Tajikistan, SCC Case No. V (064/2008).

[7] Novenergia Ⅱ-Energy & amp; Environment (SCA) (Grand Duchy of Luxembourg), SICAR *v.* The Kingdom of Spain, SCC Case No. 2015/063.

[8] PL Holdings S. à. r. l. *v.* Republic of Poland, SCC Case No. V 2014/163.

4. SIAC

Nexbis Pty Ltd. (formerly known as Nexbis Limited) *v.* Republic of Maldives, SIAC ARB No. 003 of 2014.

5. 他国国内案件

[1] [UK] Arkin *v.* Borchard Lines Ltd. & Others [2005] EWCA Civ. 655.

[2] [UK] Hamilton *v.* Al-Fayed, [2002] EWCA Civ. 665.

[3] [UK] Excalibur Ventures LLC *v.* Texas Keystone Inc & Others, [2014] EWHC 3436.

[4] [UK] Progas Energy Ltd. *v.* The Islamic Republic of Pakistan (Rev. 1) [2018] EWHC 209 (Comm) (09 February 2018).

[5] [UK] Orascom Telecom Holding SZE *v.* Republic of Chad, [2008] EWHC 1841 (Comm).

[6] [US] Bob T. Patterson *v.* Perry Pritchard, 193 S. W. 3d 87, 104 (Tex. APP. 2006).

[7] [US] United States *v.* Schwimmer, 892 F. 2d 237, 243 – 244 (2d Cir. 1989).

[8] [US] Abu-Ghazaleh *v.* Chaul, Florida Third District Court of Appeal, Decision of 2 December 2009.

[9] [US] Parsons *v.* Generale, 508 F. 2d 969, 974 (2d Cir. 1974).

[10] [US] Laminoirs *v.* Southwire, 484 F. Supp. 1063, 1065 (N. D. Ga. 1980).

[11] [US] Waterside Ocean Navigation Co. *v.* International Navigation Ltd., 737 F. 2d 150, 152 (2d Cir. 1984).

[12][US] Fertilizer Corp. of India *v.* IDI Management, 517 F. Supp. 948,955 (S. D. Ohio 1981).

[13][US] American Constr. Mach. And Equip. Corp. Ltd. *v.* Mechanized Constr. of Pakistan, 659 F. Supp. 426, 429 (S. D. N. Y.).

[14][US] Parsons & Whittemore Overseas Co. *v.* Societe Generale de I'Industrie du Papier (RAKTA), 508 F. 2d 969,975 – 976 (2d Cir. 1974).

[15][US] Biotronik Mess-und Therapiegeraete GmbH & Co. *v.* Medford Medical Instrument Co., 415 F. Supp. 133,140 – 141 (D. N. J. 1976).

[16][US] International Standard Elec. Corp. *v.* Bridas Sociedad Anonima Petrolera, Indus. Y Commercial, 745 F. Supp. 172, 180(S. D. N. Y. 1990).

[17][US] Waterside Ocean Navigation Co., Inc., *v.* International Navigation Ltd., 737 F. 2d 150 (2d Cir. 1984).

[18][US] Laminoirs, Ect. *v.* Southwire Co., 484 F. Supp. 1063, 1065 (N. D. Ga. 1980).

[19][US] Sigval Bergesen M/t Sydfonn Frostfonn Nordfonn *v.* Joseph Muller Corporation, 710 F. 2d 928 (2d Cir. 1983).

[20][FRA] Denis Coakley Limited *v.* Société Michel Reverdy, Court of Appeal of Reims/774/81, Judgment of Jul. 23, 1981.

[21][SIN] Otech Pakistan Pvt. Ltd. *v.* Clough Engineering Ltd. and Another [2006] SGCA 46.

[22][CAN] Banglar progotiled *v.* Ranka enterprises Inc., Ranka Marketing Inc., (2009) CanLⅡ 16292 (ON S. C.).

四、其他资料

(一)电子文献

[1]澳大利亚国际商事仲裁中心:《澳大利亚国际商事仲裁中心仲裁规则》,载澳大利亚国际仲裁中心网 2016 年 1 月 1 日,https://acica.org.au/wp-content/uploads/Rules/2016/ACICA_Arbitration_Rules-_2016_Chinese_Translation.pdf。

[2]北京仲裁委员会:《北京仲裁委员会/北京国际仲裁中心国际投资仲裁规则》,载北京仲裁委员会网 2019 年 7 月 4 日, http://www.bjac.org.cn/page/data_dl/2019 投资仲裁规则 0905%20 中文.pdf。

[3]经济日报:《国家统计局公布 2017 年"一带一路"建设成绩单》,载中国经济网, http://www.ce.cn/xwzx/gnsz/gdxw/201802/28/t20180228_28289409.shtml。

[4]新华社:《国务院印发〈中国(上海)自由贸易试验区临港新片区总体方案〉》,载中华人民共和国中央人民政府网, http://www.gov.cn/xinwen/2019-08/06/content_5419191.htm。

[5]联合国国际贸易法委员会:《投资人与国家间争端解决制度可能的改革——中国政府提交的意见书》,载联合国国际贸易法委员会网 2019 年 7 月 19 日, https://uncitral.un.org/sites/uncitral.un.org/files/wp117c.pdf。

[6]中国国际经济贸易仲裁委员会:《中国国际经济贸易仲裁委员会国际投资争端仲裁规则(试行)》,载中国国际经济贸易仲裁委员会网 2017 年 9 月, http://www.cietac.org.cn/Uploads/201709/59ca01a8d38b8.pdf。

[7]中华人民共和国商务部:《中华人民共和国政府和乌兹别克斯坦共和国政府关于促进和保护投资的协定》,载中华人民共和国商务部网, http://policy.mofcom.gov.cn/pact/pactContent.shtml? id=2421。

[8]深圳国际仲裁院:《深圳国际仲裁院 2019 仲裁规则》,载深圳国际仲裁院网 2019 年 2 月 21 日, http://www.sccietac.org/web/doc/view_rules/913.html。

[9]郭丽琴:《外输精英内定规则,"中国力量"注入国际投资争端》,载第 1 财经网 2017 年 9 月 19 日, https://www.yicai.com/news/5347358.html。

[10]香港特别行政区法律改革委员会:《第三方资助仲裁小组委员会咨询文件》,载香港特别行政区法律改革委员会网 2015 年 10 月, http://www.hkreform.gov.hk/tc/docs/tpf_c.pdf。

[11]香港特别行政区立法会:《2017 年仲裁及调解法例(第三方资助)(修订)条例》,载香港特别行政区立法会网, https://www.legco.gov.hk/

yr16 - 17/chinese/ord/2017ord006 - c. pdf。

[12]柯立:《武汉仲裁委员会发起组建“一带一路”(中国)仲裁院成立》,载长江网,http://news. cjn. cn/sywh/201610/t2908672. htm。

[13]《一带一路沿线国家名单汇总 2017 年一带一路路线图一览》,载每日财经网 2017 年 5 月 15 日,https://www. mrcjcn. com/n/224527. html。

[14]ICSID, 2006 *ICSID Arbitration Rules*, http://icsidfiles. worldbank. org/icsid/icsid/staticfiles/basicdoc/partF-chap03. htm#r28.

[15]HKIAC, 2018 *HKIAC Administered Arbitration Rules*, http://www. hkiac. org/sites/default/files/ck_filebrowser/PDF/arbitration/HKIAC% 20Rules% 20 - 26% 20Sept% 202018. pdf.

[16]2020 e-Handbook of Statistics, *Foreign Direct Investment*, UNCTAD (2020), https://stats. unctad. org/handbook/EconomicTrends/Fdi. html.

[17]UNCTAD, *Agreement between the Slovak Republic and the Islamic Republic of Iran for the Protection and Reciprocal Protection of Investments*, http://investmentpolicyhub. unctad. org/Download/TreatyFile/3601.

[18]Antonio R. Parra, *Chapter* 6: *The Enforcement of ICSID Arbitral Award*, in Enforcement of Arbitral Awards against Sovereigns edited by R. Doak Bishop, Juris Net (Sep. 2009), https://arbitrationlaw. com/library/enforcement-icsid-arbitral-awards-chapter - 6 - enforcement-arbitral-awards-against-sovereigns.

[19]Association of Litigation Funders, *Article* (2. 4) *of the Code of Conduct for Litigation Funders*, ALF (January 2014), http://associationoflitigationfunders. com/wp-content/uploads/2014/02/Code-of-conduct-Nov2016 - Final-PDF - 1. pdf.

[20]CCBC, *Brazilian CAM-CCBC Administrative Resolution No.* 18, 20 July 2016, https://ccbc. org. br/cam-ccbc-centro-arbitragem-mediacao/resolucao-de-disputas/resolucoes-administrativas/ra - 18 - 2016 - financiamento-de-terceiros-em-arbitragens-cam-ccbc/.

[21]Burford Capital, *Burford Capital's Quarterly Summer* 2017 *Overview*,

Burford Capital (July 14, 2017), http://www. burfordcapital. com/wpcontent/uploads/2017/07/Burford-Quarterly-Summer – 2017. pdf.

[22] Marketscreener, *Burford Capital: Reports Favorable Investment Result*, Marketscreener News (July 22, 2017), https://www. marketscreener. com/quote/stock/BURFORD-CAPITAL-LIMITED – 5668352/news/Burford-Capital-nbsp-Reports-Favourable-Investment-Result – 24803434/.

[23] China International Economic and Trade Arbitration Commission Hong Kong Arbitration Center, *Guidelines for Third Party Funding for Arbitration*, CIETACHK (Sep. 1, 2017), https://hkarbitration. files. wordpress. com/2017/09/cietac-hk-tpf-guidelines. pdf.

[24] Chiara Cilento & Benjamin Guthrie, *Is Invest-State Arbitration Warming up to Security for Costs*? Kluwer Arbitration Blog (June 18, 2019), http://arbitrationblog. kluwerarbitration. com/2019/06/18/is-investor-state-arbitration-warming-up-to-security-for-costs/.

[25] Singapore Statutes Online, *Civil Law (Amendment) Act* 2017, Attorney-General's Chambers, https://sso. agc. gov. sg/Acts-supp/2 – 2017/.

[26] Association of Litigation Funders, *Code of Conduct for Litigation Funders*, ALF (January 2014), http://associationoflitigationfunders. com/wp-content/uploads/2014/02/Code-of-conduct-Nov2016 – Final-PDF – 1. pdf.

[27] Global Risk Insights, *Guest Post: Third-Party Funding in Investment Arbitration*, Globalrisk insights News (March 9, 2021), https://globalriskinsights. com/2021/03/guest-post-third-party-funding-in-investment-arbitration/.

[28] Jeffery P. Commission, *How Much does an ICSID Arbitration Cost*? A Snapshot of the Last Five Years, Kluwer Arbitration Blog (Feb. 29, 2016), http://arbitrationblog. kluwerarbitration. com/2016/02/29/how-much-does-an-icsid-arbitration-cost-a-snapshot-of-the-last-five-years/.

[29] Council of the European Union, *Comprehensive Economic and Trade Agreement (CETA)*, European Union (Sep. 14, 2016), http://data. consilium. europa. eu/doc/document/ST – 10973 – 2016 – INIT/en/pdf.

[30]ICSID, Convention on the Settlement of Investment Disputes between States and Nationals of Other States, ICSID (April 2006), https://icsid.worldbank.org/en/Documents/icsiddocs/ICSID%20Convention%20English.pdf.

[31]UNCTAD, *Draft Agreement between the Government of the French Republic and the Government of the Republic of (...) on the Reciprocal and Protection of Investments*, OACC/APPI Modele Type Eng, Investmentpolicy (Feb. 14, 2006), https://investmentpolicy.unctad.org/international-investment-agreements/treaty-files/5874/download.

[32] European Commission, *EU-Vietnam Investment Protection Agreement*, Investmentpolicy (Oct. 17, 2018), https://investmentpolicy.unctad.org/international-investment-agreements/treaty-files/5868/download.

[33]Instituciones, *Email from ICSID of* 18 *January* 2013, http://www.minec.gob.sv/? option = com_phocadownload&view = category&id = 79%3Acorrespondencia-relacionada-a-pago-al-ciadi&Itemid = 63.

[34]Napoleão Casado Filho, *The Duty of Disclosure and Conflicts of Interest of TPF in Arbitration*, Kluwer Arbitration Blog (Dec. 23, 2017), http://arbitrationblog.kluwerarbitration.com/2017/12/23/duty-disclosure-conflicts-interest-tpf-arbitration/.

[35]Jonas von Goeler, *Show Me Your Case and I'll Show You the Money-How to Balance Conflicts Between Third-Party Funding and Confidentiality in Arbitration Proceedings*, Kluwer Arbitration Blog (July 21, 2016), http://arbitrationblog.kluwerarbitration.com/2016/07/21/show-case-ill-show-money-balance-conflicts-third-party-funding-aand-confidentiality-iin-arbitration-proceedings/.

[36]Singapore Institute of Arbitrators, *SIARB Guidelines for Third Party Funders*, Siarb (May 18, 2017), https://www.siarb.org.sg/images/SIArb-TPF-Guidelines-2017_final18-May-2017.pdf.

[37] China International Economic and Trade Arbitration Commission Hong Kong Arbitration Center, *Guidelines for Third Party Funding for Arbitra-*

tion, CIETACHK (Sep. 1, 2017), https://hkarbitration. files. wordpress. com/2017/09/cietac-hk-tpf-guidelines. pdf.

[38] Brooke Guven & Lise Johnson, *The Policy Implications of Third-Party Funding in Investor-State Dispute Settlement*, CCSI (May 2019), http://ccsi. columbia. edu/files/2017/11/The-Policy-Implications-of-Third-Party-Funding-in-Investor-State-Disptue-Settlement-FINAL. pdf.

[39] Abdulali Jiwaji, *Hong Kong Approves Third Party Funding for Arbitration*, Kluwer Arbitration Blog (July 16, 2017), http://kluwerarbitrationblog. com/2017/07/16/hong-kong-approves-third-party-funding-arbitration/? ga = 2. 171258215. 61979184. 1500971666 – 1852462757. 1500971666.

[40] Marius Nicolae Lliescu, *A Trend Towards Mandatory Disclosure of Third Party Funding? Recent Developments and Positive Impact*, Kluwer Arbitration Blog (May 2, 2016), http://arbitrationblog. kluwerarbitration. com/2016/05/02/a-trend-towards-mandatory-disclosure-of-third-party-funding-recent-developments-and-positive-impact/.

[41] Matthew Hodgson & Alastair Campbell, *Damages and Costs in Investment Arbitration Revisited*, Global Arbitration Review (Dec. 14, 2017), http://www. allenovery. com/SiteCollectionDocuments/14 – 12 – 17_Damages_and_costs_in_investment_treaty_arbitration_revisited_. pdf.

[42] JETRO, *Japan-Singapore Economic Partnership Agreement*, JETRO (March 2007), https://ie. enterprisesg. gov. sg/ ~/media/IE% 20Singapore/Files/FTA/Existing% 20FTA/Japan% 20Singapore% 20EPA/Legal% 20Text/Chapter% 208/Chapter2082020Investment. pdf.

[43] Jean E. Kalicki, *Third-Party Funding in Arbitration: Innovations and Limits in Self-Regulation*, Kluwer Arbitration Blog (March 14, 2012), http://arbitrationblog. kluwerarbitration. com/2012/03/14/third-party-funding-in-arbitration-innovations-and-limits-in-self-regulation-part – 2 – of – 2/.

[44] Judith Gill Qc & Matthew Hodgson, *Costs Awards-Who Pays?* Global Arbitration Review (Sep. 15, 2015), https://globalarbitrationreview. com/

costs-awards-who-pays.

[45] Daniel Kalderimis, *Third Party Funding in International Arbitration-Lessons from Litigation*? Kluwer Arbitration Blog (Dec. 15, 2014), http://arbitrationblog. kluwerarbitration. com/2014/12/15/third-party-funding-in-international-arbitration-lessons-from-litigation/.

[46] Marc Krestin & Rebecca Mulder, *Third-Party Funding in International Arbitration: To Regulate or Not Regulate*? Youngicca-blog (Sep. 1, 2017), http://www. youngicca-blog. com/third-party-funding-in-international-arbitration-to-regulate-or-not-to-regulate/.

[47] Alexander G. Leventhal, *Towards an Exceptio Fundati? Assessing a (Potentially) Emerging Exception for Third Party Funding in Investment Treaty Decisions on Security for Costs in the Wake of Armas v. Venezuela*, Kluwer Arbitration Blog (Sep. 18, 2018), http://arbitrationblog. kluwerarbitration. com/2018/09/18/assessing-a-potentially-emerging-exception-for-third-party-funding-in-investment-treaty-decisions-on-security-for-costs-in-the-wake-of-armas-v-venezuela/.

[48] LRC, LRC Release Consultation Paper on Third Party Funding for Arbitration, Government of Hong Kong News, https://www. hkreform. gov. hk/en/index/index. htm.

[49] Matthew Hodgson, *Counting the Costs of Investment Treaty Arbitration*, Global Arbitration Online News (Mar. 24, 2014), http://www. allenovery. com/SiteCollectionDocuments/Counting_the_costs_of_investment_treaty. pdf.

[50] Matthew Hodgson & Alastair Campbell, *Damages and Costs in Investment Arbitration Revisited*, Global Arbitration Review (Dec. 14, 2017), http://www. allenovery. com/SiteCollectionDocuments/14 - 12 - 17_Damages_and_costs_in_investment_treaty_arbitration_revisited_. pdf.

[51] Wang Yan, *Patient Capital in the Context of Belt and Road Initiative (BRI) and MDBs*, UNCTAD (Nov. 9, 2017), https://unctad. org/meetings/

en/Presentation/tdb_efd1_ppt_Wang. pdf.

[52] Singapore International Arbitration Centre, *Practice Note PN – 01/17*, SIAC (March 31, 2017), http://www. siac. org. sg/images/stories/articles/rules/Third%20Party%20Funding%20Practice%20Note%2031%20March%202017. pdf.

[53] Swiss Arbitration Centre, *Swiss Rules of International Arbitration (Swiss Rules)*, Swiss Arbitration Centre (June 2021), https://www. acerislaw. com/wp-content/uploads/2021/06/Swiss-Rules – 2021 – EN. pdf.

[54] ICSID, *Proposals for Amendment of the ICSID Rules-Working Paper 1*, ICSID (Aug. 2, 2018), https://icsid. worldbank. org/resources/rules-amendments.

[55] ICSID, *Proposals for Amendment of the ICSID Rules-Working Paper 5*, ICSID (June 2021), https://icsid. worldbank. org/resources/rules-amendments.

[56] Council of European Union, *Article* (8. 1) *of the revised version of the Comprehensive Economic and Trade Agreement* (*CETA*) *between Canada and the European Union*, European Union (29 February 2016), http://data. consilium. europa. eu/doc/document/ST – 10973 – 2016 – INIT/en/pdf.

[57] Ministry of Law, *Review of the International Arbitration Act Proposals for Public Consultation*, MLAW News (January 2011), https://www. mlaw. gov. sg/content/dam/minlaw/corp/assets/documents/linkclickf651. pdf.

[58] Umika Sharma, *Third Party Funding in Investment Arbitration: Time to Change Double Standards Employed for Awarding Security for Costs?* Kluwer Arbitration Blog (July 29, 2018), http://arbitrationblog. kluwerarbitration. com/2018/07/29/third-party-funding-investment-arbitration-time-change-double-standards-employed-awarding-security-costs/.

[59] SIAC, *SIAC Investment Arbitration Rules* (1st ed., 1 January 2017), http://www. siac. org. sg/our-rules/rules/siac-investment-arbitration-rules.

[60] Singapore Statutes Online, *Civil Law* (*Amendment*) *Act* 2017, Attor-

ney-General's Chambers, https://sso. agc. gov. sg/Acts-supp/2 -2017/.

[61]European Commission, *Text of the proposal on Investment-TTIP negotiations*, http://trade. ec. europa. eu/doclib/docs/2015/september/tradoc_153807. pdf, 2018 -12 -29.

[62]UNCTAD, *Treaty between the Federal Republic of Germany and concerning the Encouragement and Reciprocal Protection of Investments*, *German Model Treaty* -2008, http://investmentpolicyhub. unctad. org/Download/TreatyFile/2865.

[63]Inna Uchkunova, *Allocation of Costs in ICSID Arbitration*, Kluwer Arbitration Blog (Mar. 12, 2014), http://arbitrationblog. kluwerarbitration. com/2014/12/03/allocation-of-costs-in-icsid-arbitration/.

[64] UNCITRAL, *UNCITRAL Model Law on International Commercial Arbitration*,1985, With Amendments as adopted in 2006, https://www. uncitral. org/pdf/english/texts/arbitration/ml-arb/07 -86998_Ebook. pdf.

[65]Shiyu Wang, *The Ansung Tribunal Gives its Views on Allocation of Costs Under ICSID Arbitration Rule* 41(5), Kluwer Arbitration Blog (May 16, 2017), http://arbitrationblog. kluwerarbitration. com/2017/05/16/reserved-for-april -6 - ansung-v-prc-icsid-rule -415 - costs-allocation-shiyu-wang/.

[66]Vannin Capital, *The Duration and Costs of ICSID and UNCITRAL Investment Treaty Arbitration*, Funding in Focus Report Three, Lexology (July 28, 2016), https://www. lexology. com/library/detail. aspx? g = 1cd4f7b6 - 204b -45bb -8728 - e494d0d69082.

[67]Wenhua Shan and SRIICL, *Comments on the ICSID Rules Amendments*, ICSID (Dec. 2008), https://icsid. worldbank. org/en/amendments/Documents/Wenhua%20Shan_SRIICL_Comments_02. 03. 19. pdf.

[68] Patricia Živković, *Security for Costs in International Arbitration: What's Missing from the Discussion*? Kluwer Arbitration Blog (Nov. 9, 2016), http://arbitrationblog. kluwerarbitration. com/2016/11/09/security-for-costs-in-international-arbitration-whats-missing-from-the-discussion/.

[69] Dean Lewis & Jason Hambury, *Jurisdiction Guide to Third Party Funding in International Arbitration*, Pinsent Masons (May 7, 2021), https://www.pinsentmasons.com/out-law/guides/third-party-funding-international-arbitration.

(二)研究报告

[1]商务部:《中国对外投资合作发展报告2020》。

[2]ABA Commission on Ethics 20/20, *White Paper on ALF filed with the House of Delegates*, November 30, 2011.

[3]ICC Commission Report, *Decisions on Costs in International Arbitration*, offprint from ICC Dispute Resolution Bulletin, Issue 2, 2015.

[4]ICSID, 2020 *Annual Report*, *Excellence in Investment Dispute Resolution*, September 21, 2020.

[5]Queen Mary University of London, 2021 *International Arbitration Survey: Adapting Arbitration to a Changing World*, 2021.

[6]International Council for Commercial Arbitration, *Report of the ICCA-Queen Mary Task Force on Third-Party Funding in International Arbitration*, the ICCA Reports No. 4, April 2018.

[7]Queen Mary and white & Case, 2015 *International Arbitration Survey: Improvements and Innovations in International Arbitration*, 2015.

[8]Rupert Jackson, *Jackson Review of Civil Litigation Costs: Final Report*, Ireland: The Stationery Office, January 2010.

[9]OECD, *Summary of Roundable discussions by the OECD Secretariat: 12th Roundable on Freedom of Investment*, Paris, France, March 26, 2010.

[10]UNCITRAL, *Report of Working Group Ⅲ (Investor-State Dispute Settlement Reform) on the work of its thirty-fourth session* (Vienna, Nov. 27 – Dec. 1, 2017), A/CN. 9/930/Rev. 1.

[11]Secretariat of UNCITRAL, *Possible Reform of Investor-State Dispute Settlement (ISDS)—Cost and Duration*, 29 October – 2 November 2018, A/CN. 9/WG. Ⅲ/WP. 153.

[12] UNCITRAL, *Report of Working Group* Ⅲ (*Investor-State Dispute Settlement Reform*) *on the Work of its Thirty-Sixth Session* (Vienna, 29 October - 2 November 2018), A/CN.9/964.

[13] UNCTAD, *Recent Developments in Investment-State Dispute Settlement* (*ISDS*) *- IIA Issues Note* 1, April 2014.

[14] U. S. Chamber of Commerce, *Institute for Legal Reform*, *Selling More Lawsuits*, *Buying More Trouble*: *Third-Party Litigation Funding A Decade Later*, January 2020.

[15] UNCTAD, *World Investment Report* 2021 - *Investing in Sustainable Recovery*, 2021.